COLLOR

O Ator e Suas Circunstâncias

CARLOS MELO

COLLOR

O Ator e Suas Circunstâncias

Novo Conceito

1ª edição – maio de 2007

Editora: Bete Abreu
Assistente Editorial: Monika Kratzer
Produção Gráfica: Samuel Leal
Revisão de Texto: Josias Aparecido de Andrade,
Mitiyo Santiago Murayama e Camila Werner
Capa: Ana Solt
Fotos: Folha Imagem
Projeto Gráfico e Diagramação: Art Feita Design Gráfico

Dados Internacionais de Catalogação na Publicação (CIP)
(Câmara Brasileira do Livro, SP, Brasil)

Melo, Carlos Alberto Furtado de
Collor : O ator e suas circunstâncias /
Carlos Alberto Furtado de Melo. — São Paulo :
Editora Novo Conceito, 2007.

Bibliografia
ISBN 978-05-99560-13-6

1. Brasil. Presidente (1990-1992 : Fernando Collor
2. Brasil — Política e governo — 1990-1992 I. Título

07-1832 CDD-320.981

Índice para catálogo sistemático:

1. Brasil : Presidente : Bibliografia 320.981

Editora Novo Conceito

Rua Marquês de Itu, 408 — 5° andar — cj 55
Vila Buarque – São Paulo – SP – CEP 01223-000
Telefone: 55 (11) 3331-2871
www.editoranovoconceito.com.br

Sumário

"Tem certos dias em que eu penso
em minha gente e sinto assim
todo o meu peito se apertar."

Garoto, Vinícius de Moraes e Chico Buarque

Tudo que sei veio primariamente da família, é claro. Com Zé, aprendi que a vida é dura; com Joaquim, que não adianta fugir; com Zoraida, que pode ter beleza; com Maria, que a música e as palavras têm força; com Pedro, aprendi que é preciso ousar.

A meu pai, com imensa saudade; à minha mãe, com o amor do menino. Aos dois, com enorme gratidão.

À Rosana, com "todo amor que houver nesta vida".

Para Francisco, maior alegria da minha vida.

Prefácio

por Eduardo Giannetti

Ibmec São Paulo

Paixões partidárias à parte, é possível discernir uma lógica na trajetória da política brasileira desde o fim do regime militar. De modo absolutamente espontâneo, sem qualquer tipo de plano ou premeditação, um ciclo quase perfeito se desenhou e cumpriu. Três grandes forças de oposição à ditadura foram gestadas durante a longa vigência do autoritarismo (1964-1985). O surpreendente é constatar que de lá para cá, ao longo de duas décadas de exercício democrático, cada uma dessas forças recebeu do eleitorado a oportunidade de governar o país e mostrar a que veio. A seqüência poderia ter saído da prancheta de um cientista político. Primeiro tivemos o PMDB de Sarney e Ulysses; depois o PSDB de Fernando Henrique; por fim, o PT de Lula. O ciclo seria irretocável, não fosse por uma singular anomalia. A única peça que destoa do enredo e de modo algum se encaixa nesta mais que natural seqüência — o meteoro chamado Collor — é precisamente aquela da qual Carlos Melo se ocupa neste livro.

O que foi o fenômeno Collor? Como um completo *outsider* do nosso sistema político-partidário se fez subitamente presidente da República, com mais de 35 milhões de votos, na primeira eleição direta após o fim do regime militar? Qual foi o papel da mídia nesse processo e que lições podemos tirar desse episódio? Até que ponto é possível dizer que a ascensão de Collor não passou de uma ocorrência isolada ou mero acidente de percurso, sem qualquer relação com as raízes e tradições da política brasileira? E o que nos garante que algo semelhante não possa eventualmente voltar a ocorrer no futuro?

"Nem o riso, nem a lágrima, mas o entendimento." A recomendação metodológica de Spinoza no *Tractatus Politicus* descreve admiravelmente o espírito que anima o trabalho de reconstrução histórica e análise empreendido por Carlos Melo em *Collor: O Ator e Suas Circunstâncias*. Não se trata aqui de deplorar ou aplaudir o "medalhão" Collor (o termo, diga-se de passagem, não aparece no livro como juízo depreciativo, mas no sentido analítico-descritivo atribuído a ele por Machado de Assis na genial "Teoria do Medalhão"). Trata-se, isto sim, de conferir a esse fenômeno a necessária *inteligibilidade política*, ou seja, de procurar elucidar a sua gênese e peculiar trajetória por meio de uma criteriosa análise de sua natureza, significado e condição de possibilidade.

Peça por peça, tijolo por tijolo, o livro recria em linguagem envolvente e com riqueza de detalhes todo o contexto político, econômico e social que permitiu ao personagem Collor, com suas características de temperamento e seus atributos pessoais, irromper na cena política nacional, disparar na preferência do eleitorado e vencer a eleição. A ascensão do ex-governador de Alagoas à presidência, como o livro revela, foi essencialmente um fenômeno de *mídia* e de *medo*. James Buchanan, um dos criadores da escola da escolha pública de Virgínia, definiu certa vez o político profissional como "o sujeito que pede dinheiro aos ricos e votos aos pobres, prometendo a ambos protegê-los uns dos outros". Na política brasileira recente, poucos atores se encaixam tão bem nessa definição quanto Collor. O espantoso, em retrospecto, é que ele tenha logrado parecer coisas tão distintas e mutuamente incongruentes aos olhos de públicos tão díspares.

Collor não foi fabricado pela *mídia*, mas soube como nenhum outro tirar proveito dela manejando com destreza e senso de oportunidade a arte de fazer política com a lógica do *marketing* e da notícia. Por meio da mídia impressa e eletrônica — e do uso especialmente habilidoso do horário gratuito na TV —, ele logo se diferenciou dos demais candidatos e passou a liderar as pesquisas de intenção de voto ao conquistar ampla e robusta adesão popular, em especial junto ao eleitorado de baixa renda e pouca escolaridade que decide as eleições no Brasil. A adesão e o apoio financeiro do *medo* vieram principalmente por conta da perspectiva de um confronto com Lula (ou com o caudilho Brizola) no segundo turno. Na falta de alternativas eleitoralmente viáveis entre os candidatos de maior vínculo partidário-institucional, para boa parte do *establishment* econômico-financeiro tratava-se, então, de evitar a qualquer custo "o mal maior". Entre o obscurantismo ameaçador do PT de Lula, de um lado, e o oportunismo aventureiro do "caçador de marajás" e candidato dos "descamisados", de outro, o *establishment* naturalmente preferiu apostar suas fichas na segunda opção. O discurso neoliberal-modernizante, especialmente encomendado ao embaixador José Guilherme Merquior (o mesmo *ghostwriter* de Figueiredo e Sarney), foi a cereja do confeito. Assim nascia o "Brasil Novo".

Mas o drama político recriado por Carlos Melo em *Collor* não termina aí. O segundo ato da trama em nada ficou a dever ao primeiro. À ascensão meteórica do ex-governador de Alagoas ao Planalto corresponde uma queda não menos vertiginosa: "O governador-fenômeno soube conquistar o poder: a *fortuna* facilita aos que a seduzem. O presidente-deslumbrado não soube mantê-lo: o príncipe que se apóia completamente na sorte arruína-se" (p. 202). Servindo-se das categorias clássicas concebidas por Maquiavel, a linha-mestra do argumento desenvolvido no livro sustenta a tese de que Collor personifica "a *fortuna* sem *virtù*". A lógica da *conquista do poder* pelo voto majoritário, num ambiente de crise econômica e profunda desmoralização do estamento político, não se confunde com a lógica da *manutenção do poder* num sistema de "presidencialismo de coalizão" como o brasileiro. Embalado pelo triunfo nas urnas, Collor levou ao Planalto o estilo de liderança personalista, sobranceiro e altamente centralizador com que governou Alagoas e venceu as eleições: abriu múltiplas frentes simultâneas de conflito, afrontou interesses graúdos, desprezou olimpicamente o Congresso Nacional e imaginou que se perpetuaria no topo dos acontecimentos a golpes de *marketing* político. O preço desse equívoco foi o *impeachment*.

O episódio Collor é página virada — assunto para estudiosos e especialistas. Mas o fato de que algo assim tenha ocorrido na política brasileira num passado relativamente recente dá o que pensar. A principal contribuição do trabalho de Carlos Melo, creio eu, é mostrar que o surpreendente sucesso eleitoral de um Collor (poderia ter sido — e por muito pouco não foi de fato — Sílvio Santos) não representa um simples raio em céu azul, ou seja, uma aberração isolada e desconectada de tudo mais. Ao contrário do que se poderia imaginar à primeira vista, o fenômeno Collor *tem história*: ele não representa alguma coisa apartada da tradição política brasileira, na medida em que tem raízes numa forma definida de fazer e vivenciar a política que parece longe ainda de ter sido superada em caráter definitivo do jogo democrático. Longe de constituir uma singularidade aberrante e inexplicável, Collor faz parte de um padrão recorrente e pertence a uma linhagem clara no tocante ao seu estilo de liderança e ao modo de fazer política: o *populismo*.

Na árvore genealógica do populismo à brasileira levantada por Carlos Melo, a figura de Collor se aproxima do pólo carismático, ao qual pertenceu Jânio, em contraposição ao pólo patriarcalista ("amigo dos ricos e pai dos pobres") representado por Getúlio e Jango. O elenco de afinidades é vasto: "Os gestos espalhafatosos, os discursos grandiloqüentes, o voluntarismo que exprimiam, o arrebatamento diante da multidão, o desafio retórico às elites, a histeria moralizadora, a insistência com que reforçavam a autoridade presidencial, a liderança enérgica, a extremada confiança no faro político e na capacidade pessoal, a centralidade do corpo, o preenchimento da cena política, enfim, características comuns a Collor e a Jânio que de algum modo definem a permanente importância do carisma de ambos". (p. 57). No cômputo geral desde a Revolução de 30 até a primeira eleição de Lula em 2002 — e considerando que Jango também foi eleito —, o fato é que o fenômeno populista jamais deixou de rondar ou empolgar a cena política brasileira: dos oito presidentes eleitos pelo voto popular no período, nada menos que quatro pertencem à linhagem do populismo no sentido político do conceito.

Indivíduos com forte vocação e talento para uma liderança de perfil populista existem provavelmente em qualquer lugar do mundo. O que faz disso, no entanto, uma realidade política — uma força capaz de pautar e dominar o livre jogo democrático — são *condições propícias*: o encontro da fome com a vontade de comer.

A América Latina em geral — e, de uns tempos para cá, também o leste europeu — sempre se revelou território fértil para a manifestação e o florescimento de aventuras desse tipo. Se o episódio Collor é página virada, o fenômeno que ele tipifica está longe de sê-lo. Candidatos ao papel nunca faltam, ao passo que os ingredientes para recaídas desse tipo — a começar pela existência uma massa de eleitores pouco instruída e descrente da política convencional, porém crédula e ávida de pajelanças e líderes redentores — sempre podem ressurgir. "A emergência de um líder como Collor, surgido nas circunstâncias clássicas do populismo, mostra que o fenômeno não pode, de todo, ser descartado. Sempre será possível que líderes populistas surjam, pois as circunstâncias que lhes dão sentido não estão afastadas do horizonte da sociedade brasileira: as crises econômicas e a perda de representatividade por parte da classe dirigente parecem ser fenômenos que não nos abandonam" (p. 207). Colapso do populismo? Não é preciso ir longe. Observe, caro leitor, ao redor: Venezuela, Argentina, Bolívia, Equador... Suspeito que o alerta de Carlos Melo permanecerá por muito tempo atual.

Introdução

O ATOR E SUAS CIRCUNSTÂNCIAS

> "Tudo flui e nada permanece; tudo se afasta e nada fica parado... Você não consegue se banhar duas vezes no mesmo rio, pois outras águas e ainda outras sempre vão fluindo... É na mudança que as coisas acham repouso..."
>
> *Heráclito, fragmentos.*

Nos dias que se seguiram à eleição de Fernando Collor de Mello, em 1989, um grupo de alunos da Pontifícia Universidade Católica de São Paulo (PUC-SP) se reunia na antiga, ampla e barulhenta sala de estudos da biblioteca do campus Monte Alegre e se questionava sem encontrar resposta. Como em sua quase totalidade eram jovens e militantes, haviam se empolgado com a campanha de Luiz Inácio Lula da Silva, o opositor de Collor. Com a derrota, estavam naturalmente desolados.

Quando se estuda o sentido da história recente do Brasil, pergunta-se como pôde um político provinciano e obscuro, feito prefeito e governador para atender as conveniências da família, em pouco menos de uma década transformar-se em presidente da República e dar início a um amplo e profundo processo de transformações econômicas, políticas e sociais em um país complexo como o Brasil?

Certamente, a vitória de Collor não foi por mero ato de vontade do ator, por onipotência, ou acaso. Estudantes de graduação em Ciências Sociais e História, definitivamente, naquela biblioteca da PUC, não acreditavam em destino ou predestinação. Também não lhes parecia ser a barafunda dos acontecimentos e a *espécie de luta de classes* que se estabeleceu naquela eleição as responsáveis por aquela vitória e aquela trajetória vertiginosa. Haveria alguma explicação para aquilo. Não haveria de ser apenas "um conto cheio de bulha e fúria, dito por um louco, significando nada" (SHAKESPEARE, 1961:102). A vitória de Collor — e a derrota de Lula — era real e, hoje se vê, tinha sua lógica.

Já se estudava Maquiavel, mas talvez fosse cedo para perceber toda a força explicativa e aplicação prática do mestre florentino. O tempo passou, mas a inquietação e a busca por respostas ficaram. A bulha e a fúria de então transformaram-se em silêncio, pesquisa e reflexão e agora são entendidas como as circunstâncias da época. Fernando Collor não é "sombra ambulante"; "pobre ator que gesticula e acena uma hora ou duas"; não é um "louco" de contos que contam nada, como sugere Shakespeare em Macbeth ou Hamlet. Tornou-se presidente da República, eleito na primeira eleição em quase trinta anos, depois de um regime ditatorial, cuja queda foi perseguida nas ruas por muitos daquele grupo de alunos da PUC, que apoiavam Lula. Na época era difícil admitir, mas Collor ganhou porque demonstrou qualidades políticas, porque soube aproveitar as oportunidades oferecidas pelas circunstâncias.

Até ser eleito governador do Estado de Alagoas, Fernando Collor de Mello não tinha a menor pretensão de alçar vôo tão alto como o que, objetivamente, empreendeu em 1989. Até 1986 era um político, mais que discreto, apático; fora prefeito de Maceió e deputado federal apenas com o objetivo de atender aos interesses da representação política da família e das empresas do grupo de comunicação fundado por seu pai, Arnon de Mello.

No governo alagoano, ganhou espaço na mídia nacional aproveitando-se da descrença e do moralismo discursivo que encontrava na crise do Estado brasileiro a origem de todos os males do país. Fez-se uma novidade. Aproveitou o vazio de lideranças, a confusão político-partidária e a crise do modelo econômico. A princípio, cogitava a vice-presidência da República, posto máximo que seu carreirismo provinciano ousava sonhar. Menosprezado pelo sistema político, articulou um partido para servi-lo, apropriou-se do discurso messiânico, ergueu a bandeira do populismo. Contudo, classificar Fernando Collor como um político de tipo populista, pura e simplesmente, é simplificar exageradamente tanto o significado do personagem como do conceito.

Como se sabe, o populismo é um conceito histórico escorregadio e controverso para as ciências sociais. Por sua amplitude, permite abrigar sob o mesmo guarda-chuva atores políticos de características distintas, tais como Getúlio Vargas, Jânio Quadros, João Goulart e Adhemar de Barros, entre outros. Além disso, está de certo modo circunscrito a um determinado período da história brasileira e latino-americana. Assim, se o *estilo da liderança política* de Fernando Collor permite de algum modo a classificação de "populista", ele requer, contudo, que se lhe especifique a natureza. E ela se vincula ao que Max Weber chamou de "dominação carismática".

Inegavelmente, Collor exerceu o poder a partir de sua influência como líder, baseado nas qualidades pessoais que exprimia ou que eram percebidas pela população. Parte dos brasileiros — para além do simples fato de terem votado — depositou fé quase que religiosa em sua liderança.

O então presidente da República bem soube explorar essa fé e as esperanças que nele depositavam tanto os mais humildes, como preponderante parcela da elite. Impossível lhe negar argúcia e sensibilidade política na construção de símbolos e no apuro de sua imagem. Como ninguém, tentou expressar dotes extraordinários, sejam eles atléticos, políticos, intelectuais, ou mesmo de valentia e de virilidade. Como ninguém, buscou afirmar sua autonomia e reafirmar seu poder acima de toda e qualquer pressão política, sua energia e disposição física para o conflito.[1] Soube explorar o *messianismo*,[2] sentimento desde sempre presente em grande parcela da população. Representou a esperança de que o *salvador da pátria* virá; uma espécie de Dom Sebastião redivivo e moderno.

Para Francisco Weffort, o populismo é um estilo que mistifica as diferenciações ideológicas e de classe, reforçando impressões gerais do senso comum, "pois se manifesta sempre como fenômeno de massa, ou seja, como relação pessoal entre um líder e o conglomerado de indivíduos" (WEFFORT, 1965:41). Não se expressa numa relação política entre classes sociais ou projetos políticos. Ora, sendo uma relação do líder com a massa, importância fundamental terá a capacidade de comunicação desse líder e isso não faltava a Fernando Collor de Mello. A forma como se comunicava, a mensagem política que expressava e as bandeiras de apelo popular que empunhava são elementos que contribuem na transformação do candidato em líder e representante do anseio popular. Um *salvador da pátria*, acima de partidos e instituições, *numa relação pessoal com o conglomerado de indivíduos*, praticamente, sem intermediações.

---

[1] O polêmico discurso que, como presidente, ele pronunciou nos arredores de Brasília, em novembro de 1990 dá boa medida de seu esforço: "Neste Presidente da República ninguém coloca uma canga; este Presidente da República não tem medo de assombração nem de cara feia; este Presidente vai continuar trabalhando por vocês, pelos necessitados, sem recear aqueles que querem continuar a oprimir o nosso povo pela mentira, pelo radicalismo, pela violência" (Discurso pronunciado no lançamento do Plano de Recuperação de Loteamentos, Samambaia-DF, 16 de novembro de 1990).

[2] Populismo e messianismo se confundem, mas estão em lugares opostos. O populismo como uma espécie de teocracia seria a política dos dominantes, o messianismo seria a percepção do mundo por parte dos dominados (CHAUÍ, 1994).

É no momento de crise política e de desgaste das instituições, quando o sistema político e seus representantes públicos se encontram mais desacreditados pela massa, que o líder populista surge anunciando o discurso moralizador, de fé, e chega numa capacidade pessoal de solução de conflitos. Foi justamente o que se sucedeu nas primeiras aparições de Fernando Collor que galvanizou a enorme frustração popular com os desacertos e as denúncias de corrupção que atingiam a Nova República, do governo José Sarney, assim como com a crise econômica que se prolongava desde o início da década de 1980.

Indica Francisco Weffort que, normalmente, o populismo é compreendido com enorme superficialidade por setores de classe média que, com despropositado simplismo, o qualificam de demagogia, esvaziando-lhe o sentido. Há mesmo tradição em desprezar o populismo como fenômeno político, apontava Weffort em 1965. A demagogia do político é percebida numa dimensão antipolítica, e o líder populista, se lhe somos críticos, "é visto apenas como imoral e aproveitador da ignorância popular" (1965:42). Se lhe somos favoráveis, o enxergamos como um *outsider*, um *salvador da pátria*, como aquele que se insurge "contra isso tudo que está aí". Observa o Professor Weffort que, se para o senso comum essa relação líder-massa, qualificada como demagogia, é o ponto de chegada da compreensão e da análise, para o cientista não pode ser senão ponto de partida. Entende-se ser a partir daí que se compreenderá os mecanismos e as conexões de sentido entre o líder, a massa e a elite, desvendando algum sentido histórico e cultural na ação política individual do ator em questão.

Assim, estivesse preso ao que o destino supostamente poderia lhe reservar, Fernando Collor jamais teria chegado à Presidência do Brasil. Houve um processo político e o estilo de liderança exercido guardou muita similaridade com o estilo populista do passado. Houve uma dinâmica política clara, que obedeceu as circunstâncias do Brasil no final dos anos 1980, repleta de interações e conflitos. É possível explicitá-la de modo a demonstrar como se estabeleceram as tais *relações entre o líder e o conglomerado de indivíduos*, de que nos falava Weffort. Esse processo de permanente interação entre o ator, em sua especificidade, e as circunstâncias políticas gerais pode ser compreendido.

O "Fenômeno Collor"

Chamado "Fenômeno Collor",[3] o processo que levou Fernando Collor de Mello à Presidência da República e ao *impeachment* tem sido compreendido como um evento político extraordinário na história do país. O imaginário popular tem se intrigado com o curioso, surpreendente e até certo ponto vertiginoso aparecimento de Fernando Collor de Mello no cenário nacional. A trajetória meteórica e o balanço do processo de transformações que promoveu têm dado ao ex-presidente aura de fenômeno particular e excentricidade política.

Num momento de redemocratização do país, a eleição presidencial de um político jovem e apartado do centro do poder nacional — oriundo do Nordeste oligárquico, governador de um Estado politicamente inexpressivo e antigo colaborador do regime militar —, com efeito, chama atenção, por ser inusitada. Sobretudo, porque Collor se elegeu desafiando forças partidárias gigantes, consolidadas com enorme capilaridade em território nacional, plantadas especialmente no centro-sul do país. Mas o fato não é inexplicável; não é insólito; não é extraordinário. Como fenômeno político, Collor nada tem de extravagante.

Podemos chamá-lo de fenômeno no sentido de um aspecto passível de observação de um fato social, atribuindo um significado preciso distante da dimensão de "extraordinário" que lhe tem sido dada. Segundo José Marques de Melo, "a expressão engloba não apenas sua trajetória fulminante no cenário nacional, mas também seu estilo de governo, marcado por gestos grandiloqüentes, causando sempre grande impacto sociopolítico" (MELO, J.M., 1992). De acordo com Marques de Melo, a falta de projeção nacional e a ausência de uma tradição oposicionista ao regime militar "causaram enorme espanto e não foram assimiladas pelas elites e pela intelectualidade". O autor aponta que há, normalmente, duas posições na tentativa de explicação do fenômeno Collor:

> De um lado estão os que o consideram um político biônico, protótipo do *marketing* eleitoral gestado nos países do Primeiro Mundo, cuja imagem pública foi construída pelos meios

[3] O uso da expressão "Fenômeno Collor" é abundante. Numa rápida e simples busca na internet (www.google.com.br), encontram-se algo em torno de 300 ocorrências da expressão, em não mais do que 18 segundos de espera.

> de comunicação para anestesiar as massas incultas, famintas, messiânicas. Assim sendo, seria alguém desprovido de qualquer essência, vazio, mistificador, incapaz de cumprir sua tarefa como estadista. De outro lado, estão os que reconhecem na sua figura carismática habilidade necessária para gerenciar a crise institucional que dificulta a transição brasileira do autoritarismo à democracia. E também a capacidade de mobilizar a opinião pública para superar as distorções do estatismo, do corporativismo e do clientelismo, conduzindo o país à modernidade (1992).

Simplificando o raciocínio, para ficarmos apenas num exemplo, recorde-se o trabalho de Francisco de Oliveira entre as posições que enxergam o ex-presidente como "alguém desprovido de essência". Em obra dedicada à análise do fenômeno, *Collor, a Falsificação da Ira*, Oliveira aponta que o ex-presidente se

> [...] Marcava politicamente como um produto do autoritarismo, prefeito biônico de Maceió, deputado federal que votou em Maluf no Colégio Eleitoral; elegeu-se governador de Alagoas pelo PMDB, no inchaço deste partido quando, já na Nova República, o PMDB tornou-se dominante na dobradinha conservadora para a transição. Embora não fosse um lídimo representante, era, de fato, um espécime das bases conservadoras do regime burocrático militar (1992:14).

Oliveira tem a tendência de indicar Fernando Collor como um líder messiânico (1992:16), que teria se favorecido da desorganização social (1992:24) e da crise econômica que se prolongava desde o final da década de 1970. Desse modo, o período que se estende do final do regime militar ao encerramento do governo Sarney, repleto de crises (econômica, financeira e política), preparou caminho para o surgimento de um candidato com características carismáticas e sem ligações orgânicas com partidos, movimentos sociais e com a sociedade civil organizada. Seriam prova disso as tentativas, naquela eleição, do lançamento de candidaturas com as mesmas características, como as de Jânio Quadros e Silvio Santos.

Ainda que se considerem as peculiaridades da eleição que deu vitória a Collor, estas estariam mais vinculadas ao processo de desenvolvimento da sociedade brasileira e ao estágio de desenvolvimento político do que unicamente ligadas à distinção do ator. De maneira peremptória, Francisco de Oliveira desqualifica Fernando Collor como ator de ação política relevante. Ao cabo da leitura de seu trabalho, conclui-se que, como *ator político*, Collor se mostrou, ao término de sua *aventura*, frágil e despreparado. Da leitura do trabalho de Francisco de Oliveira parece não sobrar nada do fenômeno. O autor trata de *desconstruí-lo*. Sente-se a intenção de proceder a um ajuste de contas no qual Oliveira, desqualificando o ator, *denuncia* "o jogo das elites". Collor é designado como *falsário*, assim como de *farsante* o classificou seu irmão, Pedro, em *Passando a Limpo, a Trajetória de um Farsante* (1993). O fato de setores conservadores buscarem alternativas em torno de nomes carismáticos indica que se buscava um *tipo* com uma determinada força e personalidade capaz de executar uma tarefa histórica. Este *tipo* poderia atender pelo nome de Jânio Quadros ou Silvio Santos, conquanto fosse capaz de desempenhar um determinado papel: o do líder disposto e capaz de desobstruir os caminhos políticos do processo de desenvolvimento econômico que se anunciava. Mas nem Pedro Collor nem Francisco de Oliveira percebem que, bem ou mal, farsante ou falsário, Fernando Collor de Mello desempenhou um papel real.

Na direção contrária desta opinião, surgem vozes que reconhecem na figura carismática do ex-presidente habilidades necessárias para gerenciar a crise institucional e possibilitar transformações na estrutura política e econômica do país. É importante recordar que houve, à época e pouco depois do *impeachment*, analistas que se impressionaram com aquela espécie de coragem demiúrgica. A tarefa histórica à qual Collor deu ânimo foi confundida com a pessoa e com o voluntarismo do ex-presidente. No calor do fato, isso foi relativamente comum, embora logo depois alguns autores recuassem. Neste grupo estão alguns artigos de meados da década de 1990, assinados por Luís Nassif e Bolívar Lamounier — para ficarmos em poucos exemplos.

Em sua coluna na *Folha de S. Paulo*, em 26 de setembro de 1996, o jornalista Luís Nassif aponta Fernando Collor com um dos poucos estadistas brasileiros do século passado:

> Sem minimizar os enormes vícios de seu governo, [a coluna confere] a Fernando Collor de Mello a dimensão de estadista nacional, um dos dois ou três maiores do século. (...) Julgamentos políticos, no entanto, não podem se restringir à mera análise das chamadas virtudes éticas comuns – mas devem ser feitos em cima da própria ética do Estado, do compromisso de mudar realidades e construir nações. E, nisso, Collor foi imbatível.

Apesar de ressaltar que não pretende minimizar os "enormes vícios de seu governo", Nassif enxerga um saldo positivo naquela experiência política e vê, em Collor, virtudes *práticas* no compromisso de mudar realidades. A responsabilidade e o mérito cabem a seu ver a Fernando Collor, posto que, quando assume *compromissos*, o faz de modo consciente. A análise do resultado de suas ações sobre o processo de transformações do país traz, para Nassif, inequivocamente, a modernização da economia e a melhora da qualidade de vida da população. O então articulista da *Folha de S. Paulo* busca amparar sua opinião fora do plano jornalístico, apelando para a inequívoca legitimidade acadêmica de renomado cientista político. De acordo com Nassif, sua coluna encontra em Bolívar Lamounier a base de sustentação dessa opinião. Conforme o autor, em artigo publicado no jornal *Gazeta Mercantil* de 25 de setembro de 1996, Lamounier situa Fernando Collor "como deflagrador da segunda revolução brasileira, colocando-o no mesmo nível de Getúlio Vargas, autor da primeira".[4]

Como se vê, a dualidade analítica na avaliação do fenômeno, apontada por José Marques de Melo, é real. Nesta perspectiva, as avaliações não apenas são contrastantes, mas também se anulam. A questão permanece: o que foi o fenômeno Collor? Trata-se de um fenômeno apartado da tradição do sistema político brasileiro? Seu estilo de liderança e sua tarefa histórica o distinguem dos governantes que o antecederam? Não fosse impedido pelo Congresso Nacional, o jovem presidente da República passaria para a história como o primeiro presidente de um novo modelo ou o último de um estilo que se mostrou disfuncional por ser anacrônico?

O governo Fernando Collor de Mello demarca o início de um processo de transformações profundas, sejam elas políticas, econômicas ou sociais. É um marco, sem dúvida, pois seu governo desatou os nós que prendiam o desenvolvimento de um processo inexorável. É forçoso admitir que seu ímpeto e disposição pessoal foram importantes no embate de interesses que, resolvido, fez abrir a economia. A relativa inconseqüência de seus atos e a destemperança de seu gênio — a "coragem dos muito ignorantes", como assinalou o ex-ministro Maílson da Nóbrega — deram impulso ao processo de modernização da economia e da sociedade. Seu ocaso político, ironicamente, fortaleceu as instituições.

Ainda assim, não se pode dizer que Collor foi o responsável por isso, que estabeleceu um *compromisso* e teve consciência do desafio; que foi o formulador e executor da mudança, o déspota esclarecido, o Marquês

---

[4] Citado por Nassif, in "O novo modo do Estado". *Folha de S. Paulo*, em 26 de setembro de 1996.

de Pombal de nosso tempo. Ao contrário, parece ser mais adequada e possuir maior força explicativa a frase de Victor Hugo em que "nada é mais poderoso do que uma idéia cuja hora chegou".[5] Havia chegado a hora de transformações radicais na estrutura da economia e do Estado brasileiro.[6] Este fenômeno não se daria apenas no Brasil, como é óbvio. Mais amplo, ele atingiu vários países da América Latina como também economias industriais mais desenvolvidas. Collor não foi a liderança desse processo na medida em que se entende o líder como um condutor *(condottiere)*, no sentido dado por Maquiavel. Mas fica como marco por referência, não por deferência.

Além disso, ainda que na ordem econômica Collor tenha vindo a representar esse marco, no plano político sua figura não representou uma ruptura com o passado político nacional. É verdade que o *impeachment* teve forte carga simbólica e, ao longo do tempo, poderá vir a ser compreendido como um símbolo de mudança na política. Ainda assim, o que se quer assinalar é que o *estilo de liderança política* de Collor não representa nada de novo. Ao contrário, vincula-se à mais anacrônica tradição nacional. E será justamente procurando compreender esse passado tradicional que se poderá entender o que foi a experiência do governo Collor e sua aparição na política nacional e, enfim, explicar o que de fato foi o "fenômeno Collor".

O surgimento de fenômenos políticos genuinamente novos é algo raro no Brasil. Pode parecer redundante, mas a *renovação* política nacional tem se ligado à permanência de vínculos tradicionais e à reprodução de condutas políticas presentes no passado. A modernização política do Brasil passa comumente pela via da transição lenta e conservadora. "Lenta, gradual e segura", já se disse. Octávio Ianni assinala que:

> O processo histórico de que resulta o presente (...) se torna indispensável para que se possa compreender as condições e as possibilidades de organização e transformação da sociedade (...) [sendo] muito forte o peso do passado, dos vários passados

[5] Essa frase foi dita a respeito do processo que levou Napoleão Bonaparte à conquista de um império na Europa do século XIX. Paul Johnson a completa dizendo que "ninguém tem mais sorte do que o homem cuja hora chegou" (JOHNSON, 2003:28).

[6] Como desafio, esta última (transformação do Estado) vem se processando até hoje. A transformação do Estado Brasileiro, sua modernização, ainda encontra forte resistência no corporativismo e na disposição dos governos para enfrentar este que talvez seja o principal desafio do Brasil para adentrar à modernidade e, finalmente, promover inclusão e justiça sociais.

> nacionais e regionais, compreendendo tradições, anacronismos, exotismos, ecletismos, formas sociais pretéritas próximas e distantes de organização da vida e do trabalho (1992:64).

Em que pese toda aura de modernidade simbólica que expressava e com que atuava no campo político, o estilo de Fernando Collor de Mello não representou ruptura e novidade, ainda que sua mensagem fosse, é certo, de novos tempos. Assim, o discurso de um "Brasil Moderno" utilizava como meio um *estilo de liderança* que guardava relação com o passado histórico, personalista e de fragilidade institucional, assemelhado ao que um dia se chamou de "populismo na política nacional".

Caio Prado Júnior diz haver "certo sentido" na evolução de qualquer povo:

> Se percebe [esse sentido] não nos pormenores de sua história, mas no conjunto dos fatos e acontecimentos essenciais que constituem um largo período de tempo (...) Visto deste ângulo geral e amplo, a evolução de um povo se torna explicável. Os pormenores e incidentes mais ou menos complexos constituem a trama de sua história e que ameaçam por vezes nublar o que verdadeiramente forma a linha mestra que a define, passam para segundo plano; e só então nos é dado alcançar o sentido daquela evolução, compreendê-la, explicá-la (2000:7-8).

Também Octávio Ianni recorre a Caio Prado Júnior, citando *Formação do Brasil Contemporâneo*, em que o historiador alerta:

> Analisem-se os "elementos" da vida brasileira contemporânea; elementos em seu sentido mais amplo, geográfico, econômico, social e político. O passado (...) é bem saliente; em parte modificado, é certo, mas presente em traços que não se deixam iludir. (...) atrás daquelas transformações que às vezes podem nos iludir, sente-se a presença de uma realidade já muito antiga que até nos admira de aí achar, e que não é senão aquele passado colonial (1992:64).

Fernando Collor de Mello surge como uma continuidade e não uma ruptura. No entanto, a retórica com que se expressou e as condições históricas de sua ascensão, vitória e governo vieram a contribuir para o desenvolvimento de um processo de profundas mudanças. Clássicos do pensamento político nacional, como Sérgio Buarque de Holanda, ensinaram que o Brasil é repleto de paradoxos. Evoluímos e paralisamos porque os processos políticos trazem em si o germe da negação e da reafirmação. Collor é ao mesmo tempo a continuidade de um tipo de política e de uma forma de poder alicerçada no personalismo do líder e no patrimonialismo como conduta política. Mas, ironicamente, é também a crítica desse modelo. Olhando retrospectivamente, percebe-se que também Fernando Collor é um dos paradoxos brasileiros.

De tal forma, o ex-presidente não pode ser pensado como um episódio isolado no tempo. Deve ser compreendido, fundamentalmente, como o resultado de um período de transformações que está vinculado ao processo contínuo da história. Menos por comandar um processo de transformação e ter *compromisso* com ele, do que por percebê-lo e tirar proveito disso. O "fenômeno Collor" representa o encontro natural de um processo de evolução histórica — que tem sua nascente na década de 1930 — com os anacronismos que não conseguiam ser superados. O velho e o novo se encontram num mesmo personagem. Por encarnar o discurso do "novo" inexorável mundial, Collor despertou a emergência de novas forças; mas por representar o anacrônico, não coube no modelo que ajudou a parir: seu estilo de liderança e seu mandato foram julgados e suprimidos por uma sociedade que se modernizou, ironicamente, na esteira das transformações de seu governo.

Como posteriormente assinalou Celso Furtado, em artigo no jornal *Folha de S. Paulo*, "dados fragmentários nos ajudam a perceber as contradições do fazer político brasileiro. Da mesma maneira, em outros momentos de nossa história, forças de aparência contraditória estabeleceram alianças imprevisíveis". Parece ter sido este o principal legado do "fenômeno Collor". As transformações por ele iniciadas — talvez, sem a exata dimensão de sua profundidade —, inegavelmente, realizaram a tarefa histórica que possibilitou que os dois mandatos do presidente Fernando Henrique Cardoso dessem seqüência a um processo de mudança que ainda tenta se consolidar sob o governo Lula. A abertura econômica; a atração do capital financeiro internacional; a diminuição do aparelho estatal — por meio de privatizações e diminuição do quadro funcional (fechamento de autarquias); a incipiente busca de equilíbrios fiscais; o *impeachment* e o relativo fortalecimento das instituições realmente acabaram por parir um Brasil renovado.

Cabe considerar, entretanto, se o ator Fernando Collor de Mello tinha ou não plena consciência da natureza e dos efeitos que decorreriam de seus atos. Pouco provável que o tivesse. Por ser impossível controlar *todas* as variáveis de um processo de interação social, o ator perde o controle do desenrolar dos fatos que assumem uma dinâmica particular. Resultam os efeitos não-intencionais. Como se sabe, a interação social redunda numa espécie de evolução imbricada entre a história e os atores sociais. Isso tudo sempre traz elevado grau de imprevisibilidade à ação política. Jon Elster, citando Adam Ferguson, indica que "a história é o resultado da ação humana, não do desígnio humano" (Elster, 1994:113). Ações individuais interagem umas com as outras, produzindo reações causais em cadeia. Como já assinalado, na maioria das vezes, os resultados se mostram diferentes do inicialmente pretendido.

O olhar retrospectivo nos permite avaliar com mais calma e elementos o processo. Luís Nassif e Bolívar Lamounier acertaram ao constatarem que o país se transformou. Independentemente do custo que isto tenha representado, o Brasil se integrou ao mundo globalizado e a política ficou mais complexa: comparadas ao passado, instituições — até pelo choque do *impeachment* — se robusteceram. Não se pode, no entanto, atribuir o mérito dessas transformações a Fernando Collor de Mello. Conseqüências e efeitos não-intencionais não podem explicar as ações iniciais. Collor não foi um estadista, ainda que seu papel tenha sido muito importante.

Movia-se por interesses aquém do projeto que dizia representar. Cercado por personagens obscuros, dizia pretender acabar com a corrupção; representante de uma oligarquia anacrônica, prometia modernizar as relações econômicas, políticas e sociais. Seus interesses pessoais e sua origem oligárquica falaram mais alto. Esclareceu Weber que "são os interesses (...) não as idéias que dominam de imediato as atividades dos homens. Mas 'as imagens do mundo' muitas vezes desempenharam o papel de agulha para determinar as vias pelas quais a dinâmica de interesses impulsiona a ação" (Gianotti, 2000:136).[7] O certo é que a dinâmica dos interesses em que se viu envolvido impulsionou uma ação, por fim, transformadora.

Para Fernando Collor, tudo resultou numa estrondosa contra-finalidade. Perder o mandato e os direitos políticos significou um dano certa-

[7] Citado por José Arthur Gianotti, em *Certa Herança Marxista*. São Paulo. Companhia das Letras, 2000.

mente irrecuperável para seu projeto de poder e o levou à obscuridade na carreira política nacional.[8] Em que pese suas repetidas promessas de voltar ao Palácio do Planalto, visto com olhos de hoje, nada parece mais improvável (embora nunca se possa dizer impossível). Por isso, parece ser incorreto (ou precipitado) assemelhá-lo, na essência, a Getúlio Vargas.

Getúlio, após 15 anos no poder como ditador, se recolheu por curto período e voltou ao poder nos braços do povo. Ainda que conceitualmente ambos possam ser considerados líderes populistas, as diferenças de estilo e a percepção do eleitorado a respeito de um e de outro tornam descabidas as tentativas de assemelhá-los como estadistas. Não bastasse isto, os projetos de desenvolvimento identificados com um e com outro foram conduzidos de modo muito diferente. Percebe-se que Getúlio representou um projeto de mudança manejado por um grupo mais consistente e preparado para fazê-lo. Também as figuras políticas de ambos são incomparáveis: Getúlio Vargas chega ao poder liderando um movimento de questionamento à ordem política e social enraizado na sociedade e que já tentara se manifestar por todas as vias, da armada (1922) à eleitoral (1930). Sua biografia aponta para uma trajetória de profundo envolvimento com as questões políticas nacionais (BARROS, 1988). Em torno do movimento que o transformou em presidente da República, Getúlio reuniu homens como Oswaldo Aranha, Virgílio de Melo Franco, Lindolfo Collor, João Batista Luzardo, João Neves da Fontoura, Flores da Cunha e Francisco Campos; e egressos do Movimento Tenentista, como Juarez Távora, João Alberto e Miguel Costa. Mesmo antes da Presidência, observa-se na biografia de Vargas um envolvimento com a vida política do país num tal grau que é impossível compará-lo com a participação política nacional de Fernando Collor de Mello, anterior à sua posse em Alagoas.

Ditador, Getúlio teve instrumentos mais efetivos de controle da sociedade e se consolidou como uma liderança patriarcal, o que lhe permitiu maior poder na definição de políticas e na fixação de seu domínio legítimo (no conceito weberiano) no imaginário popular. Podendo conduzir o processo com menor índice de imprevisibilidade, menos sujeito aos humores das interações sociais, Getúlio, por meio da força, conseguiu, ao

[8] Em 2000, Fernando Collor tentou concorrer à prefeitura da cidade de São Paulo, mas teve seu registro cassado pelo Tribunal Regional Eleitoral (TRE), que entendeu não ter o candidato os necessários direitos políticos, cassados por oito anos em 1992. Em 2002, já de plena posse de seus direitos políticos, concorreu ao governo de Alagoas e foi derrotado pelo candidato do PSB, Ronaldo Lessa. Em 2006, se elegeu senador, pelo inexpressivo PRTB, com 44% dos votos válidos.

mesmo tempo, ser temido e amado. Quanto a Collor — premido pela redemocratização do país e pelo enfraquecimento do Estado — restou (até aqui) o confinamento a Alagoas. Em termos nacionais, foi simultaneamente desprezado e odiado. Viveu o pior dos mundos do príncipe (MAQUIAVEL, 1997:105-110;116-129).

Fernando Collor faz avaliações grandiloqüentes a respeito de si próprio e de seu governo. O *site* que o ex-presidente manteve na internet era pródigo em versões que o colocavam como vítima de um complô e também de relatos de absoluto enaltecimento pessoal.[9] Como continua na rinha política, naturalmente procura estabelecer sua versão dos fatos. A avaliação que o ex-presidente e seus mais próximos seguidores fazem a respeito daquele governo pode ser um bom exercício analítico para que se entenda, em certa medida, o ator, mas pouco se compreenderá do processo. Acreditando voltar à Presidência do País, Collor foi prolixo na produção de textos e de avaliações de seu governo e de seu papel na história do país. No entanto, suas opiniões pessoais não devem ser compartilhadas pelos analistas que têm por papel entender e traduzir o que foi sua experiência. Atribuir-lhe a importância que ele próprio reivindica — um estadista à altura dos maiores da história do país — é naturalmente um exagero. Collor é um fenômeno não por ser extraordinário, mas porque pode ser compreendido na dinâmica das relações históricas e sociais de seu tempo.

Considerações metodológicas e estrutura dos capítulos

Passada a perplexidade daqueles dias de PUC, em 1989, ficou o desafio de investigar, procurar compreender e, por fim, explicar o que foi o "fenômeno Collor". Compará-lo genericamente com *outro* estadista pode resultar, além de um erro analítico, num juízo de valor. Desqualificá-lo como mero farsante parece ser pouco científico e não contribui para com-

[9] O *site* de Fernando Collor (www.collor.com) foi retirado da rede de computadores por volta do final de ano de 2002, tendo retornado à Internet depois. Estas informações se baseiam em diversas consultas feitas ao longo dos anos de 2001 e 2002. Para a vitimização do ex-presidente, foi visto: "Crônica de um golpe, a versão de quem viveu o fato", primeiro capítulo do prometido livro de memórias do ex-presidente que, no entanto, não teve seqüência. Para a exaltação pessoal, foram consultados diversos *links* ali presentes (discursos, entrevistas, fotos históricas etc.).

preender dinâmicas políticas do mesmo tipo. Como objeto, Collor possui uma riqueza extraordinária. A rapidez com que se estabeleceu na política nacional — da prefeitura de Maceió à Presidência do Brasil —, a soberba no auge do governo e sua decadência política são realmente impressionantes. Notável foi sua capacidade de lidar com símbolos, assim como sua aptidão para a notícia. Despertam interesse também as inúmeras e simultâneas frentes de conflito em que se envolveu. Aliás, cada uma destas frentes — Congresso, mídia, militares, empresários e mesmo a família — comportaria um livro em particular.

No meio acadêmico, já há uma variedade de bons trabalhos a respeito de Collor. No campo da Semiótica, a tese de doutoramento de Olga Maria Tavares é um dos exemplos. Na Ciência Política, a dissertação de mestrado de Maria Salete Souza de Amorim o define como um *case de marketing político*. Também Antônio Albino Rubim (1999), Emiliano José, Venício de Lima e Fernando Lattman-Weltman, que o estudam como fenômeno de *Comunicação Política*, fizeram trabalhos interessantes e esclarecedores. No entanto, análises circunscrevendo o objeto à tradição da política nacional — sobretudo no que se refere ao *populismo*, são ainda incipientes. Um exemplo é o ensaio de Décio Saes, *A Reemergência do Populismo no Brasil e na América Latina*, onde o objeto é mencionado com vigor, mas não recebe tratamento mais profundo, posto que a atenção do autor está, principalmente, voltada para o neoliberalismo que, em meados dos anos 1990, se consolidava na América Latina; outro exemplo é o ensaio de André Singer (1990) em que se levantam as primeiras hipóteses de que se vivia naquele momento um fenômeno populista.

Classificá-lo como um *tipo específico* de político talvez seja mais proveitoso no que se refere ao seu entendimento e até possibilite melhor e maior comparação com personagens do passado. Num ensaio de 1965, a respeito do populismo em São Paulo, Francisco Wefffort procurou descrever algumas formas de manifestação do populismo no Estado no que concerne ao seu conteúdo social. Buscou caracterizar o "janismo" e o "adhemarismo", "quanto às suas diferenças de *ideologia* e de *posição social*", afastando-se, desde o início do senso comum que entende o populismo, segundo Weffort, como um fenômeno não-ideológico, desprovido de "qualquer posição social particular" (1965:39).

Weffort baseou-se num plano de trabalho que incluiu a aplicação de questionários em bairros paulistanos, cuja penetração populista seria maior. Com base nesse material empírico, procurou "descrever o fenômeno populista em seus traços gerais, pelo sistema de construção de tipos".

(1965:39). Todavia, o material empírico, para Weffort, não assume papel de meio e fim de sua pesquisa. Para ele, os elementos empíricos são:

> Pontos de apoio para a construção de tipos, suportes que permitem afirmar que estes constructos são prováveis e, dentro de certos limites, adequados causalmente. Em outros termos, nesta linha de interpretação, o material é de utilidade mínima para evidenciar a distribuição empírica global de determinadas características, mas de utilidade máxima para testemunhar a realidade de certas conexões de sentido. (1965:40).

Apoiado na sociologia compreensiva weberiana, por meio da construção de tipos, Weffort buscou encontrar a inteligibilidade das manifestações históricas e particulares dos fenômenos que estudava. Do mesmo modo, este trabalho pretendeu atingir a inteligibilidade do chamado fenômeno Collor como uma manifestação histórica. O material empírico que se utilizou é entendido como ponto de apoio para a compreensão das conexões de sentido que possibilitem a interpretação do fenômeno enquanto resultado de um processo social onde crise econômica e crise política se encontram e se fundem na procura de um líder que as solucione. Cabe ressaltar que o uso desse material não pretendeu fazer um inventário completo da presença de Collor na mídia e tampouco um levantamento do cotidiano do ator. Discutir Collor em todos os aspectos possíveis é impraticável para apenas um trabalho (eis a prova da riqueza do objeto!). Várias hipóteses de pesquisa futura se pronunciam, não há dúvida. É forçoso admitir que, numa temática como esta, chama atenção o que foi ressaltado no trabalho, mas também o que ficou de fora. Infelizmente, é preciso fazer escolhas, adotar critérios, estabelecer filtros. A intenção, contudo, foi perceber o movimento histórico em interação com o indivíduo, ator político. Como anotou C. Wright Mills, a imaginação sociológica busca compreender a história e a biografia e as relações entre ambas:

> Mas em nossa época chegamos a saber que os limites da "natureza humana" são assustadoramente amplos. Chegamos a saber que todo indivíduo vive, de uma geração até a seguinte, numa determinada sociedade; que vive uma biografia, e que vive dentro de uma seqüência histórica. E pelo fato de viver, contribui, por menos que seja, para o condicionamento dessa sociedade e para o curso de sua história, ao mesmo tempo em

> que é condicionado pela sociedade e pelo seu processo histórico. A imaginação sociológica nos permite compreender a história e a biografia e as relações entre ambos dentro da sociedade. Essa a sua tarefa e a sua promessa. (...) Nenhum estudo que não volte ao problema da biografia, da história e de suas interligações dentro de uma sociedade completou sua jornada intelectual (1969:12-13).

Este trabalho foi realizado com base na análise de exemplares da revista *Veja* (de 1988 a 1992) e nos programas do Horário Gratuito de Propaganda Eleitoral de 1989. O material permitiu que se penetrasse na atmosfera política e cultural da época. No que se refere à revista *Veja*, não se fez análise do meio e nem das eventuais "intenções" da publicação. O material foi assimilado apenas por seu valor histórico. Fazê-lo de modo diverso — por mais que insistam jornalistas e estudiosos dos meios de comunicação — compreenderia outra tese; desfocaria o objeto. Quem escolhe a favor também escolhe contra, infelizmente. Não tem jeito.

De objetivo, pelo material utilizado, pôde-se retomar o momento histórico, a dimensão política dos principais problemas sociais e econômicos do período, assim como se pôde observar uma espécie de *clamor* jornalístico na direção de transformações que possibilitassem o desenvolvimento do processo de modernização nacional. Em relação a Fernando Collor de Mello, a princípio, a posição da revista era de certo ceticismo com a candidatura do governador de Alagoas. Conforme as pesquisas indicavam seu crescimento eleitoral, a publicação passou a tratá-lo com maior atenção e com discreta disposição em transmitir a mensagem por se tratar de um candidato identificado com a modernidade. No momento da campanha eleitoral, Collor foi relativamente poupado de denúncias e críticas. Enquanto isso, *Veja* imprimia os desacertos e reveses nas candidaturas de Ulysses Guimarães, do Partido do Movimento Democrático Brasileiro (PMDB), e de Aureliano Chaves, do Partido da Frente Liberal (PFL). Também eram explicitados pela revista os problemas internos e as dificuldades das candidaturas de Lula (PT), Leonel Brizola (Partido Democrático Trabalhista, PDT) e Mário Covas (Partido da Social Democracia Brasileira, PSDB). Collor aparecia como um *outsider*, comprometido com a moralidade e com a modernização do país, que corria por fora, em direção à vitória que de fato aconteceu.

Os programas do Horário Gratuito de Propaganda Eleitoral (HGPE) foram outra importante fonte. Ali se pôde analisar os discursos e a performance do candidato diante do público. Em seu programa de campanha, Fernando Collor reproduziu a maioria de suas peças *moralistas e modernizadoras;* atacou adversários e empreendeu um estilo voluntarioso e agressivo de fazer política. Ainda assim, a síntese disso tudo, notou-se, está preliminarmente no primeiro programa do Partido da Reconstrução Nacional (PRN), exibido em 30 de março de 1989, outra fonte pesquisada.

Igualmente importantes foram trabalhos que procuraram *descrever* os fatos da campanha e da vida pessoal do ex-presidente (*Notícias do Planalto,* de Mário Sérgio Conti; *Atrás do Palanque* e *República na Lama*, de José Nêumanne Pinto; *Dicionário Histórico-Biográfico Brasileiro,* de Renato Lemos). Estes trabalhos não se caracterizam por análises explicativas voltadas para as causas do fenômeno e nem se preocupam em classificá-lo no contexto mais amplo da política nacional e nem da dinâmica do processo histórico. Ainda assim, são absolutamente úteis como fonte secundária de consulta e referência biográfica.[10]

Também como material de pesquisa, a entrevista concedida pelo ex-ministro da Fazenda Maílson da Nóbrega forneceu elementos esclarecedores. Funcionário público de alto escalão da administração federal, as informações de Maílson da Nóbrega foram fundamentais para que se entendesse, na lógica do próprio Estado, o processo econômico porque passava o país quando da eleição de 1989. Arguto observador da política nacional, suas considerações foram importantes para a perspectiva analítica a respeito do fenômeno. Buscou-se, ao longo da pesquisa, estabelecer outros contatos com vistas a novas entrevistas. Dois contatos (um por telefone e outro pessoalmente) foram estabelecidos com o ex-presidente do Banco do Brasil, Lafayete Coutinho. Em ambos, Coutinho foi receptivo, forneceu informações e análises interessantes que nos permitiram entender a *lógica* econômica do grupo que se juntou a Collor. Ainda assim, Coutinho mostrou-se reticente em conceder entrevistas formais. Embora se tenha insistido em estabelecer novos encontros e formalizar uma entrevista, não se obteve retorno por parte do eventual entrevistado. De todo modo, pode-se afirmar que Coutinho colaborou nos limites daquilo que lhe era possível e desejável.

Também foi assim com o contato que se estabeleceu com Cláudio Humberto Rosa e Silva, ex-porta-voz do presidente. Para informações secundárias (por e-mail), o jornalista foi absolutamente solícito. O diálogo,

[10] Especialmente em relação a *Notícias do Planalto*, ver: Melo, Carlos Alberto Furtado de. "Atores Políticos Reais e seus Reais Interesses", *In*: *Mídia e Política* (2000:101).

no entanto, não prosperou quando se buscou um contato mais profundo. Igualmente difícil foi a tentativa de contato com o próprio Fernando Collor de Mello. Durante grande parte do período da pesquisa, o ex-presidente esteve fora do país, morando em Miami (EUA). Nos períodos em que esteve no Brasil, procurou-se contatá-lo por meio de alguns interlocutores do ex-presidente. Notou-se que quanto mais clara ficava a linha de raciocínio em que se construía esta reflexão, menor era o interesse dos interlocutores que estabelecíamos. Nota-se que há, ainda hoje, certo mal-estar por parte da chamada "tropa de choque" do ex-presidente em falar sobre o tema. Por fim, conclui-se que não entrevistá-lo também traria um elemento de distanciamento e isenção, ao passo que entrevistá-lo compreendia o risco de contaminar o trabalho com elementos puramente defensivos e retóricos, como se viu numa série de entrevistas que concedeu ao jornalismo.[11]

No mais, após tentar disputar algumas eleições sem sucesso, em 2006, Fernando Collor de Mello foi eleito senador da República pelo Estado de Alagoas. Politicamente, para ele, a avaliação do sentido e da dinâmica de sua ascensão e queda à Presidência da República já faz parte da história e é página virada. Para os alunos que freqüentavam as antigas salas de aula e os salões da PUC-SP, ainda não. Assim como eles, milhões de brasileiros ainda se interrogam: como Collor chegou tão longe e tão rápido? E por que, afinal, caiu? Este livro tenta aliviar um pouco dessas dúvidas.

---

[11] O ex-presidente se pronunciou amplamente sobre o período por meio de suas aparições na mídia (incluindo o *site* que manteve na Internet). Em seu estilo, os depoimentos são laudatórios, não permitindo avanços para além do tradicional discurso que o marcou.

Capítulo 1

Do Populismo Preto-e-Branco ao Populismo Collorido

O populismo é um conceito controverso, como já foi observado. Há muita confusão a seu respeito. O termo tem sido utilizado tanto como categoria científica nas ciências sociais, como também uma forma de desqualificação de adversários nas disputas políticas. Além disso, tem servido para designar práticas de governo consideradas pouco *responsáveis* do ponto de vista da saúde das finanças públicas e do zelo orçamentário. Também pode ser percebido por meio de certo arrebatamento discursivo, em que o governante estabelece — ou tenta estabelecer — uma relação direta com as massas, implicando isso em promessas e medidas nem sempre condizentes com as condições políticas e a realidade econômica de seu país.

Deve-se esclarecer que um político populista não significa, necessariamente, um governante populista. Jânio Quadros governou com mão-de-ferro procurando organizar as finanças do Estado e nesse sentido não seria considerado um político populista; por outro lado, lançava mão de manobras diversionistas, do moralismo e da criação de factóides ressaltando a importância de sua personalidade no cotidiano do governo; governava por bilhetinhos e dava importância pouca ou nenhuma ao poder Legislativo e aos partidos políticos; por meio da renúncia, tramou um golpe que não se consumou (Chaia, 1991). Enfim, características que permitem que a ele se aplique o termo *populista*.

Há também os governantes que operam políticas econômicas populistas, não exercendo, necessariamente, um estilo político populista. Juscelino Kubitschek, por exemplo, expandiu ao máximo a capacidade econômica do Estado, fazendo disparar a inflação e aumentar o endividamento externo do país. Chegou mesmo a romper com o Fundo Monetário Internacional (FMI) e centralizar o câmbio; subsidiou fortemente as empresas *nacionais*. Ainda assim, resistiu com serenidade democrática às críticas e tentativas de golpe; estabeleceu relação de respeito institucional com o Congresso que muitas vezes lhe foi hostil; sendo um homem nitidamente identificado com um único partido político, o PSD (Partido Social Democrático), manteve diálogo e alianças com os demais partidos. Do ponto de vista político, foi o contrário do que se entende por líder populista (Bojunga, 2001).

O uso do conceito requer, portanto, uma série de cuidados. É preciso que se encontre a delimitação clara de suas fronteiras e a exposição objetiva de suas características mais comuns de modo a que se possa utilizá-lo na tentativa de explicar Fernando Collor de Mello.

Collor ascendeu ao poder por meio do discurso populista, sendo sua prática política durante o período em que esteve fortalecido pelos votos e pela "massa" igualmente populista, ainda que do ponto de vista econômico não pudesse operar políticas desse tipo. Dada a fragilidade financeira do Estado e a natureza do processo de transformação que se implantava, ao contrário, foi obrigado a adotar medidas que desagradaram amplos setores sociais, ainda que seu discurso fizesse supor que se debatia pelos "descamisados" e pelos "pés descalços". Como se verá, seu estilo de liderança pouco difere do de Jânio Quadros. Ainda assim, parece ser conveniente que se conheça um pouco da história do populismo e dos trabalhos que ao longo dos anos delinearam suas características mais marcantes de modo a abalizar esta afirmação.

O termo populista é uma espécie de fantasma que ronda a política brasileira e latino-americana.[12] Na sociedade, o senso comum apropriou-se

[12] A questão do populismo voltou à cena logo após a vitória de Lula em 2002 e rondou toda a campanha eleitoral de 2006. Desde sua eleição à Presidência, em 27 de outubro de 2002, Luiz Inácio Lula da Silva tem sido apontado por vários autores como uma espécie de líder populista, com forte inclinação ao messianismo. Logo no primeiro momento, José de Souza Martins, por exemplo, afirmou que "Lula aceitou bem o roteiro de conduta populista que estava diluído nas expectativas do eleitorado, roteiro que ele consegue identificar e interpretar". Essa visão foi rejeitada por Fábio Wanderley Reis, para o qual "é por seu longo investimento na construção de uma instituição partidária autêntica que Lula ganha densidade e não pode ter sua liderança confundida com os populismos de sempre, mesmo se o simbolismo que se liga a ele suscita o entusiasmo popular". Naquela ocasião, para Francisco Weffort, esta questão estava prejudicada diante da preponderância do modelo econômico em que o país vive: "Muda o país político, muda a relação do Estado com a economia, mas esta continua impondo as suas leis de ferro, sempre enquadrada nas regras (ou falta de regras) da economia internacional. Houve uma época em que isso se entendia como a dependência do país em relação ao sistema econômico internacional. De algum tempo para cá, se chama a isso de globalização" (2003). Durante o primeiro mandato de Lula não faltaram comparações entre o petista e o presidente da Venezuela, Hugo Chaves. Essa uma liderança de perfil mais nitidamente populista, ao "estilo clássico latino-americano", por assim dizer.

dele como sendo uma prática a que muitos políticos recorrem, por meio da demagogia que dá o tom do discurso. Na academia, sua utilização e seu significado são controversos. Sintetizando ao extremo, pressupõe a relação entre o líder e a massa, desprezando mecanismos institucionais, como os partidos. Observa-se, normalmente, a presença do fenômeno em períodos de transição, sobretudo, na fase aguda dos processos de industrialização.

Fala-se muito a seu respeito, mas sem uma delimitação exata de seu significado. Os jornais em artigos assinados e em editoriais são contumazes em rotular posturas políticas e ações governamentais como populistas. Sua difusão, no entanto, não tem significado clareza conceitual. Não se tratando de uma doutrina sistematizada, carece de elaboração teórica. Não é uma corrente ideológica, mas uma prática, uma forma de mobilização ao mesmo tempo em que se traduz num estilo de liderança.

O populismo como conceito vem sendo desenvolvido desde meados dos anos 1950. Para entender seu desenvolvimento, o ensaio de Ângela Castro Gomes, "O populismo e as ciências sociais no Brasil: notas sobre a trajetória de um conceito", parece-nos fundamental e fica como referência. Não apenas pelo esforço em sistematizar a produção sobre o assunto como também pela reflexão da autora. Ângela Castro Gomes procura delimitar o objeto e sua operacionalização à experiência política brasileira, alertando, porém, sobre a dificuldade no uso do conceito. "Convém observar que se trata de um conceito com um dos mais altos graus de compartilhamento, plasticidade e solidificação, não apenas no espaço acadêmico da história e das ciências sociais, como transcendendo este espaço e marcando o que poderia ser chamado de uma cultura política nacional" (2001:20). Assim, "exige o reconhecimento da ocorrência de seu deslizamento de uma retórica sociológica erudita para uma retórica política popular, presente nos meios de comunicação de massa e no senso da população" (2001:20).

Segundo a autora, no meio acadêmico há duas posturas, paradoxais em si, a respeito do conceito: uma parcela de acadêmicos atribui-lhe valor, outra o critica fortemente e já o abandonou. Há um debate no meio acadêmico, o que torna o conceito um tanto escorregadio. Na sociedade, contudo, seu uso corrente é relativamente preciso, estigmatizando políticos: "São populistas os políticos que enganam o povo com promessas nunca cumpridas ou, pior ainda, *os que articulam a retórica fácil com falta de caráter em nome dos interesses pessoais*",[13] diz Ângela Gomes (2001:21).

[13] O grifo é meu.

As primeiras tentativas de delimitar o conceito e dar-lhe precisão científica remontam a meados dos anos 1950. A literatura sobre o populismo indica os *Cadernos do Nosso Tempo* como as primeiras tentativas de sistematizar conceitualmente o termo no Brasil (GOMES, 2001:15). Trata-se de uma edição de cinco volumes, publicada entre os anos de 1953 e 1956 pelo IBESP (Instituto Brasileiro de Economia, Sociologia e Política). O IBESP e os *Cadernos* são ponto de partida para a constituição do Instituto Superior de Estudos Brasileiros, o ISEB, importante centro da produção de ideologia nacionalista brasileira. Na lista de colaboradores incluem-se intelectuais como Hélio Jaguaribe, Cândido Mendes de Almeida, Alberto Guerreiro Ramos, Carlos Luís Andrade, Ewaldo Correia Lima, Fábio Breves, Heitor Lima Rocha, Hermes Lima, Ignácio Rangel e João Paulo de Almeida Magalhães.

Os intelectuais do Grupo de Itatiaia — como inicialmente ficaram conhecidos os fundadores do ISEB — procuraram, de uma forma esquemática, apontar duas condições para a caracterização do populismo, que foram apropriadas por vários estudos que se seguiram ao longo dos anos. "Em primeiro lugar", assinala Ângela Gomes, "o populismo é uma política de massas (...) um fenômeno vinculado à proletarização dos trabalhadores na sociedade complexa moderna" (2001:25). Não há, por parte dessa massa, consciência de classe e nem organização política classista. Há, da parte do líder populista, um caráter reacionário, sem identificação ideológica e política com a classe trabalhadora.

Além do Grupo de Itatiaia, ainda de acordo com Castro Gomes, os trabalhos de Francisco Weffort (1978) e Octávio Ianni (1971) são também considerados referências clássicas. A contribuição de ambos, durante muitos anos, assumiu centralidade nos estudos a respeito do tema. Para Weffort, por exemplo, o populismo seria um fenômeno político, vinculado à sociedade de massas, presente nas regiões atingidas pela intensificação do processo de urbanização (1978: 28). Diz Weffort que

> O populismo, como estilo de governo, sempre sensível às pressões populares, ou como política de massas, que buscava conduzir manipulando suas aspirações, só pode ser compreendido no contexto do processo de crise política e de desenvolvimento econômico que se abre com a revolução de 1930. Foi a expressão do período de crise da oligarquia e do liberalismo, sempre muito afins na história brasileira, e do processo de democratização do Estado que, por sua vez, teve que apoiar-se sempre em algum tipo de autoritarismo, seja o autoritarismo institu-

> cional da ditadura Vargas (1937-1945), seja do autoritarismo paternalista ou carismático dos líderes de massas da democracia do pós-guerra (1945-1964). (1978:1961)

Na definição de Weffort, o fenômeno populista compreende um momento de transformação aliado a um processo político, cuja expressão central e determinante é o líder político, autoritário, paternalista ou carismático. A massa gira ao redor desse líder. A liderança teria por finalidade última estabelecer uma dominação, que deve ser entendida "como uma expressão política de interesses determinados de classe" (1978: 26).

Em ensaio anterior, de 1965, Weffort, na tentativa de entender o populismo, busca definir sucintamente um termo que estará freqüentemente presente em seus textos sobre o tema, como categoria central, a *massa*. Embora considerada demasiadamente "geral para tornar compreensivas todas as distinções que se observam entre as diversas formas de populismo", a definição adotada parece adequada também para os objetivos deste trabalho. Recorrendo aos *Cadernos do Nosso Tempo* (1954, nº 2), Weffort define *massa* como conglomerado de indivíduos na multidão, relacionado por uma "sociabilidade periférica e mecânica". Conciliada sua existência a um momento histórico cuja elite perdeu a legitimidade política, têm-se as condições necessárias para o surgimento do líder populista:

> a) a 'massificação', provocada pela 'proletarização' (de fato, mas não consciente) de amplas camadas de uma sociedade em desenvolvimento que desvincula os indivíduos de seus quadros sociais de origem e os reúne na 'massa', 'conglomerado multitudinário de indivíduos, relacionados entre si por uma sociabilidade periférica e mecânica'; b) perda da 'representatividade' da 'classe dirigente' — e, em conseqüência, da sua 'exemplaridade' — que, assim, se transforma em 'dominante', parasitária; c) aliadas estas duas condições à presença de um líder dotado de carisma, teríamos todas as possibilidades de que o populismo venha a constituir-se e a alcançar ampla significação social (Weffort, 1965:46-47).

A propósito da maior clareza conceitual, torna-se adequado explicitar também o entendimento do termo *elite* com que se opera neste trabalho. Elite é o conjunto de pessoas capaz de tomar decisões que interferem sobre o cotidiano da *massa*; pessoas que possuem *poder* (independentemente de exercê-lo ou não) e experiência técnica e política que "transcende de muito a da massa". O conceito está em *A Elite do Poder*, de C.Wright Mills:

> Nem todos os homens são comuns (...). Sendo os meios de informação e de poder centralizados, alguns deles chegam a ocupar (...) posições das quais podem olhar, por assim dizer, para baixo, para o mundo do dia-a-dia dos homens e mulheres comuns, suscetível de ser profundamente atingido pelas decisões que tomam. (...) Não precisam "atender as exigências da hora e do momento", pois em parte criam essas exigências, e levam outros a atendê-las. Quer exerçam ou não seu poder, a experiência técnica e política que dele têm transcende, de muito, a da massa da população. O que Jacob Burckhard disse dos "grandes homens" a maioria dos americanos bem poderia dizer de sua elite: "São tudo aquilo o que nós não somos" (1975:11).

Para Octávio Ianni, o populismo no Brasil tem como marco inicial a chegada de Getúlio Vargas ao poder em 1930. No populismo varguista, as massas passaram a ser percebidas no contexto da política nacional, o que até então, na República Oligárquica, não ocorria. Para Ianni, este movimento de emergência das massas como ator político está ligado ao que foi uma nova etapa de transformações econômicas, sociais e políticas no Brasil. O populismo seria *a forma política assumida pela sociedade de massas do país*:

> O populismo brasileiro surge sob o comando de Vargas e os políticos a ele associados. Desde 1930, pouco a pouco, vai se estruturando esse novo movimento político. Ao lado das medidas concretas, desenvolveu-se a ideologia e a linguagem do populismo. Ao mesmo tempo que os governantes atendem a uma parte das reivindicações do proletariado urbano, vão se elaborando instituições e símbolos populistas. Pouco a pouco, formaliza-se o mercado de força de trabalho, no mundo urbano-industrial em expansão. Ao mesmo tempo, as massas passam a desempenhar papéis políticos reais, ainda que secundários. Assim pode-se afirmar que a entrada das massas no quadro das estruturas de poder é legitimada por intermédio dos movimentos populistas. (...) No conjunto, trata-se de uma política de massas específicas de uma etapa das transformações econômico-sociais e políticas no Brasil.

> Trata-se de um movimento político, antes do que um partido político. Corresponde a uma parte fundamental das manifestações políticas que ocorrem numa fase determinada das transformações verificadas nos setores industrial e, em menor escala, agrário. Além disto, está em relação dinâmica com a urbanização e os desenvolvimentos do setor terciário da economia brasileira. Mais ainda, o populismo está relacionado tanto com o consumo em massa como com o aparecimento da cultura de massa. *Em poucas palavras, o populismo brasileiro é a forma política assumida pela sociedade de massas do país* [grifo meu] (1971:209-211).

Ao mesmo tempo em que se assume como forma política da sociedade brasileira, a expressão foi adquirindo um sentido popular no qual "o político populista (...) surge como um personagem que agiria de má-fé, mentindo e enganando o povo, sobretudo nas épocas de eleições, prometendo tudo e não cumprindo" (Ferreira, 2001:7). No calor das lutas políticas entre 1961 e 1964, forças conservadoras apropriaram-se do termo para designar "tudo o que de pior podia existir na cultura política existente: demagogia, corrupção, paternalismo, clientelismo, fisiologismo, irresponsabilidade, irrealismo, peleguismo. Devidamente demonizadas, estas tradições deveriam ser negadas, vencidas e varridas da história do país" (Reis Filho, 2001:347).

Conforme se viu em Weffort, a relação que se estabelece é complexa e obedece a um mecanismo sofisticado de adesão de setores e classes sociais e com altíssimo nível de ambigüidade política, pois ao mesmo tempo em que compreende uma relação carismática, "amorfizada de conteúdos políticos e sociais" (1965), inibidora do desenvolvimento institucional, ideológico e classista, admite-se que sua existência permitiu a emergência do povo como categoria política.

A sociedade de massa brasileira, que se estruturou, sobretudo, na segunda metade do século XX, deve boa parcela de sua natureza a esse movimento político que, controlando-a, ao mesmo tempo, deu-lhe expressão política. Ainda que o trabalhismo, na concepção de Ianni, seja entendido antes como um movimento do que um partido político — "trata-se de um movimento político, antes do que um partido político" —, é inegável que a existência do Partido Trabalhista Brasileiro (PTB) deu ensejo à organização de partidos políticos estrutural e ideologicamente mais bem definidos, cuja penetração passa a se dar em todo o território nacional, diferentemente dos partidos políticos anteriores a 1930, cujos perfis eram predominantemente regionais.

Comentando Ianni, Daniel Aarão Reis Filho demonstra os elos entre os diversos segmentos sociais que acabariam por dar sustentação ao populismo.

> Para além dos partidos, o povo seria galvanizado pelos movimentos de massa e pelas lideranças carismáticas, freqüentemente em decorrência de ações empreendidas pelo governo. (...) Para tal situação, contribuiria fortemente a composição rural-urbana do proletariado industrial: a inexperiência política, um universo social e cultural atrasado, marcado pelo misticismo, pela violência e pelo conformismo como soluções tradicionais, impediam o surgimento de uma consciência crítica de classe, entre trabalhadores. (2001:350-51).[14]

Em finais da década de 1960, Octávio Ianni e Francisco Weffort declarariam que, abalado pelas próprias contradições que gerou, o populismo entrara em colapso. João Goulart, último presidente antes do golpe de 1964, sem o controle do processo político, viu-se esmagado pela mobilização popular, por um lado, e pelos grandes proprietários rurais e pela burguesia industrial, "assustados e temerosos" (nas palavras de Weffort), de outro lado. O regime populista ruiu "condenado também pela fragilidade (...) que mostrava ser incapaz não só de manter o equilíbrio de todas essas

---

[14] Ora, este é, em grande medida, o universo do Estado de Alagoas de onde Fernando Collor de Mello surgiu para o Brasil. Tais características culturais apontadas por Ianni e comentadas por Aarão Reis Filho são comuns, ainda hoje, nos vários quadrantes do país, sobretudo, no Nordeste brasileiro. Evidentemente, o processo de urbanização e migração acabou por fazer com que essas características transbordassem por todo o território nacional, ocupando espaço político e cultural também nas grandes cidades do Sul e do Sudeste. Quanto ao misticismo, vem à memória a lembrança do uso que o então candidato Fernando Collor de Mello fez da figura do Frei Damião de Bozzano, da ordem dos capuchinhos, o Frei Damião. Considerado o sucessor do Padre Cícero, Frei Damião conquistou fervorosos seguidores em todos os lugares em que passava pelo sertão nordestino. São freqüentes os relatos que dão conta de milagres supostamente realizados pelo religioso. Em 1989, Collor fez comício ao seu lado, em Juazeiro do Norte, no Ceará. Já presidente da República, ao lado de sua esposa, Rosane, deixou-se acompanhar pelo religioso numa das freqüentes e concorridas cerimônias da descida de rampa do Palácio do Planalto.

forças [sociais] como também de exercer o controle efetivo do processo de ascensão das massas" (Weffort, 1989:78). Desdobra-se daí uma forte polêmica a respeito dos limites entre o populismo e o trabalhismo. Há uma disputa pelo balanço desta experiência histórica, em que se procura diferenciar o segundo do primeiro, uma vez que com o movimento trabalhista, inegavelmente, surge no Brasil uma classe trabalhadora que se organiza e se mobiliza. Daniel Aarão Reis Filho conclui que os tempos de transformação da sociedade brasileira e de mobilização popular teriam despertado, por fim, o desenvolvimento de duas importantes tradições políticas nacionais: a comunista e a trabalhista, que de "maneira consciente e entusiasmada" acabaram por promover avanços sociais e políticos.

> Elas impregnaram todo o período, ora competindo entre si, ora compondo alianças (...) Afirmaram-se porque foram acolhidas e construídas pelas classes trabalhadoras, muitas vezes de forma subordinada, mas sempre de maneira consciente e entusiasmada — estranho povo este que não se submete à clara teoria —, e geraram um processo bastante expressivo de avanços sociais e políticos, consideradas as circunstâncias históricas (2001: 374).

O balanço da experiência histórica é obviamente importante, mas polêmico. A figura de Getúlio Vargas é até hoje contraditória: para uns, é um simples ditador, populista que manipulou as massas; para outros, foi um estadista que conduziu o país a um novo patamar de desenvolvimento. Ainda assim, neste trabalho faz-se apenas o registro da controvérsia. Seu foco está antes voltado para as circunstâncias políticas e sociais de onde emerge o fenômeno populista, como também, para o estilo de liderança de seus principais protagonistas. Não há a pretensão de acrescentar qualquer luz sobre a polêmica existente no campo de estudos sobre o período de 1930 a 1964.

Importam, no entanto, as circunstâncias e o estilo da liderança exercida durante aqueles anos. A análise das características e circunstâncias do populismo — feita, no passado, por Weffort e Ianni e, mais recentemente, por Capelato, Ferreira, Gomes e Reis Filho — interessa pelo fato de permitirem associações com as circunstâncias e o estilo de Fernando Collor de Mello. Ambos os períodos assemelham-se: além da crise do modelo de desenvolvimento, há a manifestação de um estilo e de uma conduta política que pode ser classificada no contexto mais amplo do fenômeno populista. As semelhanças são tão claras e evidentes que não permitem afirmar peremptoriamente que o populismo tenha de fato se colapsado. Quase vinte anos depois da decretação de sua morte, ele apareceu redivivo numa figura que exerceu a arte da retórica direta com as massas, num momento de crise econômica e de enorme desgaste da classe política. E passado tanto tempo do "fenômeno Collor", não se pode dizer que esteja definitivamente superado, pois as condições que o geram (crise do modelo econômico, desgaste e vazio de lideranças políticas) nunca estão definitivamente afastadas do horizonte político do Brasil e da América Latina.

A retórica do político populista e o aproveitamento das brechas do sistema político, de modo a permitir a expressão de personalismos, voltam à cena com freqüência. O discurso anunciando soluções mágicas vinculadas à vontade política exclusiva do governante — desvinculado da negociação e do acerto de contas entre os diferentes interesses da sociedade — permanece ainda hoje. Mesmo a aparente sensação de confronto com a elite é recorrente nos arroubos de retórica populista. Salvadores da Pátria surgem afirmando que resolverão problemas com "uma única bala", com "um *ippon*", expulsando "a corja que vilipendia o povo e o país", como se expressou Fernando Collor em várias oportunidades. A vinculação do populismo à demagogia não está incorreta. O fenômeno, porém, é mais complexo.

Há uma química que confunde o político e a massa; há um pacto que resguarda os privilégios das elites. O líder populista não emerge à cena política nos momentos de turbulência econômica e de enfraquecimento do poder da classe dominante apenas por coincidência. No Brasil e na América Latina, tem sido resultado de conveniências políticas e sociais. É a base de uma espécie de pacto que pairará (ou pelo menos tentará pairar) acima e independentemente das forças sociais que aceitam esse pacto. Ele se torna um elemento de coesão social, mas isto se dá por meio de sua imposição, seja ela a partir do "autoritarismo institucional da ditadura Vargas", como disse Weffort, "seja o autoritarismo paternalista ou carismático dos líderes de massas da democracia do pós-guerra".

Notemos que tanto em Weffort como em Ianni, o populismo está vinculado à massa e à sociedade industrial; à emergência de uma nova sociedade. Para Ianni, um "movimento político" que foi se estruturando pouco a pouco, e que, em virtude da gradativa complexidade da sociedade brasileira, tornou-se "a forma política assumida pela sociedade de massas do país". Essa "forma assumida", no entanto, se estabeleceu num momento de capitalismo industrial. Com a emergência de um novo modelo capitalista de desenvolvimento, baseado na mobilidade do capital e na tecnologia, é compreensível que a sociedade de massas do país respondesse a esse movimento de transformação, do modo como o fez no passado, ainda que com questionável *charme* e estética dos tempos modernos.

Isto pode significar que, ao contrário da "desqualificação" política praticada por adversários, o populismo no Brasil compreenda algo vinculado à natureza da política nacional, praticada desde pelo menos 1930, sobretudo, nos momentos de transformações econômicas e sociais mais profundas, sejam elas industriais ou *informacionais*. Esta natureza, ao longo dos anos, foi se modificando e não mais pode ficar circunscrita a análises vinculadas à sociedade industrial e a, apenas, à relação líder-massa. Requer, agora, que se considere a emergência de novos atores políticos, sociais e econômicos relacionados com o processo de globalização e abertura de mercados. A demagogia do líder torna-se mais complexa, exigindo maior requinte.

Experiência recente

Primeiro presidente da República eleito pelo voto direto, após quase 30 anos, Fernando Collor de Mello não terminou seu mandato e frustrou diversas expectativas. Alvo de inúmeras denúncias, teve seu governo interrompido e seus direitos políticos cassados pelo Congresso Nacional em 29 de setembro de 1992. Ainda assim, decorridos tantos anos, sua trajetória constitui enorme interrogação para os brasileiros, em geral, e para os cientistas sociais, em particular.

No final dos anos 1980 e no início da década de 1990, ao lado da eleição de Collor, outros acontecimentos despertaram indagações sobre a natureza dos governos que se estabeleciam na América Latina. A Argentina elegeu Carlos Menen (1989-1999), apoiado pelo movimento peronista; no México, deu-se a eleição de Carlos Salinas (1988-1994), um político de elevado grau de personalismo; na Venezuela, Carlos Andrés Perez (1974-1979 e 1989-1994), eleito para um segundo mandato, era visto como um misto de populismo e corrupção. De comum, além do discurso emocional, foram governantes que iniciaram um processo de transformações econômicas e políticas que ficaram marcadas pelo rótulo de "neoliberais", em que se diminuiu a participação do Estado na economia e se abriram os mercados nacionais.

Até então, a América Latina se via numa crise de projeto. Chegara ao fim um ciclo de desenvolvimento em que as economias nacionais cresceram baseadas na forte ação do Estado. A centralização política e o recurso à implantação de regimes ditatoriais também não foram incomuns na região. Um novo ciclo encontrava, no entanto, dificuldades para expandir-se, pois exigindo a transformação do papel dos Estados Nacionais trazia em si o conflito político e a contestação de alguns interesses que haviam se estabelecido no período anterior. Os discursos arrebatadores dos governantes e a exaltação de suas personalidades faziam lembrar o estilo e a atmosfera política de antanho: do populismo que se estabelecera na região havia quase quarenta anos e, que ao final da década de 1960, fora considerado ultrapassado, pois suas contradições e ambigüidades eram tantas, que supostamente entrara em colapso (Ianni, 1971).

Evidentemente, os governantes de então refutavam a classificação de populistas. Consideravam-se *democratas, estadistas modernos.* O populista, na concepção corrente do senso comum e do meio político, é o sujeito demagogo e manipulador. Uma forma ultrapassada de ação política. Eleitos sob o símbolo da modernidade e da modernização da economia e do Estado, não poderiam admitir essa espécie de volta ao passado — sempre tão presente, no entanto.

De qualquer forma, é fato que a região se redemocratizava, o que trazia novos ares capazes de forçar os ventos da mudança. Acreditava-se que só a democracia, com governos legitimamente eleitos pelo povo, seria capaz de operar as políticas que se espalharam pelo mundo e se consolidavam gradativamente pelo continente. Mas a democracia, pura e simples, exigia tempo, discussão, um processo de idas e vindas, erros e acertos. As mudanças econômicas, porém, tinham seu tempo próprio, um tempo de urgência. Aos novos governos do início dos anos 1990 caberia apressar o processo, compatibilizar o debate próprio da democracia com a velocidade da transformação capitalista; subverter, de algum modo, o tempo político. A sociedade múltipla, repleta de disparidades de comportamentos em que formas atrasadas, como o clientelismo, conviviam com padrões de comportamentos mais estruturados, no entanto, não se acertava no ritmo proposto pelo capital. Os sistemas políticos, estruturados num momento anterior, não comportariam endogenamente a aceleração das reformas. No mais, havendo "um claro 'pluralismo de valores' através do qual diferentes grupos associam expectativas e valorações diversas às instituições, produzindo avaliações acentuadamente distintas acerca da eficácia e da legitimidade dos instrumentos de representação e participação típicos das democracias liberais" (Abranches, 1988:6), a democracia liberal por si não resolveria o impasse político. As instituições da nova democracia eram ainda muito frágeis e pouco capazes de arbitrar conflitos e impor perdas, sem o auxílio de uma força de algum modo respaldada mais veementemente pelo apoio popular.

No Brasil, inicialmente, essa diversidade que impedia a consolidação de uma nova hegemonia fez com que se recorresse à convocação de um Congresso Constitucional (Souza e Lamounier, 1990). Não sendo uma Assembléia exclusiva, o poder constituinte reproduziu todos os impasses e interesses que já se manifestavam no dia-a-dia do parlamento. As posições permaneceram inalteradas, protelando algumas definições da nova ordem social e econômica para a regulamentação por meio de leis ordinárias e complementares.[15] A Constituinte, além de paralisar o governo Sarney, não foi capaz de definir uma ordem econômica e política coerente com as mudanças que se davam ao nível mundial e nem de impor um novo equilíbrio de poder. Assim, paralisado, o sistema passou a requerer o aparecimento de personagens capazes de resolver o impasse não mais por meio da democracia liberal e das instituições, mas pela força do carisma e da persuasão personalista.

Fernando Collor de Mello nos permite realizar uma série de aproximações entre o momento histórico, sua experiência política (como candidato e como governante) e uma prática que se pode considerar populista. Já em 1990, André Singer anotara, em ensaio, que a emergência de um ator político com as características de Fernando Collor permitiria que nos questionássemos a respeito da reemergência do fenômeno populista:

> A eleição de Collor, à margem dos partidos, com um discurso de confronto contra as elites e com forte base de apoio entre aquelas massas urbanas em disponibilidade que sempre caracterizaram o populismo latino-americano, parece desmentir tal previsão [do fim do populismo]. (...) Se Collor vai cumprir ou não as promessas de resgate da miséria fei-

[15] Em 1990, Souza e Lamounier indicavam que caberia às instituições do país a solução de diversos impasses colocados para o país, algo que o Congresso Constitucional não pôde fazer. "Não se pode negar, porém, que a Constituição chegou numa hora em que a economia brasileira atravessa uma conjuntura crítica, caracterizada por uma espiral inflacionária e pela estagnação industrial. Uma situação deste jaez exige, é evidente, uma legislação que na verdade ajude a resolver os problemas potencialmente explosivos criados pela crise, e não preceitos constitucionais distantes da realidade. Isto pressupõe que Congresso, governo e sociedade em geral se ponham de acordo sobre uma política de 'regulação negociada' dos novos princípios constitucionais mediante leis ordinárias e complementares."

> tas durante a campanha é outra conversa. O fato é que ele se elegeu com base numa retórica de confronto que está na base do fenômeno populista. Além disso, colocou-se fora do sistema partidário, como um novo Jânio Quadros (Singer, 1990, 151).

O *Partido da Reconstrução Nacional* (PRN), inventado, fundado e comandado por Collor, foi uma legenda que se constituiu tão-somente a partir da figura do governador de Alagoas, candidato à Presidência da República, e de seu ciclo mais íntimo. Não contava com "bases" e nem possuía enraizamento popular para além da mobilização despertada pela *retórica de confronto* de seu próprio líder. Foi criado em 1989, às portas da eleição, com o único objetivo de abrigar a candidatura de Collor. E foi Collor que *deu substância ao partido,* que sequer se afigurava como uma máquina eleitoral. Era, na melhor das hipóteses, um cartório cuja missão era referendar e legitimar burocraticamente a candidatura.

Em sua trajetória política, assim como outros líderes populistas, Collor jamais esteve preso a partidos, foi da ARENA-PDS ao PMDB por conveniência regional. Assim que assumiu a mínima expressão política pessoal, libertou-se de qualquer amarra partidária e fundou o PRN. Sua liderança carismática e seu personalismo jamais se submeteram às exigências da vida partidária. E assim, em não se submetendo ao sistema formal de representação política, o líder carismático pairou sobre o sistema partidário e agiu com total independência em relação a ele.

Sobre o líder carismático, Marilena Chauí dirá que sua existência pressupõe "uma indistinção entre o poder e o seu ocupante, entre o poder e aquele que exerce a função de governo porque o poderio provém de uma fonte imaginária extra-social, isto é, da divindade" (1994:20). Nas ruas, nos comícios e nos programas de televisão, Collor forçava imagens que o levassem a ser percebido como um *predestinado*: um Moisés que conduziria o povo pelo deserto para fora do Egito que era o Estado *ineficiente e corrupto*, responsável pela desigualdade social. Moisés, o único a conversar com Deus e a reproduzir-lhe os mandamentos. Collor explorou a crendice que se volta para a fé de que um dia o salvador virá, tornando primeiros, os últimos; fazendo dos pobres de espírito os donos do céu. Uma visão messiânica que está, antes, nos governados, do que nos governantes.

> Do lado dos dominados, a matriz mítica se realiza pela via milenarista, que por sua vez produz dois efeitos principais: a visão do governante como salvador e a sacralização-satanização da política. Em outras palavras, uma visão messiânica da política

> que possui como parâmetro o núcleo milenarista como embate final, cósmico, entre luz e treva, bem e mal, de sorte que o governante ou é sacralizado (luz e bem) ou satanizado (treva e mal) (Chauí, 1994: 30).

Além do recurso ao Frei Damião, em inúmeras ocasiões, Collor colocava-se como uma espécie de mártir da moralidade. Chama particular atenção a passagem em que, em campanha pelo interior de Alagoas, sobe a um telhado e do alto oferece seu peito à mira de pistoleiros que teriam supostamente sido contratados para matá-lo. Seus gestos são bruscos e seus gritos são ensandecidos; os olhos rutilantes de uma ira santa. Um pretenso *cordeiro de Deus* em sacrifício pelo pecado original da corrupção e do patrimonialismo nacionais!

Além desse aspecto, há também a ambigüidade. Como notou Weffort, há também o fato de que facetas muito contraditórias dificultam referências de conjunto ao populismo como um movimento em toda a sua diversidade (Weffort, 1978:62). A ambigüidade é da própria natureza do populismo. Ficou famoso o gracejo que indicava Getúlio Vargas como o "pai dos pobres e a mãe dos ricos". Em Collor, a ambigüidade estará presente na elaboração discursiva moralista para a massa e na apresentação da defesa de propostas programáticas de modernização para a elite. A ambigüidade torna-se ainda maior quando se sabe que no governo, as articulações de bastidores negavam tanto o discurso quanto o projeto, fazendo com que Collor acabasse por romper uma espécie de estado de compromisso que se estabelece entre o líder e a massa, entre o líder e a elite. O compromisso baseia-se no apelo às massas que fornecerão ao líder suporte e legitimidade para enfrentar situações de crise e instabilidade (Gomes, 2001:33). Outra ambigüidade se expressava pelo fato de se declarar uma espécie de profeta da modernidade, sendo, ao mesmo tempo, um representante de setores tradicionais e oligárquicos da política e da economia brasileiras. A idéia de modernidade se realiza com a exploração e o amparo do arcaico, característica que estaria presente também em sua base política no Congresso Nacional.[16]

[16] Esse procedimento, é verdade, não pode ser atribuído exclusivamente ao governo Collor. Tanto Fernando Henrique Cardoso, quanto Luiz Inácio Lula da Silva, para disputar e vencer a eleição, formar maioria e compor seus governos tiveram que lançar mão do mesmo mecanismo PSDB/PFL (FHC); PT/PL (Lula). Nesse sentido, esse tipo de ambigüidade estaria essencialmente vinculado às características do sistema político nacional e ao embate/simbiose entre o novo e o arcaico no processo de modernização brasileiro e não somente ao governo de Collor.

Para a *massa*, prometeu a moralidade e o fim das desigualdades, dos "pés-descalços" e dos "descamisados". Aliás, termos que tomou de empréstimo a Evita Perón. Para a *elite*, acenou com a modernização do Estado, com a abertura da economia, com a liquidação do nacional-desenvolvimentismo cambaleante, com a enorme transferência patrimonial que o país levaria a termo por meio das privatizações. Manteve-se na corda bamba enquanto pôde e o talento para o exercício da ambigüidade lhe permitiu. Desequilibrou-se quando se configurou, à *elite*, que o custo da modernização com Collor implicaria na sustentação de um poder que se virava contra seus interesses, voltando-se para a manutenção de um esquema autofágico. Esboroou-se quando a *elite* fez ver à *massa* que Collor não só deixaria de entregar o que prometera como se locupletara daquilo que condenara.

Como se pode notar, o fenômeno pressupõe elevada complexidade. Não há um fenômeno Collor isolado, farsante ou estadista, antipolítico e atípico. Há, isto sim, um tipo de fenômeno populista que merece ser compreendido nas suas características históricas gerais e nas especificidades daquele momento conjuntural. Naquele momento, Collor se colocava no processo político-eleitoral como o líder que resgataria os pobres do atraso e da miséria, não sendo o líder do atraso, mas o caminho para a modernidade. A modernização forjaria a atualização de todos os setores. Modernização internacionalista e competitiva, posto que fazia crer ser um cosmopolita liberal. A modernidade *entraria* no Brasil pelas suas mãos por *predestinado* que se acreditava (ou fazia-se por acreditar). Eis aí uma estrondosa contradição: *predestinação* e *modernidade*.

Vários dos debates de que participou, assim como a grande parte de seus programas no Horário Gratuito de Propaganda Eleitoral, eram iniciados com o candidato rogando o auxílio de Deus naquela *cruzada* em que se encontrava. Ao mesmo tempo, exibia imagens feitas por computação gráfica — algo pouco usual na época —, e trajava-se ao feitio dos executivos dos países avançados. Expressava o vigor da transformação tecnológica, recorrendo à pregação messiânica; expressava, na melhor das hipóteses, a abertura de um novo processo sem a ruptura com o *status quo* passado. Enfim, como disse Giuseppe Tomasi di Lampedusa, "mudar tudo para não mudar nada" (Lampedusa, 2000).

Ainda que muitos autores delimitem o populismo ao período de 1930 à 1964, a presença de novas crises políticas e econômicas, ocorridas contemporaneamente, permite reavivar sua memória, percebendo que condições muito semelhantes podem favorecer o florescimento de fenômenos, se não idênticos, assemelhados. Ao empunhar a bandeira da moralidade política, da luta contra os chamados "marajás", da eficiência do serviço público, Collor responde às fortes pressões populares diagnosticadas, sobretudo, por meio de pesquisas realizadas pelo Instituto Vox Populi, de propriedade de Marcos Coimbra, seu amigo de infância e colaborador. A posse dessas informações permitiu-lhe evidentemente se não manipular pura e simplesmente, pelo menos, explorar essas aspirações. Agrega-se a isso o fato de que o país vivia realmente uma crise política e uma profunda crise de desenvolvimento econômico.

Collor clamava ao seu público que não o deixassem só. Esse era o apoio que buscava para se legitimar. Todavia, o compromisso com as reformas modernizadoras do Estado acarretará perdas aos mais diversos setores, mas, sobretudo, às massas. A contrariedade de interesses que despertaria e a impossibilidade do atendimento das demandas populares elevaram as pressões que resultaram numa tensão politicamente "imanejável", conforme aponta Ângela de Castro Gomes como uma das características do populismo anterior a Collor:

> A questão (...) era a do diagnóstico da incompatibilidade entre transformações econômicas e mobilização social, de um lado, e manutenção institucional da democracia, de outro. Esta tensão, representada como imanejável politicamente, só permitiria alternativas radicais, quer pela realização 'na marra' das reformas, quer por sua supressão, bem como a da mobilização popular. Sustenta-se, assim, o esgotamento completo do regime populista, que foi uma democracia incompleta e não uma democracia parlamentar plena, na qual tristemente não pôde se transformar (2001:37-38).

A tensão politicamente imanejável de Collor não se deu apenas por conta dos desejos que despertou na massa aos quais não pôde atender. Tampouco reside apenas na contrariedade de setores de elite prejudicados pelo processo de transformação econômica, como Collor insistentemente pretendeu fazer crer em textos e aparições públicas, pós-*impeachment*. Embora essas duas variáveis tenham sua importância, há que se considerar que lhe faltaram habilidades administrativas (seu primeiro ministério foi considerado técnica e politicamente fraco) e políticas que lhe possibilitassem, para além da conquista, a manutenção do poder. Além disso, o comprometimento ético que ficou tão explícito foi-lhe mortal, sobretudo, por ter sido ele o responsável por despertar ainda maior atenção e reprovação popular para estas questões.

Weffort dirá que o populismo estruturou o poder para os grupos dominantes, mas simultaneamente foi "uma forma de expressão da emergência popular". Era com estes dois pólos que Collor operava: elites e mobilização popular. Todavia, o ex-presidente parece ter suposto ser possível conter e controlar a "emergência popular" a partir da manipulação das massas. Até poderia ser possível — não teve tempo para provar —, mas para isso seria necessário um eficiente aparato de comunicação social. Instrumentos de difusão ideológica que lhe permitissem criar, difundir e manter a adesão a sua liderança. Os meios de comunicação podem vir a se prestar a isso. Ainda assim, como elite interessada no processo, empresa capitalista como outra qualquer, os meios de comunicação requererão também eles um certo grau de compromisso. Collor pareceu não compreender seus limites e não consolidou compromissos. Fez-se fraco no Congresso Nacional por não se importar em formar maioria coesa; aos meios de comunicação contrariou por meio de negócios de compra e venda de empresas do setor que pessoas de seu grupo mais próximo organizavam nos bastidores. Querendo autonomia em relação à mídia, em parceria com Paulo César Farias, resolveu não ser apenas a voz da mídia, mas a própria mídia. O resultado foi o desastre (capítulo IV).

No que se refere ao papel de estruturação do poder para os grupos dominantes, como aponta Weffort (1978:65), parece plausível que essa tarefa tenha mesmo se realizado plenamente durante a campanha e até certo ponto durante o mandato. A desorganização do *establishment* em finais dos anos 1980 no Brasil era evidente. Os grandes partidos se decompunham sem alternativas eleitorais, a economia passava por uma crise de projeto e de comando. O fenômeno populista obedece a uma lógica econômica que indica o colapso de um determinado padrão de acumulação capitalista que, concomitantemente a sua derrocada, começa a ser substituído por um novo padrão que emerge. O aparecimento do líder carismático é conseqüência desse estado de coisas. Sua presença será fundamental para que se reorganizem os consensos perdidos no interior da sociedade. Também será importante como expressão da autoridade e da legitimidade da força de imposição de um projeto. Foi isso, principalmente, que Fernando Collor de Mello representou.

Weffort mostra que há um equilíbrio instável entre os grupos dominantes. São incapazes, qualquer um deles, de assumirem-se como a maior e soberana expressão do poder no conjunto da classe, impedindo-os de controlarem por si mesmos as funções políticas, posto não conseguirem exercer a hegemonia. A personalização do poder decorrerá daí, desta incapacidade. Estabelece-se a soberania do Estado sobre o conjunto da sociedade e, acima do Estado, o líder soberano que, chefe de Estado, assume a condição de árbitro e tende a confundir-se com o próprio Estado. Nesse contexto de desorganização econômica e turbulência política, o líder passa não só a fazer sentido como a ser necessário. Já se disse, a democracia liberal pura e simples não parecia ser suficiente para resolver o impasse. A desorganização do Estado, o dissenso político e o colapso do modelo de desenvolvimento não permitiam que as instituições agissem no sentido de evitar que a sociedade se desmantelasse. Antes era necessário algo que evitasse que as instituições se desmantelassem (Elster,1994:174). Naquele momento, isso não se deu pela organização social ou pelo pacto, mas pela presença do líder personalista.

A desconstrução da oposição e a gestação do líder

No final da década de 1980, estas condições estavam presentes no Brasil, mas elas remontam a um processo de quase vinte anos. Durante os anos 1960 e 1970, a sociedade brasileira tornara-se mais complexa, massificando-se brutal e aceleradamente, com elevado crescimento da população urbana[17] e elevado crescimento econômico. Ao cabo de duas décadas vários fatos contribuíram para a fragmentação da classe dirigente: o primeiro, de ordem econômica, ligado à modernização da economia nacional que superava os estágios provincianos anteriores e que começava a se consolidar numa sociedade de consumo de massas; o segundo, ligado às turbulências políticas e ao desgaste do regime militar e de sua base de apoio político. Já na segunda metade dos anos 1970, a pulverização do poder entre diversos grupos políticos e sociais passou a ficar evidente. Entre o empresariado, começavam a se consolidar correntes de oposição ao *status quo*, defensoras de um processo de modernização econômica e liberalização política.

[17] Segundo Manoel A. Costa, do Ministério das Relações Exteriores do Brasil (pós-graduado em Pesquisa e Análise Demográfica pelo Centro Latino-Americano de Demografia - Celade), "a população urbana quase decuplicou nos 51 anos posteriores ao Censo de 1940". No período, pulou de 12,8 milhões de pessoas para 111 milhões. No mesmo período, "a população rural contou com um modesto aumento de apenas pouco mais de 7 milhões durante o mesmo período ao aumentar de 28,3 milhões em 1940 para 35,8 milhões em 1991", completa. Fonte: Ministério das Relações Exteriores.

No plano do regime militar, a ordem imposta dava sinais de enfraquecimento desde 1974, com as primeiras vitórias eleitorais da oposição que obrigaram o general Geisel, em 1977, a lançar mão do "Pacote de Abril", criando a figura do senador biônico de modo que o governo não perdesse a maioria no Senado. O verdadeiro colapso veio, no entanto, apenas durante o governo João Baptista Figueiredo (1979-1985), quando o regime perdeu verdadeiramente o resto do apoio e legitimidade que um dia, goste-se ou não, de fato, possuiu (Skidmore, 1994).

Os 21 anos de ditadura militar, conciliados à crise econômica — que se estendia desde meados dos anos 1970 e apresentava alta elevação dos níveis de inflação, de desemprego e concentração de renda —, aos poucos minaram o campo de ação política da classe dominante. O governo militar não era mais solução. Na verdade, configurava-se como um problema, posto que sua legitimidade política naufragava (Lamounier, 1990). A sociedade protestava, em todos os setores: donas de casa, estudantes, operários, empresários, políticos (Sader, 1988). Embora, naquele momento — final dos anos 1970 e início dos 1980 — a oposição ao regime militar desse liga a um mínimo de coesão política, sabia-se que, com a retirada dos militares, os projetos tendiam à diversificação, à disputa e ao conflito.

As forças político-partidárias nacionais passavam por processo de profunda reestruturação. Fragmentando a oposição, a reforma partidária, do final dos anos 1970, multiplicou o número de partidos políticos, multiplicando o número de possibilidades de representação das forças vivas da sociedade. As eleições de 1982 deram prova disso, apresentando novas caras e elegendo partidos de oposição nos principais Estados.[18] Em 1984, a campanha das Diretas-Já possibilitou o último momento de unidade política das diversas correntes de oposição. O esforço para eleger Tancredo Neves presidente da República, via Colégio Eleitoral, no entanto, dividiu ainda mais e irreversivelmente as forças políticas. Tanto a oposição (o PT se isola na exigência radical das eleições diretas) quanto o partido de apoio ao regime, o PDS (Partido Democrático Social, ex-ARENA — Aliança Renovadora Nacional), se fragmentam[19] (Skidmore, 1994). A vitória seguida

[18] Em São Paulo, foi eleito Franco Montoro, do PMDB (Partido do Movimento Democrático Brasileiro); em Minas Gerais, Tancredo Neves elegeu-se pelo PMDB, após deixar o PP (Partido Popular); no Rio de Janeiro, pelo PDT (partido Democrático Trabalhista), o eleito foi Leonel Brizola. Surge o PT (Partido dos Trabalhadores), como uma alternativa classista que apresenta Lula como candidato em São Paulo.

[19] O que deu ensejo à criação do PFL (Partido da Frente Liberal).

da morte de Tancredo agrava ainda mais a situação, aumentando o déficit de representatividade da "Nova República", cujo presidente, José Sarney (vice de Tancredo) fora presidente do PDS. O pacto social, que deveria alicerçar o esforço de uma Assembléia Nacional Constituinte, nunca saiu do campo das intenções. Faltava unidade aos partidos alinhados ao Executivo, vontade à oposição e representatividade ao governo (Fiori, 1993). A Constituinte que se formou, em 1987 e 1988, simultânea e apensa ao Congresso Nacional, não foi expressão da unidade e nem da hegemonia de uma força sobre as demais, mas resultado de acordos que propunham ganhos a todos e perdas praticamente a ninguém. O Estado, do ponto de vista fiscal, viu-se ameaçado pelo caos. A inflação, que já era alta, disparou.

Inflados pelas adesões ao poder, os "partidos da ordem", PMDB e PFL, que davam sustentação ao governo José Sarney (1985-1990), buscavam definições ideológicas e programáticas. No caso do PMDB — chamado por Fernando Henrique Cardoso de "partido-ônibus" —, estas definições foram impossíveis diante da diversidade dos "passageiros" que no "ônibus" viajavam. Em 1988, um grupo de políticos e intelectuais, majoritariamente paulistas, descontentes com os rumos do PMDB fundou o PSDB (Partido da Social Democracia Brasileira) o que aumentou a fragmentação do quadro político e da representação partidária da elite econômica do país (Souza, 1992). Vários outros partidos começaram a se multiplicar em território nacional. Em 1989, mais de duas dezenas de candidatos disputaram a Presidência da República. Um mosaico tão amplo e heterogêneo de candidatos, que desorientava as escolhas do cidadão.

Paralelamente, antagonistas à elite dirigente se reestruturaram, fortalecendo-se eleitoralmente. Com a anistia, muitos exilados políticos voltaram ao Brasil no começo dos anos 1980. Entre eles, Miguel Arraes e Leonel Brizola, dois fantasmas do pré-64 e que voltavam a assustar a elite da década de 1980. Não bastasse isso, alicerçado em setores da Igreja Católica, no novo sindicalismo e em grupos políticos, clandestinos durante os anos do regime militar, fundou-se o PT, o Partido dos Trabalhadores, autodefinido como um partido classista, cujo discurso de seus líderes lhe apresentava como um partido *contra a ordem* (Keck, 1991).

Nas eleições municipais de 1988, ano anterior à disputa pela Presidência da República, o PT e a oposição conquistaram várias importantes prefeituras por todo o país, entre elas: São Paulo, Santos, Campinas, Porto Alegre (todas pelo PT) e Rio de Janeiro (pelo PDT, Partido Democrático Trabalhista). Baseados em sondagens de opinião, os institutos de pesquisas apontavam o favoritismo daquilo que a revista *IstoÉ/Senhor* chamou, em março de 1989, de "espectro de Brizula". O "Brizula" era uma espécie de "monstro" que atormentava o *establishment* e que significava a possibilidade da vitória eleitoral de um governo de esquerda. Como o próprio nome indica, seria uma mistura das figuras de Leonel Brizola (PDT) e de Luiz Inácio Lula da Silva (PT), favoritos para as eleições do ano seguinte.

Em 1989, o Brasil encontrava-se neste impasse. As instituições não contavam com a confiança da maior parte da população. As posições políticas se radicalizavam. Não importava se com Fernando Collor e Paulo Maluf, à direita, ou com Luiz Inácio Lula da Silva e Leonel Brizola, à esquerda, o certo é que os candidatos mais fortes representavam sentimentos que poderiam ser resumidos pela frase "contra tudo isso que está aí". Tal como a França do *Dezoito Brumário* de Karl Marx, "o sufrágio universal [naquela ocasião] parece ter sobrevivido apenas por um momento, a fim de fazer, de próprio punho, seu último testamento perante os olhos do mundo inteiro e declarar em nome do próprio povo: Tudo o que existe merece perecer" (1997:27). Não foi gratuitamente que foram ao segundo turno da eleição justamente os dois candidatos que aparentemente mais se identificavam com o *anti-establishment.*[20] Os políticos e os partidos mereceriam perecer, acima deles surgiria a figura do líder, capaz de cativar as massas e defender os interesses da elite.

Collor surge como esse líder acima dos partidos e das organizações sociais. O então governador de Alagoas apareceria na cena política nacional como um *outsider* apartado de instituições representativas, mas se mostrando como alternativa acima do sistema político que construíra um Estado ineficiente, injusto e corrompido. Discursivamente, lançava mão de expressões de apelo popular: tratava o povo de "minha gente", falava dos descamisados e pés-descalços e buscava repetidamente estabelecer relações com símbolos e com personalidades religiosas como Frei Damião, o "sucessor" do Padre Cícero.

Ainda assim, em que pese toda a espontaneidade política de Collor, a situação do Estado brasileiro (assim como nos diversos países da América Latina) não permitiria que se pensasse em uma nova onda populista, economicamente falando, com as mesmas feições do passado. Debilitado, o Estado já não mais poderia assumir papel relevante na organização da classe trabalhadora (com conseqüente cooptação de sindicatos) e nem lhe seria possível articular o desenvolvimento econômico e a distribuição de

---

[20] Ficando Brizola, por pequena margem, em terceiro lugar.

riqueza a partir da centralização da iniciativa política e econômica. Ao contrário, o que se viu no começo dos anos 1990 foi a erupção de um discurso político que propugnava que governos "[desmantelassem] o Estado, identificado como o responsável principal pelas desigualdades vigentes, em razão de sua eficácia, de sua produtividade, da corrupção, do parasitismo etc" (Saes, 2001:47).

No plano discursivo e na prática, o que se viu foi a liquidação de um padrão estatal intervencionista substituído pela valorização da ação dos chamados agentes do mercado. Percebia-se que o Estado não mais poderia praticar o populismo econômico, num modo clássico. As condições políticas passaram a exigir, então, a emergência de um líder — pelas próprias condições, essencialmente solitário — capaz de debelar a crise política e programática que se estendia. Uma espécie de mal necessário, cujo papel seria servir de elo entre a massa — que lhe daria sustentação política, mas não teria suas demandas atendidas pelo Estado — e a nova elite dirigente que se instituía junto com um novo padrão de desenvolvimento e acumulação.

A liderança política, o "Consenso de Washington" e o neoliberalismo

Para alguns estudiosos, a emergência dessa liderança estaria vinculada ao que se chamou "Consenso de Washington" (Fiori, 1994) ou ao "neoliberalismo" (Chauí, 1994). Seria, na verdade, conseqüência desses movimentos. Mas, ainda que isto possa qualificar esse processo, pouco explica o "fenômeno Collor". Sem o processo político histórico acima narrado, a figura de um líder com as características de Collor se estabeleceria do mesmo modo? Pouco provável, mas impossível afirmar. Pareceria mais justo concluir que, no máximo, o "Consenso de Washington" e o "neoliberalismo" encontrariam terreno fértil em nossa conjuntura pela falta de projeto e pela crise política, do que, por si só, imporiam uma nova liderança.

Até mesmo porque postulados como os de "Washington" mais negam do que reafirmam uma figura com o perfil de Fernando Collor, pois estabelecendo a radicalidade da racionalidade econômica, vão de encontro ao teor dramático e rocambolesco do personagem em questão. Parece constituir terreno mais fértil de análise, ao lado do processo econômico que mudou a face das economias nacionais, o modo como se desenvolveu o processo político no Brasil: o desgaste da Política gerou um vazio e criou espaço para que germinasse esse tipo de liderança. Além, é claro, do fato de estarmos diante de uma formação cultural que favorece a emergência de líderes patriarcalistas, como foi o caso, em grande medida. De resto, esse tipo de liderança, ao contrário, seria mais arredia do que favorável a "Consensos" que a limitem em seu personalismo e em sua aventura.

Para prosperar, o neoliberalismo precisava, num primeiro momento, de um líder que o avalizasse, ainda que em certa medida esse líder tenha procurado se avalizar pelo processo econômico como modo de estabelecer interlocuções com a elite. Assim, ao contrário do que aponta Marilena Chauí (1994:29), o "neoliberalismo" não potencializou nossas *crenças* políticas, mas, antes, se alimentou delas, num determinado momento histórico para que pudesse se expandir. No caso, precisava de um líder que rompesse barreiras, como, de certa forma, começou a fazer Fernando Collor de Mello.

Esta forma de política, centrada na idéia de um líder que pretensamente pudesse vir a substituir partidos e instituições, não está presente necessariamente e de maneira direta no neoliberalismo, um fenômeno internacional que goza de autonomia em relação às nossas particularidades nacionais, o que o torna pouco adequado para designar isoladamente o movimento político daqueles tempos. O neoliberalismo é uma parte do problema, o populismo é a outra. As duas juntas formam o todo. Buscando uma complementaridade entre ambos, Décio Saes utiliza termo interessante, o *neopopulismo*. Seria útil se o raciocínio estivesse assentado na soma das partes e não voltado quase que exclusivamente para a inquietação política causada pelo neoliberalismo. Até porque o neoliberalismo também não se sustentou apenas pelo populismo, mas também de um momento em que, inegavelmente, o modelo vigente (nacional desenvolvimentista) entrara em colapso. É a confluência de nossa tradição (populista) com os novos tempos (neoliberais) que, eventualmente, pode vir a dar sentido ao termo *neopopulismo*.

Ao contrário do que se imaginava ao longo da década, o neoliberalismo acabou por ganhar maior fluidez justamente fora do âmbito dos governos populistas. Governantes que vieram à cena já em meados dos anos 1990 deram prosseguimento ao processo de transformações identificadas como neoliberais e nem por isso o fizeram a partir de uma prática e um estilo político que se possa considerar populista ou personalista. É o caso de Fernando Henrique Cardoso que, por exemplo, no exercício do governo diminuiu sensivelmente o grau de espetacularização da política e de apelo às massas. A cena do candidato FHC montado num burrego, no Nordeste, ou comendo buchada de bode, no sertão, foi considerada cômica, um ritual popular regional antes de tudo. Nem foi levada a sério como manifestação populista.

Além disso, Fernando Henrique não expressou tendências personalistas e autoritárias. Governou condicionado pela necessidade de alianças políticas e de coalizões parlamentares, que exigiram que fizesse concessões. Em virtude disso, em diversos momentos de seu governo, foi considerado um presidente tímido e hesitante, diante do que teve de aceitar como desgaste político em virtude de suas alianças e da pressão, imposta por aliados, como o senador baiano Antônio Carlos Magalhães, por exemplo. A afirmação de que expressava uma espécie de *tibieza*, evidentemente, não se sustenta, considerada a quantidade e a profundidade das transformações — *neoliberais* que seja — que promoveu durante seus dois mandatos.[21]

Na experiência vivida pelo país com Fernando Collor, veremos que há muito as condições econômicas e sociais do Brasil passavam por um colapso. O Estado, a economia, o mercado e a política davam sinais de esgotamento e careciam de processo capaz de promover profundo ajuste. A decrescente legitimidade política dos governos que se sucederam nas duas décadas anteriores não permitia, no entanto, que este ajuste se processasse a contento. Havia uma tarefa histórica a cumprir e foi esse o desafio de Fernando Collor, ainda que pudesse ser inconsciente ou não.

---

[21] Questionando o estilo de liderança demonstrado por Luiz Inácio Lula da Silva em seus primeiros dias de presidente eleito, o sociólogo José de Souza Martins exprimiu essa atenuação da política como espetáculo, em Fernando Henrique, da seguinte forma: "Fernando Henrique tem procurado presidir a República como um magistrado, em face dos ministros que representam o pacto político que o tem sustentado. Portanto, as funções de visibilidade foram transferidas para os ministros. O presidente da República, com Fernando Henrique, recolheu-se à solidão do poder. Foi uma tentativa de modernizar profundamente a função presidencial, torná-la expressão de um modo moderno de exercício do poder, um sinal de opção e respeito pelos direitos do cidadão. Cidadão que deveria se expressar politicamente em função de seus direitos e não em função de ter sido fascinado e enfeitiçado por quem ocupa a Presidência". Roberto Pompeu de Toledo, em *Veja*, coloca a questão em termos bastante adequados. "De tais características, extrai-se um quadro mais nuançado do estilo de liderança de Fernando Henrique. Ele é tíbio quando tem de se desfazer de um ministro, mas firme ao manter um rumo para as políticas. O passado não o qualifica para o exercício da autoridade, mas o recomenda para a prática democrática. Para recorrer a dois dos tipos de autoridade definidos por um autor caro ao presidente, Max Weber, Fernando Henrique está mais para a autoridade racional-legal do que para a carismática. Seu problema, quando se põe a questão por esse ângulo, é que é muito comum confundir-se liderança com carisma."

O ex-governador de Alagoas venceu a eleição com um estilo demagógico, apelando para o messianismo, para a religião e para o fascínio mítico de um novo mundo, integrado à modernidade. Os descamisados seriam vestidos, os pés-descalços encontrariam abrigo, os "modernos" se *plugariam* com o mundo. Com perspicácia política rara, construiu o "Marajá" como objeto do ódio daqueles que se sentiam explorados e injustiçados por setores da elite e pelo Estado. O "Marajá" tornou-se o símbolo do patrimonialismo, do empreguismo, do nepotismo e do clientelismo. Para as elites, o "Marajá" era compreendido como uma espécie de alegoria do setor estatal, anacrônico e ineficiente, repleto de privilégios, isento de deveres. Era um antimonumento construído para que se execrasse o custo-Brasil.

Como uma esfinge que apoquentava o povo e inibia o progresso dos ricos, o Estado Brasileiro pedia para ser decifrado. Collor transformou o "Marajá" na chave dessa decifração. Simbolizou o entrave à modernização, baseada no livre mercado e na privatização; expressava o estatismo que marcava a política e a economia brasileira desde a década de trinta. Com rara habilidade, Collor transformou a imagem do "Marajá" em um mito que lhe permitiu "chegar ao imaginário dos grupos em crise para revelar expectativas, temores, bem como predisposições para a ação política" (Jorge, 1994:35). Despertou energias que com o tempo se viraram contra ele. O moralismo de sua pregação política eleitoral atingiu, por fim, as relações pessoais, a casa e a família. A modernização o varreu como um arcaísmo da política nacional, posto que as forças que despertou exigiram um governo política e intelectualmente melhor aparelhado para a tarefa.

Neste país de paradoxos, a análise do "fenômeno Collor", como fenômeno populista, está repleta de mais paradoxos: o populismo emergente em períodos de transição econômica e política se escora no discurso nacionalista e em sentimentos de afirmação patriótica. No entanto, Collor, (em seu figurino populista) propugnava a abertura da economia para o mercado internacional, sem deixar de afirmar o discurso nacionalista. Esta é apenas uma das contradições, talvez a menor.

O mais curioso é que, nesta ótica, o mercado (sobretudo o financeiro) assume a função de novo elemento propulsor do desenvolvimento econômico, substituindo a emissão da moeda e a inflação como recurso macroeconômico; é a fonte de investimento, atraído pelo processo de transferência patrimonial, que se daria (e se deu anos mais tarde) a partir das privatizações. Reside mais um paradoxo: as regras de adesão ao jogo internacional das finanças, são incompatíveis com as práticas políticas populistas, pois requerem um profundo ajuste do Estado e a consolidação de uma consciência de equilíbrio e responsabilidade fiscal, que impede a realização de promessas distributivas, no curto prazo, pelo menos, que é o prazo da expectativa popular aguçada pelo populismo. Aliás, dessa situação resulta um jogo de expectativas inconciliáveis no curto prazo, pelo menos: as expectativas da população se chocam com as expectativas do mercado.

Diante de tais condições, só faltava mesmo o surgimento de um líder carismático, que unificasse e ajudasse a classe dominante a "conquistar o apoio político das massas emergentes" e afastasse o perigo simbolizado pelo "Brizula". Dividida, a classe dirigente tentou um sem-número de alternativas, até, por fim, decidir-se por Fernando Collor de Mello. No primeiro momento foi, principalmente, Jânio Quadros, o renunciante ex-presidente da República, à época prefeito da Cidade de São Paulo, quem surgiu como alternativa na construção desse líder capaz de se relacionar com a massa.

A revista *Veja* de 5 de abril de 1989 é uma boa evidência disso. À página 37 daquela edição, encontrava-se uma notícia de duas colunas dando conta da viagem que o ex-presidente fazia pela Europa, após o final de seu mandato em São Paulo. A revista apontava Jânio como um "aspirante à Presidência da República" e divulgava os termos de um telex que seus assessores despacharam de Londres "pelo qual ele pedia à população que se confraternizasse, diariamente, na promoção de gigantescos buzinaços, que deveriam ocorrer pontualmente às 18h30min., 'em protesto contra a corrupção que imperara no país'". *Veja* explicava que, da Europa, Jânio emitia sinais *ambíguos* sobre suas possibilidades de concorrer à Presidência: ora, estava doente e debilitado, ora tinha saúde para suportar "o exercício de dois mandatos". "Isso é puro Jânio Quadros", advertia *Veja*, "e é dessa forma que ele sempre pavimentou suas candidaturas. 'Jânio é o vazio', afirma o deputado Antônio Delfim Netto. 'Não há ninguém ocupando espaços, e ele avança'".

Jânio, de fato, estava debilitado. Faltaria-lhe vigor para meia candidatura, que fosse. Quanto a não haver ninguém ocupando espaço, o ex-ministro Delfim Netto teria mesmo razão. Associado ao famoso axioma de que "em política não existe vácuo", o processo político trataria de mostrar sua validade empírica da opinião do ex-ministro. Ocupando espaço, em pouco tempo surgiria quem substituísse Jânio, demonstrando o mesmo estilo e rigor físico super-renovado. A proposta de buzinaços diários (pontualmente às 18h30) "em protesto contra a corrupção e impunidade que imperaram no país", ao invés de Londres, bem que poderia ter partido de Alagoas.

Jânio e Collor: a vassoura e o marajá

Vera Chaia conclui seu livro a respeito de Jânio Quadros descrevendo o poente do ex-presidente, debilitado fisicamente e afastado da liça política. Esgotara-se o líder, mas o estilo específico de liderança ainda haveria de sobreviver sobrepujando as regras políticas democráticas e as instituições.

> A trajetória de Jânio Quadros encerra-se pelo esgotamento de seu líder. Sem este o movimento não expande e nem se desdobra. Imobiliza-se nas próprias limitações internas. Embora o fenômeno janista desapareça, este estilo específico de liderança política deverá subsistir sob circunstâncias em que reinem a valorização do princípio da autoridade pessoal do governante, a desvalorização das regras políticas democráticas, a desorganização pelas organizações políticas e o distanciamento das forças atuantes da sociedade civil (1991:313).

Escrita no ano de 1991, sua tese de doutoramento alertava para o presente — que era Fernando Collor de Mello. Jânio e Collor realmente têm muito em comum. Não por coincidência, mas por semelhança de estilos políticos favorecidos pelas circunstâncias políticas em que viveram e pelo fascínio que o estilo exerce.

Conforme a autora, Jânio Quadros surgiu para a política brasileira construindo uma imagem baseada na integridade e na determinação de sua postura pessoal. Suas vitórias eleitorais em São Paulo eram interpretadas como rupturas com a tradição política paulista, identificada com Adhemar de Barros, sobre quem pesava diversas denúncias de desonestidade — Adhemar era conhecido como o "rouba, mas faz".[22] Além disso, Jânio teria qualidades reconhecidas como intuição e instinto político, via que no Brasil se "desenhava uma política populista e que haveria de chegar o momento em que o povo seria a grande expressão" (Chaia, 1991:19). Ora, instinto e intuição não faltavam a Fernando Collor: a

[22] Conforme Vera Chaia, ainda que Jânio e Adhemar tenham se antagonizado durante a vida toda, a eleição do primeiro para a prefeitura de São Paulo, em 1953, contou com a ajuda, inclusive financeira, do segundo. Questões de divisão nas fileiras do partido de Adhemar, o PSP (Partido Social Progressista) levaram-lhe a apoiar o candidato de oposição (1991:67). O curioso é que também Collor seria feito prefeito de Maceió, quase trinta anos mais tarde, pelas mãos de quem viria a se tornar seu maior inimigo no Estado, Divaldo Suruagy.

campanha contra os marajás, por um lado, e a defesa da modernidade, por outro, são provas disso.

Ambos, Jânio e Collor, contaram, no princípio de suas trajetórias, com o apoio de políticos provenientes da esquerda. Para ficarmos em apenas um nome de cada lado, podemos citar Cid Franco, do Partido Socialista Brasileiro (PSB) que se aliou a Jânio; e Renan Calheiros, ex-militante do Partido Comunista do Brasil (PCdoB), que se aproximou de Collor e fez parte de seu grupo político mais próximo.

De acordo com Vera, Jânio "foi compondo uma imagem política associada à modernidade e à eficiência da administração pública, apresentando-se como um novo político, cuja prática baseava-se em critérios impessoais e na defesa da racionalização do Estado" (1991:37). À diferença de Collor, no entanto, os mandatos de Jânio mostravam-se altamente produtivos. Ainda assim, tal como Collor, os *slogans* de Jânio eram contra a corrupção e se posicionavam contra as ideologias sectárias, na época o stalinismo e o trotskismo. No entendimento de Jair de Carvalho — um dos entrevistados de Chaia — Jânio era um comunicador formidável. Neste quesito, por sinal, seria difícil dizer quem seria o melhor. Os tempos eram diferentes, Collor contou com a força da televisão. De qualquer modo, a diferença parece estar no meio, não na mensagem.

Ataliba Leonel, mais um dos seguidores de Jânio citados por Vera Chaia, afirma que a campanha para a prefeitura (assim como as que viriam depois), sem partidos e diretórios, foi feita na base dos comitês populares, única maneira de congregar o povo desiludido com os partidos. "Vencemos assim com um programa e com um movimento suprapartidário, e esse era o modo exclusivo de mobilizar o povo. *A nossa força foi termos percebido o fenômeno.*" (1991:70)[23]

Assim como Collor descobriu o marajá como símbolo de tudo o que se queria eliminar de ineficiente, atrasado e corrupto do Estado brasileiro, Jânio desenvolveu a "vassoura" como instrumento que limparia a *bandalheira* do serviço público. A vassoura de Jânio e o marajá de Collor sintetizam, ao mesmo tempo, críticas sociais e programas de ação. Mais uma semelhança.

Numa entrevista concedida ao jornal *Folha da Manhã*, citada por Vera Chaia, Jânio afirmou que aos partidos faltava essência; que todos eles não passavam de rótulos da mesma garrafa; que não possuíam "a vitalida-

[23] O grifo é meu.

de orgânica do pensamento das multidões". Frases de efeito retórico que, pelo estilo e pela agressividade, poderiam ter sido proferidas não por Jânio, mas por Collor, como se verá nos capítulos que se seguirão.

> O povo está desencantado com os partidos e os homens que o representam. As causas são várias. Falta aos partidos essência, ou se confundem, em sua esmagadora maioria no mesmo conteúdo de conservadorismo rançoso. Não passam, pois, de rótulos para a mesma garrafa, que as reivindicações e as conquistas do século esvaziaram. Não possuem, assim, a vitalidade orgânica do pensamento das multidões e apenas subsistem nos processos de ajustes e conchavos à base de interesses pessoais, sem qualquer substância democrática (Chaia, 1991:76).

Há uma diferença de conteúdo entre Jânio e Collor que aparentemente parece afastá-los, mas na verdade os aproxima: as posses que trazem do berço. De acordo com Vera Chaia, Jânio cultivava a imagem de "pobre, abnegado, com saúde combalida" (1991:110). Aos olhos do povo, Jânio representava uma espécie de sacerdote sacrificado pela vida, imbuído de uma missão encarada com absurda determinação. Seria uma espécie de louco que não liga para bens materiais, logo seria espiritualmente independente: "Não precisaria e nem teria interesse em roubar", acreditava-se. Como se fosse um espírito elevado, pairaria sobre as mundanalidades. Já Collor firmava a imagem de rico voluntarioso, jovem, saudável e atlético. De família rica, tendo tudo na vida, "empresário, economista e jornalista", demonstrava desprendimento pessoal e independência financeira. Indicava que nao teria outro interesse a não ser o interesse comum. Acima das coisas pequenas, das misérias cotidianas e da lumpesinagem da política, "também ele não precisaria roubar", era o que se pensava. "Já é rico", dizia-se. Diferentes na forma de se colocarem neste aspecto, ainda nesse caso Jânio e Collor são as duas faces da mesma moeda: apresentavam-se como dois abnegados que renunciaram ao que há de egoístico na natureza humana. Foram mestres em se fazerem acreditar.

Quando governador de São Paulo, Jânio encontrou muita dificuldade em formar equipe de governo que se identificasse com seu programa partidário. Sua postura de total independência em relação aos partidos afugentava potenciais aliados. Desse modo, suas equipes nem sempre estavam motivadas pelas transformações que o chefe propunha, posto que não se viam envolvidas e nem contempladas no processo de definição dos rumos do governo.

> O que se observava na composição do secretariado era uma grande rotatividade de membros nas diversas secretarias, sendo que em certos momentos, alguns secretários chegaram a acumular cargos em outras pastas. Essas alterações eram decorrentes de uma série de fatos inter-relacionados. O primeiro deles diz respeito às características pessoais de Jânio Quadros, um político que sempre fez questão de mostrar-se independente e que tinha a intenção de governar São Paulo apartidariamente (...) Afirmava, enfaticamente, que governaria São Paulo a partir de suas intuições pessoais, não aceitando pressões de grupos políticos (Chaia, 1991:120).

Não foi diferente com Fernando Collor quando na Presidência da República. Vários ministérios foram ocupados simultaneamente pelo mesmo ministro e apenas dois ministérios foram ocupados pelo mesmo ministro do começo ao fim de seu reduzido mandato.[24]

A partir do governo do Estado de São Paulo, Jânio expandiu sua visibilidade por todo o país. Seu estilo, que era um sucesso em seu Estado, chamou a atenção do conjunto da nação. O exercício de seu mandato estadual foi uma prévia de campanha eleitoral, assim como Collor. É verdade que cabe aí uma grande diferenciação: enquanto Jânio apareceu para o país a partir do Estado de São Paulo, o mais rico e dinâmico da Federação (desde aquela época), Collor arrebatou o eleitorado nacional a partir do modesto Estado de Alagoas. Pesa em favor de Jânio, porém, o fato de não contar, em sua época, com recursos de comunicação de massa tão avançados e bem distribuídos nacionalmente como com os que Collor pôde contar, até mesmo por uma vantagem familiar. Jânio chegou à Presidência da República aos 44 anos de idade, em 1961, apenas quatro anos a mais do que chegaria Fernando Collor à Presidência, em 1990. Ambos, bastante novos.

Ambos dedicaram boa parte de suas energias, durante o tempo em que permaneceram no governo, ao combate à inflação. Diante da segu-

---

[24] Formam esta reduzida categoria de ministros: o general Agenor Francisco Homem de Carvalho (Gabinete Militar) e o advogado Célio Souza Silva (Consultoria Geral da República). Por sinal, ministérios que não dependiam de articulação política e que gozavam de relativa autonomia até mesmo diante do presidente.

rança que possuíam na intuição e no faro político pessoal, ambos cometeram erros que se mostrariam fatais: abriram frentes simultâneas de conflito político; por provincianos, a falta de articulação com lideranças nacionais levou-lhes a dificuldades parecidas na formação de seus governos; o ministério de ambos é considerado pouco qualificado.[25] Jânio Quadros foi chamado pelo jornal norte-americano *The New York Times* de franco-atirador. Collor foi comparado pelo presidente norte-americano, George Bush, ao aventureiro Indiana Jones, personagem cinematográfico de Steven Spielberg. Assim como Collor tramou contra a imprensa (invasão da *Folha de S. Paulo* e os negócios de compra de empresas de comunicação); como forma de pressão, Jânio sobretaxou a importação do papel de imprensa, o que, evidentemente, descontentou os proprietários de jornais.[26] Ambos não concluíram os mandatos. Um renunciou acreditando poder voltar nos braços do povo por uma espécie de golpe político (CHAIA, 1991:238-242). O outro renunciou para não correr o risco de sair debaixo dos braços do povo. Também acreditava poder voltar.

Naqueles meses que antecederam a eleição de 1989, parte da elite nacional tinha um pesadelo recorrente, que era a eleição de um candidato de esquerda. Mário Amato, presidente da então poderosa Federação das Indústrias de São Paulo (Fiesp), chegou a declarar que 800 mil empresários deixariam o país caso Luiz Inácio Lula da Silva ganhasse a eleição. Roberto Marinho,[27] de acordo com Mário Sérgio Conti, acalentou durante algum tempo a esperança de que Jânio Quadros concorresse à Presidência

---

[25] Para o Ministério de Jânio ver Vera Chaia, (1991:201); para Collor, acompanhar a entrevista concedida pelo ex-ministro Mailson da Nóbrega, ao longo deste trabalho.

[26] Para mostrar a toda a nação que o país desperdiçava recursos, Jânio mostrou em rede de televisão uma gorda edição dominical do jornal *O Estado de S. Paulo* (CHAIA, 1991:209). Ainda como governador de São Paulo, Jânio desentendeu-se com Assis Chateaubriand, proprietário dos *Diários Associados*. À época, ironizando-o, Chateaubriand chegou a propor a formação da "Sociedade Protetora de Jânio Quadros". Dizia que "'assim como existe a das crianças abandonadas, e a dos animais, isto é, a de apoio aos seres que não raciocinam, e que por isso não podem se defender, é indispensável que se constitua sem perda de tempo a Sociedade Protetora de Jânio Quadros. Não existe hoje, no país, natureza mais adequada para receber uma curatela. Ele tem horror a se governar'" (CHAIA, 1991:151).

[27] Desnecessário, neste trabalho, discutir a magnitude do poder de Roberto Marinho e das Organizações Globo. Ainda assim, há uma frase de Tancredo Neves, durante as articulações para a formação de seu governo, que parece bem ilustrativa: "Eu brigo com o ministro do Exército, mas não com Roberto Marinho" (CONTI, 1999: 163).

da República. Via Jânio com bons olhos. O ex-presidente seria capaz de derrotar Brizola. As desavenças entre Roberto Marinho e Leonel Brizola são históricas — por repetidas vezes, Brizola disse que sua primeira ação na Presidência da República seria questionar o "monopólio" da Rede Globo. Além dessa guerra particular, assombrava ao jornalista o que ele via como, de um lado, "um projeto caudilhesco-populista" e, de outro uma candidatura "meramente contestatória". Referia-se, respectivamente à Brizola e a Lula.[28] Jânio seria o candidato capaz de fazer frente a Brizola e à esquerda.[29]

O estilo de Jânio, acima dos partidos, agradava. Era um líder capaz de estabelecer a ligação entre a elite e a massa, colocando a política sob o domínio de sua figura, desprezando a existência dos partidos e do Congresso Nacional, articulando um discurso impetuoso e moralizador. Seria capaz de promover a abertura do mercado nacional, como também realizar a reforma do Estado. Diz Mário Sérgio Conti que

> No final de 1987, Jânio deu uma entrevista a *O Estado de S. Paulo.* Disse que a esquerda dominava o Congresso, o parlamentarismo não era bom para o Brasil e o país precisava de um presidente "forte, austero". Em janeiro de 1988, ele divulgou um manifesto atacando os partidos ("cogumelos partidários") e a corrupção ("Um turbilhão de apetites pessoais ou grupais atingiu quase toda a cidadania"). Em março, também no *Estadão,* voltou a entoar sua cantilena antipartidária: "Quem quiser administrar o Brasil não pode levar em conta os pleitos políticos e partidários, pois os partidos invariavelmente preferem atender suas conveniências eleitorais e não o interesse público" (1999:114).

---

[28] Editorial assinado por Roberto Marinho. *O Globo*, 4 de abril de 1989.

[29] Outra candidatura aventada e cultivada por Roberto Marinho era a do governador paulista, Orestes Quércia. A proximidade entre Jânio e Quércia sempre foi grande. Em 1982, por exemplo, o então senador do PMDB ameaçou abandonar a candidatura de seu partido e apoiar Jânio Quadros ao governo do Estado, o que colocaria em risco a eleição de Franco Montoro. Para dissuadi-lo, Montoro ofereceu a Quércia o posto de vice-governador em sua chapa, preterindo Mário Covas. Em 1985, novamente, Quércia aproximou-se de Jânio. Não mais por meio de ameaças, mas apoiando-o, nos bastidores, na disputa que o ex-presidente travou (e ganhou) com Fernando Henrique Cardoso, pela prefeitura da Capital.

Leonel Brizola aparecia em primeiro lugar nas pesquisas de opinião pública, isso evidentemente deixava Roberto Marinho apreensivo. Como foi anotado anteriormente, o proprietário da Rede Globo considerava Jânio um candidato em condições de enfrentar Brizola. Em vista disso, chegou a escrever, de próprio punho, algumas notas para a Coluna do Swan, a mais prestigiada de *O Globo* na época, louvando o cosmopolitismo e a sofisticação do ex-presidente.

> Era um acontecimento: em quinze anos como titular da coluna, Ricardo Boechat só recebeu quatro notas escritas por Roberto Marinho, contando as duas sobre Jânio. Em maio de 1989 o ex-presidente tirou seu nome do jogo sucessório: anunciou que problemas de saúde o obrigavam a sair da vida política. Roberto Marinho ficou sem candidato (Conti, 1999:114).

Em que pese a ambigüidade que Jânio exercitou por mais de uma vez quanto a ser ou não candidato à Presidência da República naquela eleição, a verdade é que sua saúde se esvaiu após tantos anos de vida política. Como apontou Vera Chaia, o líder se esgotara e com ele o movimento que levava seu nome. O estilo de liderança, porém, subsistiu: as circunstâncias logo exigiram que um novo líder carismático encarnasse. A história ocorreu duas vezes (Marx, 1997:21).

Tipos do populismo nacional

À exceção dos presidentes militares (1964-1985), que governaram a nação de modo autocrático e por meio do voto de um colégio eleitoral restrito e restritivo, todos os demais governantes comandaram o país estabelecendo algum tipo de relação com as massas. Essa relação, como é óbvio, compreende mediações de estilo e de personalidade de acordo com o governante e seu tempo. Alguns se destacaram, é verdade, por, nessa relação, considerar a existência dos mecanismos institucionais existentes, como o Congresso Nacional e os partidos políticos. São considerados políticos democráticos e, numa perspectiva histórica, marcaram-se pelo esforço de consolidar as instituições políticas. Isto, por si só, já nos impediria de atribuir-lhes a tarja de populistas. Juscelino Kubitschek e Fernando Henrique Cardoso — dentre as experiências políticas que já podem ser julgadas — representariam este tipo de político, cuja ação governamental considerou a existência e buscou o fortalecimento das instituições. No inevitável contato com a massa, não buscaram estabelecer com ela uma relação direta, emocional e explosiva, acima dos partidos e das instituições.

Evidentemente, toda a liderança política passa por um contato mais amplo com a massa. Os políticos, em maior ou menor grau, cada qual ao seu modo, procuram a adesão e o prestígio popular. Numa sociedade minimamente democrática, não há nenhum político a quem seja permitido fugir do contato com o povo, ainda que se limite apenas a espasmos eleitorais. Há líderes políticos que chegam a acreditar ser possível governar tendo por base principal, senão única e exclusiva, o contato com o povo. Não apenas no corpo-a-corpo das ruas, mas manipulando-o num sistema de interações em que o governante busca atender as reivindicações populares de modo que se estabeleça por fim uma cumplicidade em que a massa seja o cimento de sua sustentação e força no interior do sistema político. O político "protege o povo" e por ele é protegido das elites. A massa é o principal escudo e a principal arma a que um governante desse tipo pode recorrer nos momentos de instabilidade. Não é por outro motivo que Fernando Collor, ainda durante a campanha eleitoral clamava ao povo que não o deixasse só. Todo o resto seria de somenos importância, se mantivesse o apoio popular.

Em maior ou menor grau, todos os presidentes da República eleitos pelo voto direto[30] desde 1946 procuraram a popularidade e o apoio popular. Fizeram-no de formas diferentes, no entanto. Grosso modo, pode-se dizer que há dois grupos de presidentes eleitos: os "institucionalistas", cujos mandatos contribuíram para o fortalecimento institucional, e os "populistas", que buscaram governar acima das instituições e dos partidos políticos. No primeiro grupo estariam Juscelino Kubitschek (1956-1961), Eurico Gaspar

[30] Até 1960, as eleições presidenciais eram disputadas, no voto, também pelos candidatos a vice-presidente da República, o que tornava possível que fossem eleitos presidente e vice de partidos diferentes e com programas políticos diversos. Assim João Goulart (PTB) foi eleito vice-presidente da República pelo voto popular direto. Isso nos permite colocá-lo no rol dos presidentes eleitos, embora Jango assumisse a titularidade da Presidência em virtude da renúncia de Jânio. Critério semelhante, no entanto, não se pode aplicar a Itamar Franco, vice de Collor, ou a José Sarney, vice de Tancredo Neves, ambos eleitos vice-presidentes nas mesmas chapas que os titulares do cargo. Não disputaram uma eleição individualizada.

Dutra (1946-1951) e Fernando Henrique Cardoso (1995-2003); no segundo, estariam Getúlio Vargas (1951-1954),[31] Jânio Quadros (Jan. a Ago/1961); João Goulart (1961-1964) e Fernando Collor de Mello (1990-1992). Precipitado dizer, mas nessa classificação Luiz Inácio da Silva estaria num grupo intermediário, híbrido, que não cabe analisar neste momento.[32]

Em maior, ou menor medida, pode-se, portanto, afirmar que Getúlio Vargas, Jânio Quadros, João Goulart e Fernando Collor de Mello foram presidentes que representaram características de liderança política semelhantes, ainda que se resguardem as diferenças de personalidade e de condições históricas. A exemplo de Francisco Weffort, em análise sobre "As raízes sociais do populismo em São Paulo" (1965), é possível que se estabeleça uma classificação interna, não arbitrária, a este grupo: uma tipologia do populismo nacional. Assim como Adhemar de Barros foi retratado no ensaio de Weffort, Getúlio e Jango podem ser entendidos como políticos populistas de características patriarcalistas:[33] Jânio e Collor são concebidos

---

[31] Os dois períodos de Getúlio Vargas no poder (1930-1945 e 1951-1954) se diferem bastante na forma e no conteúdo. Mas, seria um erro metodológico e um atentado à história julgar o estilo de liderança getulista apenas pelo segundo período em que ocupou a Presidência da República. Naquela ocasião, seu poder estava relativamente sob controle das instituições e seu ímpeto pessoal foi, na comparação com o período anterior, significativamente contido pelos partidos (UDN, sobretudo) e pela mídia. Ainda assim, o lobo pode perder a pele, mas não perde o vício. Sua liderança pessoal, seja no primeiro ou segundo período, é indissociável da relação direta que buscou estabelecer com a massa. A campanha "O Petróleo é Nosso" e a colaboração dada a Samuel Wainer para a criação do jornal *Última Hora* são dois dos exemplos mais eloqüentes. Ao classificarmos Getúlio Vargas no grupo de presidentes "populistas" estamos considerando o conjunto da obra e não apenas o Getúlio democrata.

[32] No limiar de seu segundo mandato, poder-se-ia dizer que Luiz Inácio Lula da Silva representa um meio-termo entre esses dois grupos. É fato que Lula tenha governado com os partidos e tenha mantido uma relação de respeito ao Congresso Nacional que o hostilizou ferozmente em seu primeiro mandato, com um sem-número de Comissões Parlamentares de Inquérito. Mas também parece justo afirmar que em momentos de maior pressão, em que se cogitava um pedido de *impeachment*, o presidente, por falta de articulação parlamentar, não hesitou recorrer sutilmente à massa, acentuando em seu discurso a crítica ao que chamou "de golpe das elites". Ainda assim, por não concluída (ou concluída apenas parcialmente) a experiência lulista ainda não pode ser plenamente avaliada.

[33] Tem-se consciência que esta classificação é controversa. Alguns setores consideram Getúlio e Jango líderes trabalhistas, não populistas. Entende-se, no entanto, que o trabalhismo já é, em si, uma vertente do populismo alicerçada nos mesmos pilares: o apelo às massas e a sedução do líder, ainda que lhes faltasse o carisma, abundante em Jânio e Collor. A respeito de Getúlio, aliás, Thomas Skidmore afirma ser "o ditador menos carismático de então. Ele não tinha o encanto

como "populistas carismáticos", como, aliás, Jânio já fora classificado no mencionado ensaio de Weffort. Collor e Jânio constituíram patrimônios políticos fortemente baseados no personalismo que expressavam. Os gestos espalhafatosos, os discursos grandiloqüentes, o voluntarismo que exprimiam, o arrebatamento diante da multidão, o desafio retórico às elites, a histeria moralizadora, a insistência com que reforçavam a autoridade presidencial, a liderança enérgica, a extremada confiança no faro político e na capacidade pessoal, a centralidade do corpo, o preenchimento da cena política, enfim, características comuns a Collor e a Jânio que de algum modo definem a permanente importância do carisma de ambos.

Essa classificação em tipos pode ser objetada pelo modesto tamanho da série — apenas quatro presidentes —, mas a pouca expressão numérica não está vinculada à grandeza de variedade de outros *estilos*, à multiplicidade de tipos que não permitisse a classificação diante da pouca incidência de cada um deles. Pode ser que o avançar da história e o próprio desenvolvimento do processo político a longo prazo venham negar o populismo como estilo relevante em nossa cultura política. É possível que esse tipo não sobreviva às exigências da história e que, assim, esteja superado pela sociedade.

Ainda assim, de 1930 até os dias de hoje, o Brasil elegeu oito presidentes da República — considerando que Jango também foi eleito. Se, dos oito, características políticas comuns vinculadas ao estilo e às condições históricas em que assumiram o poder, nos permitem classificar quatro como populistas, o fenômeno é mais do que relevante, pois corresponde a 50% do total de presidentes eleitos pelo voto popular nos últimos 77 anos. Inegavelmente, é um fato. Todavia, este fato deve ser melhor discutido, uma vez que a história mostra que a incidência não é sinônimo de sucesso. Se a eleição de políticos deste tipo é algo comum, e pode ser até compreendido como da natureza da política nacional, não se pode, no entanto, afirmar, estatisticamente, que o populismo tenha logrado êxito.

agitado de seu equivalente Juan Perón e nunca cultivou a aparência pessoal melodramática de um Hitler ou de um Mussolini. (...) Mas ele usava sua *persona* pouco expressiva de um modo vantajoso. (...) Era um admirável ouvinte e tinha a habilidade de convencer a maioria dos interlocutores" (2000:163). Estancieiros do sul do país, Getúlio e Jango notabilizaram-se, antes de tudo, como chefes políticos. Não apenas representavam forças sociais, mas, sobretudo, as organizavam em torno de si. Apoiavam-se numa retórica paternalista e nacionalista, típica do populismo. Estão menos ligados à idéia do trabalhismo do que o trabalhismo está vinculado às suas figuras. Além disso, rigorosamente, também o trabalhismo supõe a existência de condições básicas ao populismo: 1) uma política de massas; 2) crise de representatividade e de exemplaridade da classe dirigente e 3) a presença de um líder capaz de mobilizar as massas.

Eurico Gaspar Dutra (1946-1951), Juscelino Kubitschek (1956-1961) e Fernando Henrique Cardoso (1995-2003) concluíram seus mandatos, assim como Lula (2003-2006) concluiu seu primeiro mandato. Avessos ao arrebatamento político, estabeleceram diálogos institucionais e relações políticas com as forças que melhor lhes convinha.[34] Demarcam, no entanto, períodos em que houve um fortalecimento das instituições e relativa tranqüilidade democrática. Todos o fizeram estabelecendo um estilo diverso da performance política populista, com muito menor nível de tensão institucional e de turbulência social. Talvez seja exatamente por isso que, ao contrário dos demais, lograram concluir seus mandatos.

Já no que se refere aos demais presidentes eleitos (Getúlio, Jânio, Jango e Collor) não se pode dizer o mesmo. O fato de nenhum deles ter concluído o mandato chama a atenção. Um, para não renunciar, suicidou-se (Getúlio); outro renunciou esperando voltar nos braços do povo e não voltou (Jânio); o terceiro foi deposto na iminência da conflagração de um conflito político de repercussões imprevisíveis e inéditas (Jango); o quarto renunciou antes que fosse cassado pelo Congresso Nacional (Collor). Mesmo considerando o populismo como uma característica presente, "como *a forma política assumida pela sociedade de massas do país*", apontada por Ianni, há que se admitir que em tempos de democracia o populismo não logrou, ao nível do governo federal, sucesso indiscutível. Ao contrário, do ponto de vista da execução dos mandatos e dos projetos políticos e pessoais que expressavam — à exceção da ditadura varguista — foram um fracasso.

Parece razoável classificar Fernando Collor de Mello no interior desse grupo de presidentes. Como vimos, várias características de Collor permitem associá-lo ao populismo. Pretender governar acima dos partidos, estabelecendo relação direta com a massa — mantendo-se assim até avizi-

[34] Dutra governou por meio do Acordo Interpartidário, que marginalizou o PTB (Partido Trabalhista Brasileiro) e colocou os comunistas na ilegalidade, ainda assim não o fez acima dos partidos. Tinha o apoio da UDN (União Democrática Nacional). Juscelino, em que pese as rebeliões, as tentativas de golpe que sofreu além do rompimento com o FMI, governou até o último dia de seu mandato dentro de uma situação de ordem democrática, com o normal funcionamento dos partidos políticos e do Congresso Nacional. Nos dois governos de Fernando Henrique, ficou patente o que veio a ser chamado de "presidencialismo congressual". Para governar, o Poder Executivo precisa compartilhar poder com as forças políticas no Congresso Nacional, de modo a estabelecer maioria parlamentar. FHC assim o fez, na quase totalidade de seus mandatos, contando com o apoio e contemporizando com os interesses do PSDB, PFL, PMDB, PPB e PTB; em relação a Lula cabe a nota anterior.

nhar-se à crise que o derrubou — são apenas duas dessas características. De comum com Getúlio, Jânio e Jango, havia a crença de que o poder presidencial tudo podia a partir da expressão da personalidade do presidente da República e do apoio popular conquistado.

Líderes populistas, Jânio Quadros e Fernando Collor de Mello fizeram enorme sucesso em seus Estados. Após ascenderem ao poder central com extraordinária velocidade, depararam com dificuldades que mostraram ser seus estilos incompatíveis com a manutenção do poder conquistado. Getúlio e Jango também fizeram sucesso político como chefes políticos e líderes do trabalhismo e se demarcaram como líderes populistas, ainda que o segundo deva grande parcela de sua carreira política ao fato de ter sido apadrinhado pelo primeiro. A liderança política que expressavam no início de seus mandatos não foi capaz, em tempos de democracia, de estabilizar o processo político e estabelecer o "equilíbrio de todas essas forças [sociais] como também de exercer o controle efetivo do processo de ascensão das massas", como já se havia assinalado no pensamento de Weffort (1989:78).

Normalmente, os começos de mandato demarcam os períodos mais felizes nas vidas dos políticos. Se as coisas não vão bem, pode-se sempre culpar a administração anterior pelo descalabro a que submeteram o governo e o país. O eleitor que votou no eleito empolga-se por ter feito valer seu voto e reafirma sua crença e admiração. O eleitor que votou no "outro candidato" acaba por demonstrar boa vontade e dá agora seu "voto de confiança". Todos concluem que é preciso dar tempo ao tempo. É o período denominado como lua-de-mel.

Como tudo ainda caminha bem, no início dos mandatos, sugere-se que os governantes aproveitem o momento de popularidade elevada para "pressionar" o Congresso e o sistema político no sentido de eventualmente retirar do parlamento rápidas aprovações de medidas legislativas e reformas constitucionais, cuja resistência é normalmente grande em outros períodos do mandato. O tempo joga contra. A popularidade é inelástica; normalmente ela é decrescente. Quanto mais adiantado é o tempo do mandato, menor tende a ser a simpatia popular. A colaboração decai, o raio de ação se encurta.

A percepção do sentimento de benquerença popular, no entanto, parece persistir. O deslumbramento do poder produz o ofuscamento da realidade e dos limites políticos do governo. É de se questionar se os primeiros dias não acabam por despertar sensações de onipotência que, na cabeça do governante, não cessam. A partir daí, a potência do início quer se ver renovada a cada dia, o que nem sempre — ou muito dificilmente — é possível. As experiências históricas vividas pelo país, de certo modo, apontam isso. No entanto, nem sempre isso é perceptível ao governo que assume na crista da onda popular, cheio de projetos e de vaidades. Só depois de cometidos vários erros — alguns irreversíveis — é que a realidade acaba por expressar seu lado mais duro. As cobranças são inevitáveis, a pressão e a temperatura sobem.

Ex post tudo é mais fácil. A análise fica mais simples. Cláudio Humberto Rosa e Silva, porta-voz de Collor durante a primeira parte de seu governo, comprova isto em seu livro *Mil Dias de Solidão: Collor Bateu e Levou: Memórias*:

> Não bastam 35 milhões de votos para governar. O equívoco fundamental de Fernando Collor foi acreditar que a democracia se faz apenas com votos. Mostrou ser possível, no Brasil, conquistar o poder político máximo sem fazer concessões, mas não percebeu que tinha que negociar para mantê-lo. Parecia fazer questão de manter a classe política — que foi obrigada a engolir toda aquela enxurrada de votos, em 1989 — permanentemente insatisfeita no relacionamento com o governo. Esta atitude, que todos confundiam com sua irresistível vocação para monarca, contemplou amigos e inimigos, aliados e adversários políticos, a partir de sua vitória, em 17 de dezembro de 1989. Da vitória em 17 de dezembro de 1989 até ser obrigado a entregar o poder, em 2 de outubro de 1992, decorreram 1.020 dias da mais absoluta solidão, quebrada apenas pela episódica convivência com um grupo cada vez mais restrito de pessoas. Ficou só porque quis, porque decidira assim. Collor gosta muito de sua própria companhia. Ele se basta (1993: 385).

Sociedade é conflito, negociação, permanentes movimentos de acúmulo e perda de força. Mesmo Getúlio — que morto foi chorado e aclamado pelas ruas do país — manteve-se tanto tempo no poder durante seu primeiro período de governo porque, além do prestígio pessoal, contava também com a força de uma ditadura. No segundo mandato, a imagem patriarcal do "velhinho", "pai dos pobres" não bastou diante da fúria da classe média moralista, representada pela União Democrática Nacional (UDN) e pelas Forças Armadas (Skidmore, 1982:110-173). Jânio, Jango e Collor, desde sempre, contavam apenas com o carisma ou com o respeito patriarcal. O primeiro, por meio de um histrionismo moralista; o segundo, fiando-se na sedução que exercia sobre as massas proletárias; o terceiro, flertando com o primeiro mundo, com as elites nacionais, com a indignação popular. Não foi suficiente. Milhões de votos não bastam, realmente.

Enfim, o conceito de populismo está presente na política brasileira de maneira aguda. A significativa amostra de quatro presidentes, entre oito possíveis, permite afirmar isso. Compreendê-lo é avançar no entendimento das características e mesmo da natureza da política brasileira. Classificá-los numa ordem tipológica é apenas um passo. Esclarecer o que há de compatível com nossa formação histórica e cultural e o que há de incompatível com uma nação que independentemente de sua formação e de seus mitos fundadores teima em optar pelo processo democrático é necessário. Compará-los ao devir e à dinâmica da conjuntura parece essencial para que se compreenda o presente, os ventos da fortuna e a *virtù* de cada governante. O estudo sobre Fernando Collor de Mello procura contribuir neste sentido.

Capítulo 2

As circunstâncias

Transformações mundiais

Para que se entenda o processo de transformações nacionais transcorrido nos últimos 30 anos do século XX, é necessário compreender como este processo transcorreu ao nível planetário. No contexto de um intenso processo de conflito e mudança, uma nova ordem — ou onda, a terceira, como se convencionou chamar — se estabeleceu. Ela se caracterizou por um processo de superação de padrões técnicos, políticos e sociais antes estabelecidos pela sociedade industrial (Tofler, 1980).

A transformação nacional não é, evidentemente, reflexo imediato das transformações globais até porque cada país guarda particularidades vinculadas a sua cultura, à história etc. Todavia, pode-se afirmar, a mudança global influenciou e em grande medida forçou *ajustes* em vários campos levando a uma fase de transição que se prolonga desde o final do regime militar. Essa transição tem se mostrado complexa: socialmente penosa e politicamente caótica. Não é intenção discutir detalhadamente este processo, que de resto ainda está em curso, mas parece ser fundamental mencioná-lo em linhas gerais para que se compreenda sua influência no cenário político nacional.

Trata-se de um processo de destruição e criação de novos paradigmas e tem suas raízes plantadas em meados do século XX. A Segunda Grande Guerra Mundial deu vazão a um torrencial fluxo de descobertas e invenções. A necessidade, mãe das invenções, obrigou as principais nações envolvidas com o conflito armado a buscar novos instrumentos tecnológicos que lhes permitissem sonhar com a vitória, ou pelo menos garantir a paz. Os exemplos são inúmeros, a começar pela bomba atômica. Mas parece ser o transistor, inventado em 1947 pela empresa Bell Laboratories, o mais ilustrativo para os objetivos deste capítulo.

Ao substituir a válvula, o transistor "possibilitou o processamento de impulsos elétricos em velocidade rápida e em modo binário de interrupção e amplificação, permitindo a codificação da lógica e da comunicação com e entre as máquinas" (Castells, 2000: 58). Desde então, o progresso foi irrefreável. Neste contexto de constante evolução tecnológica, a década de 1970 é notabilizada como um verdadeiro divisor de águas. O ano de 1971 marca a invenção do microprocessador, o que permitiu a invenção do microcomputador (1975) e deste a conformação, aos poucos, da chamada "sociedade do conhecimento".

Além desses, são inúmeros os inventos na área de telefonia, eletrônica, genética, engenharia de processos, organização de empresas que dinamizaram ainda mais esse processo. As transformações e os avanços foram enormes. Manuel Castells chamou a essa nova configuração social, política e econômica de "Sociedade Informacional". Diz Castells:

> Uma nova economia surgiu em escala global nas duas últimas décadas. Chamo-a de informacional e global para identificar suas características fundamentais e diferenciadas e enfatizar sua interligação. É *informacional* porque a produtividade e a competitividade de unidades ou agentes nessa economia (sejam empresas, regiões ou nações) dependem basicamente de sua capacidade de gerar, processar e aplicar de forma eficiente a informação baseada em conhecimentos. É *global* porque as principais atividades produtivas, o consumo e a circulação, assim como seus componentes (capital, trabalho, matéria-prima, administração, informação, tecnologia e mercados) estão organizadas em escala global, diretamente ou mediante uma rede de conexões entre agentes econômicos. É informacional e *global* porque, sob novas condições históricas, a produtividade é gerada, e a concorrência é feita em uma rede global de interação (1999:87).

A sociedade industrial, baseada na força de trabalho operária, com horários definidos rigidamente, começou a se esgotar, pois os ganhos de produtividade fizeram com que se produzisse incomensuravelmente mais com menos. Menos insumos, menos mão-de-obra, menores custos, maior escala e qualidade. Nos fatores de produção, o trabalho braçal passou a ser menos exigido. Na verdade, o trabalho se sofisticou ao mesmo passo em que o conhecimento se tornou o principal elemento da produção. A oferta de produtos explodiu e a sociedade de consumo floresceu.

Diante dessa opulência de produtos, um sistema baseado no setor de serviços se desenvolveu. As necessidades mudaram; além da aquisição de bens, as pessoas, que possuem riqueza, passaram a demandar novos tipos de confortos. Novas profissões se fixaram, novas riquezas se consolidaram.

Surgiram as redes interativas de computadores e com elas novos canais de comunicação e expansão de conhecimentos e capitais. Com a tecnologia, o conhecimento e a economia, a vida também se transformou.

O setor financeiro tornou-se o centro do sistema, dada a mobilidade e concentração da riqueza criada por este novo modelo. Os Estados viram-se incapazes de controlar e gerir sozinhos o processo econômico e social, enfraquecendo-se em seu tamanho e papel. A política perdeu a centralidade, deixando à economia — sobretudo ao chamado *mercado* — praticamente a "soberania" na organização das relações sociais. Os conflitos explodiram por todos os cantos; a geografia do planeta se transformou. O fosso entre pobres e ricos se ampliou; o antigo "exército industrial de reserva" desceu ao patamar de "exclusão social" e irrelevância econômica. Os custos sociais da transformação foram imensos; os sistemas políticos fortemente afetados. Diz Castells que:

> As mudanças sociais são tão drásticas quanto os processos de transformação tecnológica e econômica. Apesar de todas as dificuldades do processo de transformação da condição feminina, o patriarcalismo foi atacado e enfraquecido em várias sociedades (...) Os sistemas políticos estão mergulhados em uma crise estrutural de legitimidade, periodicamente arrasados por escândalos, com dependência total de cobertura da mídia e de liderança personalizada e cada vez mais isolada do cidadão (1999: 22-23).

A *idéia de política* perdeu legitimidade diante do cidadão comum. A relação dos indivíduos com a política passou a ser *midiatizada* e não mais direta e isto teve conseqüência nos sistemas democráticos e representativos de todo o mundo. A natureza da mídia e da notícia, baseada na veiculação do que é extraordinário, é incapaz de transmitir a — até certo ponto tediosa — vida dos parlamentos. Antes, o que passou a vir à tona foi o espetáculo, o sensacional, a anomalia, a aberração. A normalidade moral da ação política perdeu *status* como notícia e foi substituída nas manchetes pelo extraordinário do ilícito.[35] Injustamente ou não, os políticos passaram a ser compreendidos como corruptos e gradativamente perderam representatividade como legítimos negociadores de novos consensos.

[35] Programa Roda Viva, entrevista com Manuel Castells. TV Cultura de São Paulo, 5 de julho de 1999.

Os partidos políticos foram deslocados na organização do sistema político e passaram a ser substituídos por personalidades e celebridades. O projeto político, o programa de governo, a proposta de caráter universal tornaram-se irrelevantes, pois exigiriam debates de qualidade e intensidade impossíveis na dinâmica dos meios de comunicação. As pesquisas de opinião e o sentimento médio dos eleitores tomaram centralidade — mais que o projeto de transformação — na estratégia de *marketing* dos partidos. Paradoxalmente, escolhas políticas fizeram com que o *marketing* passasse a substituir – sobretudo, durante os processos eleitorais — o trabalho de persuasão política e disputa de projeto. Além disso, os fluxos e a volatilidade de capitais tornaram também a política algo volátil. Se para Marx, no capitalismo de seu tempo, tudo o que era sólido se desmanchava no ar, agora se duvida mesmo que haja algo com solidez suficiente que pudesse vir a se desmanchar: tudo é ar!

Em finais da década de 1980, a globalização seria também marcada pelo fim da Guerra Fria, simbolizada pela queda do Muro de Berlim e pela derrocada dos regimes políticos dos países do Bloco Socialista. Grandes contingentes populacionais foram às ruas exigir a liberdade política e o respeito aos direitos individuais, que o "socialismo real" negava. Paralelamente, o Ocidente capitalista promovia sua grande reforma do fim de século. O neoliberalismo consolidava-se nos principais países em detrimento do *welfare state*. Países centrais, como os Estados Unidos e a Inglaterra, promoviam a reestruturação do Estado e reviam sua relação com a sociedade. Foram os tempos de Ronald Reagan e Margareth Thatcher.

No âmbito econômico, consolidou-se um amplo e profundo processo de reestruturação produtiva, com um enorme incremento das tecnologias da informação em geral, da informática em especial; das telecomunicações e da eletrônica. No mundo do trabalho, presenciou-se uma reestruturação baseada na flexibilidade do gerenciamento, na descentralização das empresas, com uma nova organização em redes, como também o declínio da influência dos movimentos de trabalhadores. No campo das finanças internacionais, deu-se a integração global dos mercados.

Diante disso, um novo setor tornou-se proeminente política, social e esteticamente: os chamados *yupies* passaram a ditar as regras nos negócios e, por decorrência, nas empresas, no Estado e na moda.[36] De certo modo,

---

[36] No Brasil de Collor, a gravata Hermés e a caneta Montblanc definiram o *style* daqueles anos. Eram símbolo de mundo globalizado e *moderno*, símbolo também do *yupie* de sucesso daqueles dias.

substituíram os *hippies* e os *militantes* do período anterior; os ideais estudantis e revolucionários foram substituídos pelo individualismo e pelo consumismo. Woodstock converteu-se em Wall Street; a "Era de Aquarius" cedeu lugar à "Fogueira das Vaidades". Houve quem apontasse o "fim da história" (Fukuyama, 1992). Inserido neste processo global, o Brasil sofreu seus efeitos.

Economia e política nacionais

Naturalmente, o Brasil também passava por esse processo de transformações econômicas, políticas e sociais. O governo Collor pode ser considerado uma espécie de marco inicial dessa mudança. Sua eleição direta estabeleceu o fim da transição política negociada com o regime militar e sua queda assinala um processo de relativo afastamento em relação a um tipo de liderança política baseada no personalismo do líder que se eleva acima das forças sociais organizadas, dos partidos políticos e das instituições.[37]

Mas é, sobretudo, pelo significado simbólico que o ex-presidente soube imprimir (neste aspecto) às suas iniciativas administrativas e à sua importância pessoal, como líder de um processo histórico de caráter econômico, que Collor deve ficar marcado. Não se trata de discutir sua natureza, índole ou intenções, mas compreender que havia uma *tarefa histórica* a ser realizada. E, ao que indica a análise mais ampla da economia mundial, de força inexorável. Conservadora ou progressista, neoliberal ou social-democrata, liberal-social não importa. O fraco foi devorado pelo forte, a transformação veio e varreu do lugar um modelo econômico que hoje apenas existe na forma de anacronismos.

---

[37] Por duas vezes (1994 e 1998), Fernando Henrique Cardoso foi eleito no primeiro turno com um discurso de absoluta racionalidade econômica. As urnas de 2002 elegeram Luiz Inácio Lula da Silva com bandeiras e discursos muito próximos aos de FHC. Naquela eleição (2002), figuras políticas que guardam estilos assemelhados a Collor, lideranças personalistas e conservadoras, foram descartadas pelo eleitor: em São Paulo, Paulo Maluf foi derrotado no primeiro turno; em Minas Gerais, Newton Cardoso foi rejeitado; e o próprio Collor, que disputou a eleição em Alagoas, não chegou ao segundo turno. Em 2006, o confronto político foi baseado na idéia de estabilidade econômica e assistência social e o principal adversário de Lula foi Geraldo Alckmin, um exagero em termos de discrição pessoal e comedimento político. Mesmo Lula, nas vezes em que apelou para arroubos discursivos, o fez de caso pensado, no sentido de constranger adversários que o ameaçavam com eventuais pedidos de *impeachment*.

Em 1989, Collor aproveitou-se politicamente de um vácuo de lideranças políticas capazes ou dispostas a realizar essa tarefa. Preenchendo um espaço, capitalizando os ventos da mudança, viabilizou-se eleitoralmente. Seu governo rompeu barreiras, promovendo uma ampla discussão sobre a abertura da economia e a eficiência nacional e deve ficar marcado por isso. Ainda assim, é importante assinalar que a "Agenda de Modernização Brasileira" precedeu seu governo e estava presente nas discussões entre técnicos, empresários e políticos antes mesmo de sua candidatura. Os méritos de Collor localizam-se, sobretudo, na habilidade de tomar para si esta bandeira e não de *inventá-la*. Conforme depoimento do ex-ministro Maílson da Nóbrega,

> A história, definitivamente, vai consagrar o Collor como o grande autor do processo de abertura e de privatização no Brasil. Ou, pelo menos, um divisor de águas, o líder que muda o discurso, o líder que muda o partido. E, na verdade, nada do que o Collor fez constituía novidade, a não ser o seqüestro dos ativos. O que ele fez, na verdade, foi acelerar um processo que já estava em marcha em diferentes campos. Ele teve a percepção aguçada do que deveria privilegiar. Eu acho que ele teve a capacidade impressionante de usar o *marketing* político para disseminar novas idéias. A abertura da economia, por exemplo, desperta a sensação de muitos como algo que aconteceu no governo Collor. E não foi. A abertura é um processo muito anterior...[38]

Gerada nos debates dos meios acadêmicos e burocráticos do país há mais de uma década de sua posse, vários de seus aspectos e formulações já estão presentes no debate econômico nacional desde o final dos anos 1960, com a publicação de *Brasil 2001*, de Mário Henrique Simonsen. Governos anteriores a Collor poderiam implantar a mesma pauta de medidas. Não o fizeram por falta de concordância, apoio e ou legitimidade política, não o fizeram porque as circunstâncias não lhes permitiram.

> Eu vivi um pouco dessa história porque comecei a ocupar postos de relevo, de importância no governo federal a partir de 1977 e, portanto, eu vi, vamos dizer assim, o auge do processo de exaustão do modelo de desenvolvimento centrado no Estado. Vivi o grande esforço do presidente Geisel de

[38] Entrevista concedida ao autor em 25 de maio de 2001.

> produzir uma nova rodada de substituição de importações, o que de certa maneira, acelerou o fim do modelo e deu partida nesse novo modelo.[39]

A *modernização* econômica transcorria em virtude do esgotamento do modo de desenvolvimento vigente no Brasil desde os anos 1930, o nacional-desenvolvimentismo implementado pelo capitalismo autárquico. De acordo com Fiori, o modelo econômico que se originou com a "Revolução de 30" e com a "Era Vargas" gerou um tipo de industrialização extremamente dependente da participação do Estado, que se tornou "o grande organizador da sociedade e da economia do País". Viveu-se o esplendor do modelo econômico a que se deu o nome de "desenvolvimentismo". Diferente de outros países da América Latina, esse processo logrou relativo sucesso no Brasil. Criou-se, de fato, uma economia forte e integrada com a participação dos capitais privados, internacional e nacional, *associados ao* setor público que conheceu um brutal crescimento ao longo dos anos.

O modelo desenvolvimentista trouxe ganhos, sem dúvida. Quer seja a partir do parque industrial que se formou, da força trabalhadora resultante do processo, ou da conseqüente aceleração da urbanização, o Brasil foi se tornando mais complexo. Abandonando gradativamente o estilo de vida rural, que lhe deu origem, a sociedade passou por um processo de verdadeira transformação, que poderíamos chamar de "a nossa revolução", como o fez Sérgio Buarque de Holanda, em *Raízes do Brasil* (1984:126).

O desenvolvimento econômico levado a cabo pelo *desenvolvimentismo* permitiu, portanto, um acelerado avanço econômico a partir da industrialização com a substituição da pauta de importações brasileira. A partir da Segunda Guerra Mundial a idéia de industrialização assume centralidade no projeto. Contudo, conduzido pela via estatal, primordialmente, o crescimento econômico foi pontilhado por diversas distorções. Em seu *Brasil 2001*, Simonsen, em 1969, enumera essas distorções:

> Em primeiro lugar a erosão inflacionária, que acabou levando à beira da hiperinflação no Governo Goulart. Em segundo lugar, a sustentação do desenvolvimento não por um alto esforço de poupança, mas por uma explosão artificial da relação capital/produto. Terceiro, o excessivo protecionismo a setores industriais. Por último, o negligenciamento às expor-

[39] Idem.

> tações, que se expandiram a taxas ínfimas na maior parte do período. (...) Toda indústria nascente costuma erguer-se com base em certo grau de protecionismo, mas, no caso brasileiro, as taxas de defesa contra a concorrência externa parecem ter alcançado os níveis mais heterodoxamente exagerados. (...) Todas essas observações mostram que o modelo de desenvolvimento adotado no Brasil, apesar de propiciar brilhantes resultados a curto prazo, não oferecia fórmula sólida para um crescimento contínuo a longo prazo. Daqui para o futuro precisamos trilhar um caminho mais equilibrado de desenvolvimento, com menor tolerância à taxa inflacionária, maior esforço de poupança, maior controle dos custos industriais, e maior atenção às exportações (1974:58-62).

Como se vê, desde o final da década de 1960 se enxergavam os problemas do desenvolvimento nacional, baseado principalmente na ação estatal. À falta de poupança interna, o Estado brasileiro recorreu ao endividamento externo e à inflação. Aliado às diversas crises econômicas mundiais, ao longo dos anos, esse processo levou a uma situação de verdadeira insolvência financeira e de absoluto descalabro fiscal.

O ciclo do desenvolvimentismo chega ao esgotamento no final da década de 1970, com a segunda crise do petróleo, a brusca elevação das taxas de juros e a recessão prolongada porque passaram os países desenvolvidos. Países em desenvolvimento, como o Brasil, foram atingidos pela desaceleração do comércio, pela permanência dos preços das *commodities* e pela multiplicação das dívidas internas. A crise mundial que se estabelece aparece associada às condições que levam ao esgotamento interno de mais uma etapa econômica, social e política do Brasil.

Nos anos 1970, o governo Geisel buscou escapar da crise que se antevia a partir de um processo de radicalização do *desenvolvimentismo*, implementou-se políticas às quais José Luís Fiori classificou como um processo de "fuga para frente" (1984), ao desencadear um vigoroso programa que visava complementar a industrialização pesada e direcionar a economia brasileira para as exportações que, independentemente das críticas que se lhe façam, vários críticos são categóricos ao afirmar: "O processo de industrialização pesada por substituição de importações (...) mas simultaneamente imprimiu um forte *drive* exportador com resultados cada vez mais expressivos, em particular na década de 80" (1993:147). Mas, ainda assim, os planos de Geisel se frustraram diante da postura do empresariado nacional que se antecipou aos efeitos da crise internacional e abandonou o barco dos projetos governamentais, iniciando, inclusive, um processo de clara oposição política ao que chamavam à época de "capitalismo de Estado".

A raiz do problema não foi tocada por Geisel. Mentalmente, o governo acreditava num modelo de forte intervenção estatal. A segunda crise do petróleo, em 1978-1980, no entanto, agravou os problemas do país e encerrou as possibilidades do modelo desenvolvimentista. Para Fiori, "a utilização, nos anos 80, do endividamento público interno como forma de superar as dificuldades, só agravou o quadro de insolvência do Estado e do financiamento da economia, criando, além disso, mecanismos de multiplicação inflacionária" (Fiori, 1993:142).

Ainda assim, no governo Figueiredo discussões voltadas para a reforma do Estado começam a ser desenvolvidas com maior seriedade no meio burocrático estatal e acabam ganhando o espaço e a adesão da mídia. Até então, mesmo desgastado o modelo que vigia, não havia um projeto deliberado de governo que tivesse como princípio a *desarticulação* daquela matriz (Diniz, 2003).

Em 1979, o general João Baptista Figueiredo assumiria o poder no contexto de uma transição política para a democracia e de uma profunda crise econômica. A situação econômica o levou a recorrer ao endividamento público interno, agravando a condição de insolvência do Estado e do financiamento da economia. O resultado evidente foi a explosão do processo inflacionário, que marcaria toda a década de 1980 não só econômica, mas também politicamente. A herança *desenvolvimentista* deixara crônica a fragilidade fiscal do Estado. Inicia-se um processo recessivo, com regressão do PIB em 7,3% de 1980 a 1983. Em virtude do endividamento, o Brasil viu-se obrigado a recorrer ao Fundo Monetário Internacional (FMI), cujo receituário indicado fez aprofundar o desgaste econômico e político. A negociação da dívida externa é marcada por uma relação em que o país não goza de confiança internacional, logo os horizontes encurtam-se, não possibilitando planejamentos de longo prazo (Fiori, 1993:138-140).

Dívida interna crescente, deterioração das finanças públicas, aumento de impostos e, paradoxalmente, o crescimento do déficit adicionavam argumentos na defesa da decretação de uma moratória. O Estado brasileiro encontrava-se às portas da bancarrota. A solução da crise do Estado não passava, necessariamente, pela mudança do quadro econômico conjuntural, mas pela transformação do Estado desenvolvimentista. Já ali, a "Era Vargas" chegara ao fim e com ela um modelo de desenvolvimento econômico e um tipo de construção do edifício estatal.

Cumpria, portanto, desfazer o Estado de modo a reconstruí-lo com outra configuração. Todavia, é certo que uma verdade só assume o *status* de verdade quando há consciência coletiva de seu valor. Primeiro é necessário que a sociedade acumule experiências, debates e discussões numa quantidade adequada à mudança de mentalidade. Não parecia ser o caso naquele princípio de década.

Em seu *Brasil 2001*, de 1969, Mário Henrique Simonsen alertava que "para escapar ao círculo vicioso da pobreza relativa [o Brasil precisaria] enfrentar e solucionar cinco grandes problemas: o da poupança, o da educação e tecnologia, o da explosão demográfica, o da exportação e o da racionalidade econômica e administrativa" (1974:284). Passada mais de uma década, nenhum desses problemas havia se resolvido, sequer tocado e pouco, muito pouco discutido de forma mais ampla.

Em 1979, ao tomar posse, o general João Baptista Figueiredo convidou Simonsen a ocupar o ministério da Fazenda. No ministério, Simonsen — percebendo a gravidade e a origem da crise brasileira — procurou, nos primeiros meses de 1979, impor uma política de restrição fiscal, mas sofreu a oposição dos setores beneficiados pela política desenvolvimentista que se transformara numa espécie de cartório em que grupos regionais e setoriais protegiam seus interesses. Ainda que formalmente sob um regime ditatorial, faltava ao governo Figueiredo força política para implementar um programa de ajuste que significasse o enfrentamento de alguns interesses de grupos que se beneficiaram com o crescimento desenvolvimentista. Empresários, sobretudo da indústria, dadas as condições de notório desgaste popular dos militares e a escassez de lideranças mais qualificadas no Congresso,[40] pressionaram por um recuo de Figueiredo, que aceitou a demissão de Simonsen.

> A primeira tentativa de estabilização através de maior rigor monetário e fiscal, traçada em 1979 pelo ministro da Fazenda Mário Henrique Simonsen, foi rechaçada, ficando nas mãos de seu substituto, Delfim Netto, a responsabilidade pela política econômica brasileira durante a crise internacional do período 1979-1983 (Fiori, 1993:148).

[40] Um dos maiores reveses políticos para o governo Figueiredo foi a morte do senador Petrônio Portela, ainda nos primeiros dias de governo. Portela, ministro da Justiça e presidente da ARENA, ao lado do General Golbery do Couto e Silva, estava entre os principais formuladores/operadores da ação política daquele governo. Vivo, Portela seria a cabeça e a principal liderança do Governo na relação com o Congresso, como também no processo sucessório de Figueiredo. Sua morte abriu uma enorme lacuna no governo que até o final não conseguiu preenchê-la.

O sonho do crescimento contínuo com controle da inflação durou muito pouco. Nos anos 1981-1983, o Brasil passou por um período de profunda crise econômica, tendo um recuo médio do PIB 1,6%. A inflação, porém, não diminuiu de ritmo girando em torno de 100% ao ano durante o período. Viveu-se a "estagflação": estagnação econômica combinada com inflação de preços. O governo Figueiredo, carente de legitimidade e de autoridade declinante (como o Regime Militar), viveu ainda maior desgaste diante da força do nascente movimento sindical (sindicalismo combativo ou de lutas), do crescimento eleitoral da oposição[41] e da pujança do maior movimento de massas da história do país, as Diretas-Já.[42]

O regime militar, portanto, chegava ao fim negando todo o ufanismo econômico que assumira com o milagre. Durante os seis anos de mandato, Figueiredo viu-se enredado em relações políticas construídas ao longo do desenvolvimentismo e dos governos militares que acabaram por tornar seu governo pouco menos que medíocre. O insucesso na frente econômica e os sucessivos abalos eleitorais que lhe corroíam apoios no Legislativo começaram a antecipar o fim do regime. Sem força, legitimidade e confiabilidade, Figueiredo se despede da Presidência pedindo a todos que o esquecessem — o que de fato ocorreu. Todavia, independentemente de sua figura, o certo é que o próprio modelo de Estado entrara em colapso com a deterioração do modelo de desenvolvimento. A substituição de um passaria necessariamente pela renovação do outro, como já foi ressaltado.

Ainda assim, foi durante o governo Figueiredo que, de modo ainda tímido, questões voltadas para uma maior preocupação com o déficit público, para possibilidade do enxugamento do Estado pela privatização e para uma idéia de "desregulamentação" que atenuasse o poder interventor

---

[41] Oposição que em 1982 elegera os governadores do três maiores Estados brasileiros: São Paulo (Franco Montoro), Rio de Janeiro (Leonel Brizola) e Minas Gerais (Tancredo Neves).

[42] A campanha das Diretas-Já é considerada a mais expressiva mobilização popular da história brasileira. No final de 1983, um primeiro comício organizado em São Paulo pelo Partido dos Trabalhadores agregou alguns milhares de militantes num ato a favor da aprovação da chamada Emenda Dante de Oliveira. Um Projeto de Emenda Constitucional que visava restabelecer as eleições diretas para a Presidência da República, que ocorreriam no ano seguinte. O movimento ganhou o apoio dos governadores da oposição que estavam à frente de Estados importantes como São Paulo, Rio de Janeiro e Minas Gerais e se espalhou pelo país reunindo milhões de pessoas em praças públicas. Em que pese a pressão popular, em maio de 1984, o Congresso Nacional, de maioria governista, rejeitou a proposta.

do Estado passaram a ganhar corpo.[43] Diante do colapso econômico, grupos de trabalho começaram a se debruçar sobre problemas que abalavam aquele governo (e o regime, por decorrência). Percebeu-se que se chegara a um estágio avançado de estafa dos materiais.

> Um trabalho que tinha sido feito ainda no governo Figueiredo foi um verdadeiro diagnóstico do primitivismo institucional que imperava nas finanças públicas. Eu tive a honra ou o azar de ser o líder desses estudos. E esses estudos legaram um conjunto de idéias que hoje estão todas implementadas. Essas idéias foram "marteladas" pelo ministério da Fazenda no seu relacionamento com a mídia, nos pronunciamentos dos ministros. Eu, por exemplo, me dediquei muito a isso, à idéia de que o Brasil precisava se preocupar com a questão do déficit público, com a privatização, com a desregulamentação que era uma forma mais sofisticada de falar de "reforma do Estado".[44]

Mesmo assim, eram idéias que ainda estavam apenas no campo das "especulações acadêmicas", ou dos "estudos técnicos" da burocracia. Havia constrangimento político de levá-las adiante, afinal o desenvolvimentismo gerara uma estrutura social extremamente complexa, de interesses bastante segmentados "pouco propensas a ações concentradas em nome de um interesse comum que às vezes parece não existir" (Fiori, 1993:146).

Em vista disso, as tentativas de solucionar as crises periódicas que se seguiram apelavam para um receituário paliativo a partir de reformas fiscais e monetárias de emergência. Haveria um problema de difícil contorno: uma reforma fiscal adequada comprometeria o desempenho do setor público e no que diz respeito a sua capacidade de financiamento dos investimentos de longo prazo. No Brasil, investimentos em infra-estrutura, por exemplo, sempre foram levados a cabo pelo Estado. O capital privado nunca se preocupara em participar desse tipo de investimento. Em se retirando, o Estado veria a consolidação de um ciclo vicioso, em que a falta de

---

[43] Enquanto este processo dava os primeiros e tímidos passos no Brasil, no exterior vários países começam a reformar de modo absolutamente radical a estrutura de seus Estados. Os casos mais célebres são os de Margareth Thatcher (1979-1990), na Inglaterra, e Ronald Reagan (1981-1989), nos Estados Unidos.

[44] Entrevista com Maílson da Nóbrega em 25 de maio de 2001.

infra-estrutura levaria à falta de qualquer tipo de investimento privado e, portanto, à estagnação econômica. O mercado de capitais era incipiente e o sistema bancário privado não tinha qualquer interesse em participar de um processo de industrialização mais amplo investindo em grandes projetos. As elites brasileiras, acostumadas com ganhos fáceis e rápidos, perderiam suas regalias, por isso resistiam à mudança.

Na década de 1980, a desaceleração do comércio internacional e a moratória mexicana marcaram um período conturbado para as economias latino-americanas, uma vez que fizeram com que suas fragilidades ficassem patentes. A questão da dívida externa estava colada aos países do então chamado Terceiro Mundo, mas também aos credores internacionais. Os problemas estruturais internos de cada país passaram a ser encarados com maior preocupação por organismos como o Fundo Monetário Internacional e o Banco Mundial. No meio da década de 1980, o Plano Baker destaca a necessidade de estabilização em paralelo ao crescimento. Esforços de ajuste e reformas estruturais profundas com privatizações começam a ser vistas com bons olhos pelos países desenvolvidos e pelas agências financiadoras.

Também no caso do Brasil o processo se deu desse modo. O início de uma consciência da necessidade de adoção de políticas liberalizantes se deu justamente a partir de encontros de técnicos brasileiros com o Banco Mundial. Maílson da Nóbrega localiza naquelas reuniões entre o governo brasileiro e o Banco Mundial, no início dos anos 1980, um importante fator que contribuiu para a aceleração da percepção de que se havia ido longe demais no protecionismo estatal e no fechamento da economia, tendo por base ideológica o nacionalismo e por instrumento econômico uma política que buscava favorecer a substituição das importações.

> O Banco Mundial tinha inaugurado depois de uma crise da Turquia (no início dos anos 1980) um novo tipo de empréstimo, radicalmente diferente daqueles que o Banco Mundial até então fazia. Financiava projetos de infra-estrutura, programas no campo social, mas nunca programas objetivando o lado macroeconômico, o financiamento da balança de pagamentos. Nessa ocasião, o Banco cria os empréstimos setoriais em que o país beneficiado sacava os recursos, mas aquilo ia para "Reservas Internacionais". Quem quisesse ajuda a programas de investimento, teria como contrapartida assumir o compromisso com reformas estruturais. E num desses empréstimos — nós discutimos vários com o Banco Mundial, um deles sobre agricultura, outro sobre comércio

> exterior —, o compromisso que assumimos foi adotar uma série de medidas modernizadoras, liberalizantes do comércio exterior. Os técnicos do governo participaram ativamente da discussão.[45]

No interior do governo, parte da tecnocracia já se convencera da inevitabilidade do ajuste. Em 1983, um grupo de técnicos, coordenado pelo economista, superintendente da Área de Planejamento do BNDES, Júlio Olímpio Fusaro Mourão, formularia um documento intitulado "Cenário de Integração Competitiva", que tocaria de forma sistemática na questão. Os primeiros lances para a abertura da economia brasileira eram dados ali. Em artigo de 1994, Mourão procura "recuperar de forma resumida a história deste processo e do pensamento sobre a Integração Competitiva" (1994:4). Para ele, o pensamento do BNDES (Banco Nacional de Desenvolvimento Econômico e Social) à época estaria baseado em três aspectos:

> - A identificação de que componentes autônomos de demanda privada seriam os responsáveis por um novo ciclo de desenvolvimento, *abandonando a idéia de um desenvolvimento liderado pelo Estado;*
> - A visão do *mercado externo como importante indutor de desenvolvimento*, e não como concorrente da produção voltada a atender as necessidades internas;
> - *A modernização empresarial visando à competitividade* como um objeto essencial para o desenvolvimento econômico e social, e não apenas a expansão de capacidade geradora de emprego (Mourão, 1994:12) [grifos meus].

O trabalho do grupo coordenado por Mourão teve seqüência nos anos seguintes, construindo novos cenários e projetando novas políticas e ações indutoras do desenvolvimento, dentro de um novo paradigma. Ao fim do trabalho, a equipe concluiu dois cenários em que o país poderia engajar-se. O primeiro desses cenários era positivo, vislumbrando a possibilidade de uma "integração competitiva", termo que ficou bastante conhecido. O segundo cenário denominado "Cenário de Inércia Corporativista" indicava que "interesses conflitantes, resultantes da estagnação econômica" poderiam impedir a realização das reformas.

---

[45] Entrevista com Maílson da Nóbrega em 25 de maio de 2001.

Ainda assim, apostando no cenário positivo, o grupo indicava que o salto não poderia acontecer se a racionalidade do país continuasse atrelada ao modelo anterior, pois a economia demonstrava o esgotamento de algumas políticas setoriais e apontava para novos caminhos.

Detalha Mourão:

- O esgotamento da substituição de importações — (...) Já não havia setores da economia que, ao serem alvo de ação para internalizar a produção, tivessem capacidade para alavancar a demanda (...);
- Os custos crescentes da autarcia [auto-suficiência econômica de uma nação] — (...) o país não poderia passar ao largo do processo de reestruturação da indústria mundial. Os avanços na microeletrônica e o desenvolvimento de sistemas automatizados definiam um novo paradigma tecnológico, provocando não só o surgimento de novos produtos, mas também alterações profundas nos processos produtivos... (...);
- A crise do Estado — (...) a poupança do setor público (...) havia não só se esgotado, como revertido em déficit (...) o país não poderia contar com o investimento público como fator de crescimento. Pelo contrário, o Estado precisava passar por um forte enxugamento (...);
- Contribuição do capital estrangeiro — (...) a superação da dependência tecnológica é um processo evolucionário, que compreende um desenvolvimento estrutural do país em diversos setores (em especial educação) e que não se resolve no curto prazo com proteção tecnológica e reserva de mercado (...);
- Novas características do comércio internacional — (...) os países que querem aproveitar as oportunidades que o mercado internacional oferece devem ter em conta (...) [que] diversas formas de associação são possíveis com efeitos positivos para as empresas brasileiras (...);
- A maturidade da indústria — (...) a expressiva dimensão do mercado interno havia permitido que a indústria atingisse um desenvolvimento organizacional e tecnológico, com escalas adequadas, que lhe permitia competir na arena mundial (1994:14-16).

Mourão afirma que "o período *infantil* da indústria brasileira havia passado" (1994:16). O empresariado nacional, em 1983, já seria capaz de assumir responsabilidades pela tarefa do financiamento da economia. À falta de capitais privados, esse papel até aquele momento era desempenhado pelo Estado. Todavia, esse ciclo se encerrara, as estatais (motores de investimentos em várias áreas) estavam sob limitações. "A falta de flexibilidade era total", dizia Mourão. O Estado precisava "reestruturar-se profundamente (...) reduzindo seus custos e maximizando o resultado". Um programa de privatização seria, portanto, fundamental como forma de: 1) liberar recursos, tornados escassos pela crise, que deveriam ser investidos na área social; 2) defender empresas produtivas; e 3) indução à busca de competitividade e eficiência sistêmicas.

O corolário defendido por Collor, no final da década, era, portanto, decorrência de um processo de transformações, reflexão, discussão e propostas que já duravam pelo menos 20 anos, desde *Brasil 2001*, de Mário Henrique Simonsen. Se essas propostas não se efetivaram ao longo daquele período, foi porque não houve condições políticas que permitissem. A afirmação da consciência de que o antigo modelo de Estado se esgotara ainda era um desafio. Por fragmentária, a sociedade não encontrava consenso:

> Há um claro "pluralismo de valores", através do qual diferentes grupos associam expectativas e valorações diversas às instituições, produzindo avaliações acentuadamente distintas acerca da eficácia da legitimidade dos instrumentos de representação e participação típicos das democracias liberais. Não se obtém, portanto, a adesão generalizada a um determinado perfil institucional, a um modo de organização, funcionamento e legitimação da ordem política. Esta mesma "pluralidade" existe no que diz respeito aos objetivos, papel e atribuições do Estado, suscitando, de novo, matrizes extremamente diferenciadas de demandas e expectativas em relação às ações do setor público, que se traduzem na acumulação de privilégios, no desequilíbrio permanente entre as fontes de receita e as pautas de gasto, bem como no intenso conflito sobre as prioridades e as orientações do gasto público (Abranches, 1988:6).

Assim entendido, o contexto em que se dava a afirmação da consciência do esgotamento do modelo desenvolvimentista não era de sintonia econômica, mas de dissonância política. Levada à conseqüência, a frase de Mourão compreende que também a fase *paternalista* do Estado haveria de passar. O Estado corporativista e cartorial, fosse na vertente industrial de sua manifestação, fosse na concepção popular-sindicalista, estava morto. O fato menos evidente, porém, seria a definição de quem seria (ou poderia vir a ser) protegido pelo espólio. A transformação não se faria sem conflitos. A resistência de setores corporativos exigiria posturas governamentais baseadas na plena legitimidade e na maior força política possível.

Durante os anos de regime militar, ainda que sob ditadura, a sociedade brasileira tornara-se muito mais complexa do que o fora no período anterior. Antigas estruturas organizacionais e institucionais resistiam, mas eram, aos poucos, superadas por novas e mais atuantes organizações da sociedade civil que se formara, resultado do processo de consolidação da sociedade industrial e de massas. Para ficarmos em poucos exemplos, podemos mencionar a existência dos sindicatos vinculados ao que se chamou de sindicalismo de luta, que ao final da década anterior mobilizara milhões de trabalhadores, enfrentando o regime militar.[46] Também a imprensa, após a abertura e o fim da censura, era outra. Essa mobilização social tornou a base de apoio ao governo no Congresso Nacional mais sensível à pressão popular e, portanto, menos dócil e cordata e mais arredia a projetos de transformação enviados pelo Poder Executivo.[47] Além disso, já não havia mais a euforia do milagre a animar os mais coniventes com o regime.

O governo Figueiredo mostrava-se imobilizado diante da crise e da gravidade da situação: faltava-lhe o poder e — a bem da verdade — a vontade para lançar mão da força bruta, como fizeram seus antecessores generais; faltava-lhe também a adesão de antigos simpatizantes e colaboradores que, afinal, seriam prejudicados pelo processo de ajuste; faltava-lhe legitimidade política para implementar um processo de renegociação e pacto social. "O caso brasileiro é ilustrativo do processo de extenuação do Estado como fator

[46] A referência diz respeito principalmente ao Sindicato dos Metalúrgicos do ABC paulista, mas também a outros sindicatos. Em 12 de maio de 1978, em São Bernardo do Campo (São Paulo), 1.600 trabalhadores da montadora Saab-Scania, embora tenham entrado na fábrica, recusaram-se a trabalhar. O movimento grevista atingiu diversas montadoras, empresas metalúrgicas, assim como outras categorias e das várias regiões do país: São Paulo, Osasco e Campinas (em São Paulo), João Monlevade (Minas Gerais); professores do primeiro e segundo graus do Estado de São Paulo e bancários também acabaram por aderir. Em 1979 e 1980 novas greves ocorreram. Isto fez com que o governo Figueiredo interviesse nos sindicatos, levando vários líderes sindicais à prisão. (MENEGUELLO,1989, e Fundação Perseu Abramo, 2003.)

[47] Em que pese o fato de a maioria do Congresso haver rejeitado a emenda que instituiria eleições diretas, como indicado anteriormente.

de contenção de uma sociedade civil que se expandiu aceleradamente no decorrer das décadas de 1970 e 1980 e adquiriu crescente densidade organizacional. Por essa razão, o descompasso entre Estado e sociedade deve ser situado no cerne da presente crise." (DINIZ, 1997:178)

O país saía de um regime autoritário não porque os militares entendessem ser a democracia um regime melhor do que aquele que fora imposto em 1964. O desgaste a partir da crise econômica e do terror político corroeu-lhes a legitimidade e o apoio populares que um dia tiveram. A ditadura brasileira não teve, porém, um fim nítido (LAMOUNIER, 1990:16). O último governo militar, o do general Figueiredo, sumamente enfraquecido, agonizou e teve uma morte *lenta, gradual e segura.* De acordo com Bolívar Lamounier, como resultado de toda a mobilização da campanha das Diretas-Já, as eleições diretas em 1985 poderiam assumir o valor de uma ruptura, o que simbolicamente seria marcante. Mas o veto militar a sua realização fez com que o símbolo da ruptura se confundisse com Tancredo Neves.

No calor do extraordinário processo de mobilização popular que foi a Campanha das Diretas-Já, o Colégio Eleitoral elegeu Tancredo Neves como presidente da República como resultado de uma negociação entre o PMDB, os militares e setores liberais do PDS (ex-ARENA), partido de apoio aos governos militares (FERNANDES, 1986). Tancredo Neves, do PMDB, assumiria a Presidência da República para conduzir a transição para a democracia e para a reforma do Estado que inevitavelmente imporia perdas a vários segmentos, sobretudo aos setores mais fortemente organizados. Seria uma espécie de *condottiere da transição* (FIORI, 1993:150). Talvez pudesse ter encarnado a figura do líder que conduz o povo a uma travessia calma, segura, negociada e tranqüila. Eleito presidente, Tancredo falava na formalização de um pacto. Seus pronunciamentos pareciam ter a consistência da tarefa histórica que lhe caberia. Sua morte, porém, elevou o nível de frustração política e dificultou a possibilidade do estabelecimento de maior coesão social. A idéia de pacto — como o que teria se realizado na Espanha, no chamado *Pacto de Moncloa* — dissolveu-se.

Morto à véspera da posse, Tancredo deixa como sucessor um vice de *menor estatura,* como assinala Lamounier, sem legitimidade suficiente para conduzir um processo político delicado de negociação. Dentro da lógica da transição com Tancredo, o "contrato social" brasileiro haveria que ser refeito. Com Sarney, no entanto, faltariam condições para isso.

> Morto Tancredo, coube a um político de muito menor estatura e identificado sob muitos aspectos com o precedente regime militar a tarefa de conduzir a bom porto a nascente "Nova República". Sob tais circunstâncias, dificilmente poderia o re-

> vigoramento da legitimidade alcançar a escala necessária para sobrestar a tendência declinante dos anos anteriores. O quase-zero absoluto de legitimidade a que tinha chegado o governo Figueiredo foi assim transportado para dentro do nascente governo civil (Lamounier, 1990,16-17).

Um caminho seriam as urnas. Mas estava obstruído pelo veto militar; outra possibilidade seria confiar na liderança pessoal daquele presidente da República, no seu pouco carisma, na sua capacidade de diálogo que demonstrasse sua dimensão de estadista. Mas não era o caso de José Sarney. Ex-presidente da ARENA, figura de proa do regime que ruíra, Sarney (que se transferira para a "Frente Liberal" e dali para o PMDB) era, inegavelmente, um nome pouco adequado para comandar um processo de formação de uma nova coalizão política que permitisse a implementação de um profundo processo de reformas, contraditórias com o regime que ele, Sarney, apoiara nos anos anteriores. Era visto com desconfiança pelo sistema político. Seus antigos companheiros (do PDS e da velha ARENA) o achavam um arrivista; seus novos colegas o olhavam com desconfiança e é possível que o encarassem como um oportunista. A população, apática, lamentava a morte de Tancredo, os diversos grupos corporativos articulavam-se na defesa de seus interesses.

Na verdade, o legado de Tancredo a Sarney foi o pior dos mundos. Sobre os ombros do *vice feito presidente* ficara toda a expectativa de solução das crises e de atenuação das desigualdades sociais do Brasil, mas também a decepção e a frustração popular e pouca ou nenhuma credibilidade. Não herdara a esperança, mas o ceticismo. Não herdara a legitimidade reconhecida em Tancredo, mas o desgaste assumido por seu passado de regime militar. Um dos *slogans* que o acompanharam por todo governo foi: "O Povo não esquece, Sarney é PDS". Ele simplesmente sobrou; e lhe coube ser o que não queria, o *síndico da catástrofe*.[48] Nem o primeiro ministério lhe pertencia.

Foi contestado desde a posse. Durante os cinco anos de mandato, seus passos foram monitorados por Ulysses Guimarães. Presidente da Câmara, presidente da Constituinte, presidente do PMDB, Ulysses colecionava "presidências" como que para chamar a atenção para sua multilegitimidade diante da legitimidade nenhuma (ou quase nenhuma) de Sarney.

Com a edição do Plano Cruzado (Moura, 1990), teve um espasmo de legitimidade. O plano precisava de reparos, mas reparar um plano como

[48] Pouco depois de sua posse na Presidência, em 1985, José Sarney proclamou em discurso: "O destino não me trouxe de tão longe para ser o síndico da catástrofe".

aquele seria abrir mão da popularidade e da força política que o cruzado lhe propiciou. O pior dos mundos: sem força política, não teria condições de reformar o plano; sem isso, o plano e a força política se desvaneceriam por si. Cometeu o que chamaram de estelionato eleitoral. Segurando o cruzado até o dia seguinte da eleição, contribuiu para a eleição em massa dos candidatos dos partidos que o apoiavam. Se os deputados da vasta bancada de parlamentares que elegeu, se os 21 governadores que se beneficiaram do cruzado e mais os tantos senadores lhe fossem fiéis (ou pelo menos gratos), é possível que tivesse tido melhor sorte, reformando primeiro o cruzado e depois o Estado. Poderia ter passado à história de outro modo. Mas isso, conciliado à instalação de um Congresso Constituinte reativo, liquidou as esperanças de reformas.

O remédio para a crise não era de fácil digestão. Remodelar o Estado brasileiro e a economia nacional compreenderia arbitrar perdas, substituir setores, condenar parcelas à obsolescência. As reformas se configurariam — como se viu depois — num processo de tortuoso contorno político, gerando problemas de ação coletiva. "Assim, apesar de resultar em ganhos para todos, a cooperação exige sacrifícios que, do ponto de vista da racionalidade individual, não se justificam. Além dessa dificuldade de ordem geral, alguns aspectos mais específicos geram maior resistência por acarretarem altos custos para grupos localizados, enquanto os benefícios se apresentam difusos. (Diniz, 1997)."

Sem força política, Sarney viu a discussão dos rumos do país ser transferida para o Congresso Constituinte sem que o governo e a burocracia estatal pudessem exercer qualquer tipo de influência sobre os legisladores. O governo perdera sua capacidade decisória e o sistema político como um todo passava por uma expressiva dispersão de poder. Houve, simultaneamente, uma "explosão de demandas, saturação das agendas e excessos de pressões desencadeadas pelo aumento acelerado da participação, expansão desordenada do quadro partidário, prevalência de uma dinâmica de proliferação e fragmentação da estrutura partidária, indisciplina no Congresso, desequilíbrio entre a capacidade de resposta do governo e o poder de pressão da sociedade" (Diniz, 1997:150).

O processo de transformação do Estado brasileiro iria ao encontro dos diversos interesses corporativos, requereria um pacto social amplo, em que os variados setores da sociedade aceitassem arcar com perdas de curto prazo. Em tese, as reformas que trazem custos coletivos são teoricamente aceitas. O problema é que na prática esses custos são sentidos individualmente. Abrir mão do interesse pessoal pelo interesse coletivo não parece ser uma postura condizente com o estágio da democracia na época. A implementação dessas reformas corresponderia a uma forte alteração do equilíbrio social, o que pressupunha um cálculo de correlação de força. Isso, numa sociedade que se tornara complexa, nunca é simples; numa sociedade fracionada é ainda mais difícil.

O governo Sarney terminou laconicamente, não tendo o presidente da República sequer condições de influir na escolha de um candidato a sua sucessão. No final da década de 1980, a impressão que se tinha era a de um país imerso no caos: desordem administrativa, denúncias e mais denúncias de corrupção e inflação de quatro dígitos. De acordo com Fiori, "em fins dos anos 1980, cristalizou-se o consenso em torno da natureza estrutural da crise econômica e do próprio Estado (...) o país não vivia apenas uma crise econômica estrutural" (1993:150-153). Também ficaram patentes as fragilidades no padrão de financiamento da industrialização nacional articulado pelo Estado. Nesse cenário, o desgaste brutal por que passou o governo Sarney pode ser compreendido com tranqüila naturalidade: as circunstâncias históricas não lhe eram nem um um pouco favoráveis.

Assim, em virtude de seus desacertos políticos e do esgotamento do modelo econômico, a sociedade brasileira buscava uma liderança que expressasse legitimidade em alto grau, disposta a promover o desempate de um jogo travado no Estado, no Congresso Nacional, na economia. Não seria Sarney essa figura; tampouco isto surgiria de modo endógeno do sistema político, desgastado diante da crise e das frustrações. Mais democrática e mais informada, a sociedade ficara mais exigente e questionava mais incisivamente os políticos. A crise despertou um sentimento contestatório, os políticos foram estigmatizados.

> Eu vivi a campanha do Collor porque eu era atacado quase que diariamente pelo Collor e eu me apercebi, na época, que ele era extraordinariamente capaz de identificar demandas da opinião pública, das mentes, e decodificá-las em palavras-chave.[49]

Conforme indica sua autobiografia, Fernando Collor acredita ter sido a peça mais importante desse processo, como se antes dele nada existisse. Um discurso político.

> Fernando Collor de Mello foi, aos 40 anos o mais jovem Presidente do Brasil e, durante o seu tempo, o mais jovem das Américas. Dos recentes chefes de Estado daquele país, foi o

[49] Entrevista com Maílson da Nóbrega em 25 de maio de 2001.

> de mais clara e *modernizante* concepção estrutural. Seu programa de governo foi marcado pela recuperação da estabilidade e pelo desenvolvimento sustentado (...), liberalizou o sistema econômico, redirecionou o papel do Estado na economia, colocando eficiência e produtividade no dia-a-dia. Iniciou a retirada do Estado na atividade econômica (privatização e extinção de cerca de 70 empresas, autárquicas e institutos), diminuindo o déficit fiscal. Inseriu competitivamente o Brasil na economia mundial e mudou radicalmente a política do comércio exterior. Colocou fim às reservas de mercado de informática, implementou o Mercosul (integração econômica com a Argentina, Uruguai e Paraguai), encaminhou a lei das patentes, pôs fim à aventura nuclear, comprometeu o país com causas ambientais, presidiu o Earth Summit em 1992, deu proteção às populações indígenas e lançou um ambicioso programa educacional e de formação básica com os centros integrados de assistência à criança. Propôs a extinção dos monopólios estatais e é defensor do livre mercado e da democracia. (Os interesses que foram contrariados na sua ação modernizante fizeram com que forças poderosas se voltassem contra ele e propusessem o seu *impeachment*. Dois anos depois, o mais alto tribunal de justiça do país declarou-o inocente de todas as acusações que lhe moveram).[50]

O fato é que perigosamente abriu-se espaço para o *outsider*, para o aventureiro. Fernando Collor de Mello surgiu neste contexto, ecoando palavras que soavam doces a ouvidos amargos. Ainda que se possa reconhecer em seu governo o deflagrador do processo, que vinha se protelando por falta de condições políticas, não se pode atribuir a autoria desse projeto ao ex-presidente. Sua importância reside na sensibilidade que expressou para com o momento histórico, no tino político e na habilidade de tomar uma bandeira da sociedade e fazê-la sua. No mais, foi apenas o elemento que deu vazão a um processo social infinitamente superior à figura pessoal de quem quer que seja.

Além disso, quem conheceu Collor e viveu o processo de construção desse projeto, tem dificuldade em lhe atribuir a paternidade desse processo de mudança:

---

[50] http://www.collor.com/biograf.htm

> Outra coisa que eu acho — é mera impressão —, o Collor era uma cabeça vazia. Eu o conheci como prefeito de Maceió e ele nunca foi nenhum luminar, nenhuma grande liderança. No entanto, reunia duas grandes qualidades que foram fundamentais para ele naquele momento — e, talvez, para o Brasil também. A primeira é a capacidade impressionante de faro político, simplesmente extraordinário e inato. A segunda, em virtude de não ter uma sólida formação intelectual e nem sólida experiência de governo, ter sido facilmente influenciável. A grande influência sobre o Collor foi do embaixador [José Guilherme] Merquior, autor de seu belíssimo discurso de posse. Além do Merquior, Collor conversou muito também com Mário Henrique Simonsen, outra inteligência privilegiada e que provavelmente influenciou Collor nessa experiência de abertura. Até porque ele, Simonsen, havia sido um dos iniciadores do processo de revisão do papel do Estado, lá ainda em 1974. Ainda que, paradoxalmente, tenha participado de um governo que aumentou a intervenção, ele defendia certos princípios que hoje estão aí consagrados na gestão da política econômica.[51]

Seus méritos estão no campo da prática política, como se vê. Sua habilidade foi ouvir e tomar para si a tarefa histórica que já se transformara em consenso entre a burocracia e as elites nacionais. Não criou nada e nada inventou. Reproduziu idéias econômicas modernizadoras, vocalizou um sentimento mudancista que se desenvolvera ao longo dos anos anteriores. Como uma espécie de Napoleão,[52] tratou de adequar seu temperamento audacioso a uma tarefa que certamente encontraria barreiras e enfrentaria várias resistências. Sua excitação crônica, de forma alguma, retira a importância do papel que, conscientemente ou não, acabou por assumir na história do país. Mas, não é um estadista, ainda que não deixe de ser um importante marco histórico. O processo que despertou — com o uso de símbolos, com frases de efeito, com sua agressividade habitual — acabou por mudar a face do país.

---

[51] Entrevista com Maílson da Nóbrega em 25 de maio de 2001.

[52] De acordo com Paul Johnson, Napoleão Bonaparte era antes de tudo um comandante de exércitos e mortífero destruidor; sua estratégia "adequava-se a seu temperamento audacioso, hiperativo, agressivo e impaciente por resultados. Com efeito, a impaciência era sua característica principal e lhe trouxe bons e maus frutos" (Johnson, 2003, 64).

Capítulo 3

Pai, Filho e Espírito Político

Em 23 de março de 1988, a revista *Veja*, principal semanário impresso do país, estampava em sua capa a imagem de Fernando Collor de Mello, governador do pequeno Estado de Alagoas. Na fotografia, vê-se um sujeito jovem, braços cruzados, paletó preto, camisa branca, uma gravata de um azul bem vivo. Compridos os cabelos, a ponto de cobrir orelhas e testa. A expressão é resoluta e anuncia um discreto sorriso. Ao fundo, uma tela a óleo. Em primeiro plano, um cavaleiro empunha uma espada. Supõe-se que esteja numa batalha. A legenda, em letras brancas e vermelhas, diz: "Collor de Mello: o caçador de marajás". Esta última parte ("caçador de marajás") está em caixa alta, com letras garrafais.

Na página do índice, a chamada da matéria afirma: "Com a campanha contra os marajás, o alagoano Collor de Mello torna-se um dos governadores mais populares do país". A imagem da capa é aí reproduzida, tendo ao lado um ícone com a imagem do presidente da República, José Sarney. Na figura, Sarney está cabisbaixo, desse modo deixando que o quepe de um militar, atrás de si na foto, apareça como se estivesse na cabeça do próprio Sarney. A legenda: "Em seu discurso mais duro desde a posse, o presidente José Sarney ataca os políticos e elogia as forças armadas". Abaixo, um outro ícone, agora com a imagem do apresentador e empresário do setor de comunicações, Silvio Santos. Ao contrário do figurino peculiar de todos os domingos, quando apresenta seu programa na TV, Santos está sem paletó e sem gravata. De óculos, camisa escura ligeiramente aberta no peito, é observado ao fundo por duas pessoas que parecem desconfiadas. A legenda diz: "Silvio Santos se junta aos comunicadores que usam o vídeo como trampolim para se lançar no mundo da política".

Na página 38, da mesma edição, a matéria que mereceu a capa. Seu título: "Guerra ao turbante". Na foto principal, Collor é fotografado pelo alto, subindo as escadas suntuosas do Palácio dos Martírios, sede do governo alagoano. Seu olhar é grave, sua linguagem corporal é a da determinação. No primeiro parágrafo da matéria, há um inegável tom entusiástico: "É difícil encontrar-se um brasileiro com diploma universitário que saiba de cor o nome de todos os governadores estaduais, mas é improvável descobrir-se algum que não se lembre do nome do governador de Alagoas. Desde que foi eleito, Fernando Collor de Mello, 38 anos, sem assinar uma única grande obra em seu Estado, conquistou a simpatia dos alagoanos e popularidade no Brasil inteiro num fenômeno tão curioso quanto inesperado. À frente do segundo menor Estado brasileiro, Fernando Collor de Mello figura hoje entre os governadores mais festejados do país — e quem esperava ver Waldir Pires, da Bahia, ou Miguel Arraes, de Pernambuco, com o cetro nordestino na mão descobriu que à frente deles corre o jovem Collor de Mello, o gerente de Alagoas".

A revista relata o embate do jovem governador contra funcionários apaniguados de seu Estado que, protegidos pela legislação, recebem altos salários numa afronta à situação média do funcionalismo e ao comum da população daquele Estado. Diz a revista que a "caçada" se dá numa situação "em que dois terços da população têm de viver com menos de 13.000 cruzados mensais e os professores primários ganham salários de faxineiras". A missão de Collor consistia em "devastar holerites acintosos de 300 funcionários estaduais que recebiam fortunas através de expedientes legais marotos". Informa *Veja* que, na semana anterior, o Supremo Tribunal Federal dava sinais na direção da intervenção federal no Estado, pois, o governador, "teimoso", ignorava determinação do STF de pagar os salários dos marajás.

A imagem era a do político *corajoso*, *determinado*, *teimoso* a bem do serviço público, como se diz no jargão jornalístico: Collor ficou bem na foto e na matéria. Àquela altura, a mídia já começava a considerar sua figura na montagem do jogo político nacional que se aproximava. A eleição presidencial estava marcada para o ano seguinte. Seriam as primeiras diretas para presidente da República, desde 1960, quando Jânio Quadros foi eleito. Desde então, o golpe militar de março de 1964 interrompera o período democrático que se iniciara em 1946, fazendo com que os presidentes da República, generais, fossem eleitos por via indireta, num Colégio Eleitoral viciado, formado para eleger os escolhidos do poder militar.

Apenas em 1985 é que se rompe esse ciclo autoritário, com eleições, contudo, ainda indiretas. Tancredo Neves, governador de Minas Gerais, foi eleito como resultado da frustração da Campanha das Diretas-Já e do acordo da transição conservadora. Morto na véspera da posse, deixou em seu lugar José Sarney, ex-presidente do PDS, partido que apoiou e sustentou os militares durante mais de duas décadas. Esvaziando-se a legitimidade do poder presidencial, Sarney amargou um mandato tutelado pelo PMDB. O país queria votar para Presidência da República e ter um presidente legítimo não apenas sob o aspecto jurídico, mas também popular.

O prestígio de Collor crescia na medida em que também se tornava um personagem controverso. *Veja* lhe abria um enorme espaço, mas ainda assim mostrava-se cética em relação ao seu futuro. Não acreditava que o governador pudesse alçar um vôo maior. A mídia, de um modo geral, alvoroçada com a proximidade da eleição, especulava com nomes e composições. Era mesmo provável que Collor de Mello tivesse papel de destaque na eleição. Poderia tornar-se candidato a vice-presidente, na chapa de Ulysses Guimarães, do PMDB. Ulysses, que cedera espaço a Tancredo em 1984, preparava-se para realizar um projeto que se articulava havia anos. Seria extraordinário para o deputado paulista ter como companheiro de chapa um puxador de votos no Nordeste brasileiro. Além disso, Collor defendera obstinadamente a redução do mandato do presidente da República de cinco para quatro anos. Com isso, ao lado da marca de "caçador de marajás" também fixou a imagem de ferrenho opositor do governo Sarney, absolutamente desgastado após o fracasso do Plano Cruzado. Com toda aquela visibilidade, seria mais do que natural que o governador de Alagoas ocupasse a vaga na chapa de Ulysses, até porque pertenciam à mesma legenda, o PMDB. *Veja*, até ali, não acreditava em nada mais do que isso.

Eventuais previsões menos "modestas" para o destino político de Collor eram de pronto desdenhadas. À opinião do senador alagoano Teotônio Vilela Filho — "se houver intervenção federal para garantir os salários dos marajás, ele poderá ser o próximo presidente da República" — *Veja* contrapôs: "A menção à Presidência é um exagero de retórica".[53] Mais adiante dizia:

> Nada impede que um governador de Estado sonhe a Presidência da República, mesmo que esse Estado seja muito pequeno e o pretendente exiba uma biografia sem o lastro usual nessas postulações. Pode-se mesmo acusar o governador Collor de Mello de mover-se apenas por propósitos demagógicos em sua campanha contra os marajás, da qual o maior beneficiário é ele próprio. Pode-se ainda duvidar de suas chances reais de chegar à Presidência e é possível, finalmente, dizer que não há hipótese de que desobedeça com sucesso uma ordem da Justiça que mandou pagar as vantagens dos marajás. Pode-se fazer

[53] *Veja*, 23 de março de 1988.

> tudo isso — mas será sempre obrigatório concluir que o povo aplaude Collor de Mello porque ele fala contra privilégios de funcionários aproveitadores e combate abusos que, no fim da linha, são pagos pelos bolsos do contribuinte. E os contribuintes, no Brasil, estão cansados de ser explorados.[54]

É bem verdade que, naquele momento, fosse possível que até o próprio senador Teotônio Vilela imaginasse estar mesmo praticando um arroubo retórico. A própria história mostrou que Collor, de fato, movia-se "por propósitos demagógicos em sua campanha contra os marajás", da qual, realmente, foi o "maior beneficiário". No mais, Alagoas era um Estado muito pequeno e inexpressivo num jogo político nacional repleto de figurões habilitados a concorrer à Presidência, depois de tantos anos de ditadura. Mas, no final das contas, o governador das Alagoas se elegeu, sim, presidente da República. E, no resumo, ou o *ator* (Collor) acreditava realmente em sua ação e na ira santa que destilava contra as mordomias no Estado; ou, aventureiro, levava adiante o jogo demagógico, pois, afinal, quem nada tem a perder é quem mais tem a ganhar.

Já em 1987, após ser entrevistado pelo *Jornal Nacional*, da Rede Globo de Televisão, pelo *Jornal do Brasil* e por *Veja*, Collor brincava com sua esposa, Rosane, e dizia: "Vou ser candidato a presidente" (CONTI, 1999:66).

Daquela data até a capa de *Veja*, Collor agia no sentido de consolidar seu espaço na política nacional. Não se recusava a aparecer onde quer que fosse; divulgava anúncios publicitários na imprensa nacional, popularizando suas entrevistas à *Veja* e ao *Jornal do Brasil*, aproveitando para dar vulto a seus feitos à frente do governo e à popularidade que gozava no Estado. Não perdia oportunidade, fosse qual fosse. Por exemplo, à *Veja*, em janeiro de 1988, aceitara posar diante do Palácio do Planalto, mostrando os fundos dos bolsos das calças, obviamente vazios. Numa fotografia de meia página, a legenda denunciava: "Alagoas de bolsos vazios". Em fevereiro, durante o carnaval do Rio de Janeiro, na Marquês de Sapucaí, desceu do camarote — comprado por Paulo César Farias — e acompanhou a Escola de Samba Imperatriz Leopoldinense até o final da avenida. Foi aplaudido durante todo o percurso e ganhou as manchetes dos principais jornais de

[54] *Veja*, 23 de março de 1988, páginas 39-40.

todo o país (Conti, 1999:98-107). Tinha o instinto da notícia, a aguçada sensibilidade para a boa foto, o faro para a política.

Aproximou-se de Marcos Coimbra, sócio do Instituto de Pesquisa Vox Populi. Queria saber de suas chances na disputa eleitoral. Discutir estratégias, ações, *marketing*. "O Vox Populi preparou um questionário minucioso, com cem perguntas. Questões como: 'Acha bom que o candidato vá à missa?', 'O candidato deve dirigir o seu próprio carro?', 'O candidato deve fazer esportes?', 'Há importância em o candidato ser divorciado?', 'A mulher do candidato deve trabalhar?' (...) 'Sim, há lugar no imaginário popular para a candidatura de Fernando Collor de Mello'", respondeu Coimbra.

> O levantamento mostrou que para os entrevistados, o problema nacional mais grave era a corrupção, da qual o marajaísmo era um elemento. Como candidato à Presidência, dois terços dos eleitores queriam alguém indignado com a roubalheira. Que tivesse ímpeto e energia para tirar o Brasil do subdesenvolvimento. Que fosse corajoso e não entrasse no jogo tradicional da política. Não pertencesse ao sistema de poder e tivesse um passado limpo (Conti, 1999:96-97).

A ascensão de Fernando Collor à Presidência da República do Brasil foi o resultado de uma rara habilidade em compreender e aproveitar as circunstâncias gerais do país e do mundo com a capacidade de enfrentar os desafios com que o ator político normalmente se depara. Sua queda pode ser entendida como a falta da exata compreensão sobre o modo e as características do funcionamento do sistema político no Brasil, onde apenas os milhões de votos e a popularidade conquistada na eleição — e na empolgação dos primeiros meses de mandato — não bastam. Esta habilidade para o jogo eleitoral e esta falta de compreensão das regras do poder, simultâneas, podem ser melhor avaliadas na análise da biografia do ator.

Arnon de Mello

Nascido no Rio de Janeiro, então Distrito Federal, em 12 de agosto de 1949, Fernando Affonso Collor de Mello é filho de Arnon de Mello e Leda Collor de Mello. A figura do pai foi marcante em sua formação. Era o filho de sua predileção. Aquele que assumiu o comando das empresas de comunicação e lhe seguiu os passos na política; que foi conduzido por sua mão, que assimilou seu estilo político e sua habilidade de comunicação.

Não se trata, evidentemente, de análise psicologizante da relação pai e filho; questionando quais, por exemplo, seriam os "mecanismos" de transferência de valores e características de personalidade de um para o outro. No entanto, entende-se que a comparação entre as características de estilo de ambos é inevitável, de onde se percebem semelhanças inegáveis e heranças naturais. Muito do que foi atribuído a Fernando Collor como inovação e criatividade, dando fundamento a seu *status* de "fenômeno" político, já estava presente na personalidade e na campanha política de seu pai para o governo de Alagoas, na década de 1950. Quase quarenta anos antes de se repetirem na vitoriosa campanha do filho à Presidência da República, Arnon de Mello lançou mão de recursos que se tornaram notáveis: o garbo pessoal, a capacidade de comunicar-se de forma inovadora, a agressividade verbal e corporal, a plena exploração dos meios de comunicação.

Alagoano e filho de usineiros falidos, Arnon de Mello fez a fama na capital da República como jornalista de *O Cruzeiro* e de *O Jornal*, ambos de propriedade de Assis Chateaubriand. Notabilizou-se cobrindo a Revolução Constitucionalista em São Paulo. De acordo com Mário Sérgio Conti, era criativo e corajoso, características que o aproximaram pessoalmente de Assis Chateaubriand, o proprietário de os *Diários Associados* e um dos homens mais poderosos da história do país (Moraes, 1994).

Prestigiado por uma pessoa como Chateaubriand e com fama de jornalista audacioso, Arnon estabeleceu boas relações com a classe política da capital da República, cresceu na profissão e nos negócios. Além de jornalista, Arnon era também advogado e, baseado em suas relações políticas, acabou por organizar uma empresa imobiliária na capital. Ganhou dinheiro e mais prestígio. *Elegante* e *sedutor* — conforme descrição de Conti e de Rosa e Silva —, passou a cultivar amigos na elite e também nos meios intelectuais. Segundo Mário Sérgio Conti, sua frase predileta era: "Eu primo por me apresentar bem" (Conti, 1999:17). Entrevistando Lindolfo Collor, deputado federal pelo Rio Grande do Sul de 1923 a 1926 e de 1927 a 1930, um dos principais líderes da Revolução de 1930 — o qual durante o governo provisório de Getúlio Vargas, organizou o Ministério do Trabalho, da Indústria e do Comércio — veio a conhecer a filha, Leda Collor. O encontro resultou num bom casamento, que se realizou em Lisboa, no inverno europeu de 1939.

No início dos anos 1940, já dono de sua própria empresa, possuidor de boas relações sociais e de respeitabilidade (Conti, 1999:20), Arnon de

Mello rompe com Chateaubriand. Além das desavenças de opinião que teve com o dono dos *Diários Associados*, "queria entrar na política". Pela União Democrática Nacionalista (UDN), tentou a eleição à Assembléia Nacional Constituinte, de 1946, mas não teve sucesso. Em 1950, Rui Palmeira, chefe político da UDN de Alagoas e grande usineiro, o convenceu a disputar o governo do Estado, enfrentando e derrotando o candidato de Silvestre Péricles de Góis Monteiro. Os Góis Monteiro eram temíveis e considerados os todo-poderosos da política alagoana (Conti, 1999:20) e tinham como prática a utilização de métodos violentos, o que, diga-se, não era incomum naquele Estado de um modo geral. A vitória de Arnon custou-lhe a inimizade eterna. No final de 1963, foi com Silvestre Péricles de Góis Monteiro que Arnon de Mello protagonizou, literalmente, um tiroteio no plenário do Senado, que resultou na morte do suplente de senador José Kairala, do Acre.[55]

Mas, bem antes disso, a capacidade de comunicação de Arnon já se manifestara. Sua campanha ao governo do Estado, em 1950, apresentou elementos absolutamente inovadores para a época. Mário Sérgio Conti afirma que a campanha de Arnon de Mello, naquele longínquo 1950, foi, paradoxalmente, retrógrada e inovadora.

> Retrógrada porque percorria povoados do interior distribuindo enxadas, facões e pás em troca de votos. Deixava sempre à vista uma máquina de costura no caminhão que lhe servira

[55] O episódio é descrito com riqueza de detalhes por Cláudio Humberto Rosa e Silva, jornalista, ex-porta-voz de Fernando Collor. Segundo o autor, Silvestre anunciava a quem quisesse ouvir que não permitiria que Arnon de Mello assumisse a cadeira no Senado, que conquistara em eleição no ano anterior. Bem ao estilo truculento que caracterizou a política alagoana, Silvestre em alto e bom som dizia a todos que mataria Arnon assim que este colocasse os pés no plenário do Senado. No Nordeste, de modo geral, e em Alagoas, em particular, tais ameaças antes de inibir o ameaçado, estimulam o enfrentamento físico: se o *cabra* recuar, está definitivamente desmoralizado. Em seu primeiro discurso na tribuna do Senado, de repente, viu-se Arnon de Mello diante de um Silvestre de Góis Monteiro com o dedo indicador esquerdo em riste e com um revolver calibre 45 de cano longo à mão direita, xingando-o de "crápula". Arnon de Mello não esperou para saber se o desafeto ficaria apenas no ataque verbal, sacou da arma e desferiu dois disparos. Silvestre, esgueirando-se, fugiu da linha de tiro e foi por fim dominado pelo senador João Agripino Filho. Kairala, que se despedia do Senado (sua família estava toda presente) e nada tinha com as diferenças dos alagoanos, foi alvejado. Morreu logo depois. Segundo Cláudio Humberto, "o cangaço se instalara no Senado". Assim, a virulência política, acima de tudo, compunha a coragem física com que Collor se apresentou anos mais tarde. De algum modo, ela estava presente na tradição política de Alagoas como também naquela tarde trágica de 1963. O fato foi marcante para o senador, para sua família no geral e para *Fernando* em especial.

> de palanque, e dizia que iria entregá-la na próxima cidade à viúva fulana de tal, inventando um nome na hora. E inovadora porque ele se valeu de uma pirotécnica inédita para levar aos eleitores a sua plataforma — apaziguar a disputa política, coibir o banditismo e a arbitrariedade. Foi o primeiro candidato a usar cartazes policrômicos. Chamativos, eles eram pendurados nas paredes dos casebres como decoração. Entregou ao eleitorado uma história em quadrinhos, também com capa colorida, contando o sucesso do menino pobre de Rio Largo [ele] na capital federal. Distribuiu também calendários, lápis e fotografias com o seu nome. Usou o rádio, jornais, e projeção de filmes ao ar livre para denunciar os desmandos de "Alagóis" — a Alagoas sob o jugo dos Góis Monteiro. Seus comícios eram concebidos como *Shows*. Os alto-falantes tocavam o bordão: 'Governo bom vai ser o do Arnon'. Percorreu Alagoas junto com o deputado federal Rui Palmeira, cumprimentando e abraçando os eleitores, o que não era costume. Envolvente e bem-apessoado, agradava as eleitoras. Alagoas nunca vira uma campanha assim. Só veria uma tão cheia de novidades mais de trinta anos depois, numa outra eleição para governador, quando Fernando Collor venceu Guilherme, filho de Rui Palmeira (1999:21-22).

A vitória eleitoral de Arnon e sua posse ao governo de Alagoas foram saudadas como o princípio de uma nova era. José Lins do Rego escreveu em *O Globo*: "Vi o povo alegre numa festa de libertação, gente de gravata, gente de pé no chão, homens, mulheres, meninos a expandir entusiasmo pela vitória do homem bom que chegava ao governo. Vi a cidade de Maceió debaixo da maior alegria".[56] A menção à "gente de pé no chão" seria mais tarde atualizada por Fernando Collor que usaria o termo "pés-descalços" referindo-se aos mais pobres que deveriam receber atenção especial de seu governo. O uso do "rádio, jornais e projeção de filmes ao ar livre" seria incrementado pelo filho com perfeito uso da televisão.

O governo de Arnon de Mello foi marcado pela truculência política e pelo enfrentamento armado dos diversos clãs políticos, algo, como já foi mencionado, normal nas Alagoas daquele tempo e não de todo estranho em tempos mais recentes. Conti indica que 712 assassinatos políticos

---

[56] Citado por Mário Sérgio Conti, em *Notícias do Planalto*.

ocorreram durante o governo de Silvestre Péricles, antecessor de Arnon de Mello. Durante o mandato do pai de Collor, este número subiu para 861. "Arnon de Mello permitiu que o banditismo campeasse", ressalta Mário Sérgio Conti. Além disso, o governador Arnon dedicou-se a comprar jornais que lhe faziam oposição *(Gazeta de Alagoas)*. Àqueles que não pôde ou não quis comprar, ordenou a invasão *(Diário de Alagoas)* e o empastelamento *(Voz do Povo* — ligado ao Partido Comunista). Em termos de realizações, uma única obra de porte, ligando Maceió a Palmeira dos Índios. Seu candidato à sucessão foi derrotado. Em 1958, não conseguiu eleger-se Senador. Também o filho dedicou-se a montar um império pessoal de comunicações, quando na Presidência da República. Os exemplos são vários, alguns mais conhecidos e outros ainda um tanto nebulosos, mas não custa abrir um pequeno parêntese para mencioná-los.

O primeiro caso é o de José Carlos Martinez. Amigo de Collor e de PC Farias (tesoureiro e homem forte de Collor), Martinez concorreu ao governo do Paraná e transformou-se em presidente nacional do PRN, partido de Collor. Dono de quatro emissoras de televisão no Estado do Paraná, Martinez começou a expandir sua rede a partir da ajuda financeira de PC Farias, que lhe emprestou 8,4 milhões de dólares (em cheques de correntistas fantasmas) e lhe facilitou empréstimo junto à Caixa Econômica Federal. O objetivo era transformar sua rede na primeira rede nacional fora do eixo Rio-São Paulo. Adquiriu a TV Corcovado, no Rio de Janeiro (cujo proprietário anterior era o empresário Silvio Santos), associou-se com a TV Gazeta de São Paulo e com mais outras quatro emissoras em Santa Catarina (até então retransmissoras da TV Bandeirantes, de São Paulo). Organizou a Rede OM (Conti, 1999:525-527).

O segundo caso é o da Rede Manchete, que por pouco deixou de ser adquirida por Paulo Octávio, amigo de juventude de Collor e seu padrinho nos dois casamentos. Aí também estaria PC Farias, que entraria com parte do dinheiro. O negócio não foi adiante porque Collor percebeu a contrariedade de Roberto Marinho e de Orestes Quércia, que se viam prejudicados com a operação. Marinho, porque via um concorrente nascer de um governo que ajudara a eleger; já Quércia via um adversário político adquirir, por meio da Manchete, maior espaço político em seu Estado, São Paulo. Aliás, Quércia anteriormente fizera gestões para adquirir, ele próprio, em consórcio com um grupo de empresários, a rede de Adolpho Bloch. Quando soube da movimentação de Paulo Octávio vazou a informação para *Veja*. Como a transação adquirira ares de negociata, Collor pediu para Paulo Octávio afastar-se do caso (Conti, 1999:515-520).

O terceiro caso tem duas etapas e relaciona-se, agora diretamente, com Paulo César Farias. PC agia à sombra do governo, intermediando negócios em quase todas as áreas, e montou um caixa fabuloso que lhe permitiu adquirir em Alagoas um jornal local, *A Tribuna de Alagoas,* e a concessão de uma cadeia formada por uma dúzia de rádios. A princípio, sua intenção era formar um império de comunicação local para defender, ele também, os interesses de sua família. Mas o fazia de forma a contrariar os interesses da *Gazeta de Alagoas*, da família Collor. Ironicamente, teve o apoio do presidente que pretendia afastar seu irmão, Pedro, do controle das empresas. Para reorganizar *A Tribuna de Alagoas,* PC Farias consumiria mais de 5 milhões de dólares apenas com o parque gráfico do jornal (Conti, 1999:527-530). A segunda incursão *direta* de PC nesta área foi a tentativa de compra do *Jornal do Brasil.* Associado com Herbert e Luiz Fernando Levy (os donos do jornal *Gazeta Mercantil)*, o tesoureiro de Collor chegou a apalavrar o negócio — cujo valor girava em torno dos 120 milhões de dólares — com José Antônio do Nascimento Brito. A transação só não foi concretizada porque a esposa de Nascimento Brito, dona Leda Marina (herdeira do *JB*), recusara-se a vender seu jornal a Paulo César Farias (Conti, 1999:407-416).

Enfim, guardadas as devidas proporções no que se refere a valores e à magnitude do poder que geraria, Collor tentara repetir as incursões do pai no mundo dos negócios de comunicação como forma de consolidar seu projeto político. Anos mais tarde, PC Farias chegaria a admitir a Mário Sérgio Conti que foi uma loucura "querer ter uma rede de televisão para enfrentar a Globo" (Conti, 1999:678).

Fechado o parêntese, voltamos ao pai. Ao deixar o governo de Alagoas, Arnon de Mello dedicou-se mais decisivamente aos negócios. Associou-se ao empresário Roberto Marinho e em empreitadas imobiliárias. Teve sucesso. Era um homem rico, dono de sítio em Petrópolis, duas boas casas — no Rio e em Maceió —, filhos (Leopoldo e Ledinha) estudando na Inglaterra, barco no Iate Clube.

Com a posse de Jânio Quadros, em 1961, colocou-se à frente de um grupo de políticos e empresários que adquiriu o jornal *Diário Carioca*, cuja intenção era dar sustentação ao mandato do presidente. Durou pouco, dada a efemeridade da renúncia de Jânio. Em 1962, elegeu-se senador, em virtude da penetração de sua primeira rádio, a *Gazeta AM.* Em dezembro de 1963, deu-se a tragédia no Senado. Arnon de Mello não superou o trauma, perdeu o brilho e o gosto pela política. "Arnon", diz Mário Sérgio Conti, "que primava por 'apresentar-se bem' no Rio, fora arrastado à brutalidade da terra de onde viera. Sua ascensão social estancou. Seria, até o fim de seus dias, um senador de província, acabrunhado, esquerdo".

A decadência do pai atingiu o menino que durante bom tempo da vida tornou-se o que veio a ser conhecido anos depois como *bad boy*; um *playboy* metido a aventuras e encrencas. Não gostava de política. Segundo Conti, "Collor viu na tristeza do pai mais um motivo para desgostar da política. (...) Não seguiria a carreira política. Seria diplomata, arquiteto, qualquer coisa. Menos político" (Conti,1999:27). Não era sua vocação, dava essa impressão.

Numa de suas incursões pelo mundo dos negócios, já homem feito, Fernando resolveu, ao lado do amigo Paulo Octávio, especular com papéis no mercado financeiro. Ganhou muito dinheiro, mas por fim acabou por perder uma quantia acima de seu cacife num negócio em que se meteu com as ações da Acesita.[57] Encrencado, recorreu ao pai. Arnon fez uma série de observações quanto à vida que o filho levava (Conti, 1999). Por fim, exigiu que Collor voltasse a viver em Maceió e se integrasse à direção das empresas do grupo de comunicação da família. Além disto, o senador, velho, estava preocupado com o futuro político de seu clã. O filho, aquele filho (posto que o primogênito, Leopoldo, não queria saber de Alagoas e que Arnon não se dava com o caçula, Pedro), seria seu sucessor político. A Fernando não houve espaço para recusa. O preço, no final das contas, foi aceitar o destino que não queria para si: a política. Foi pela mão do pai, a contragosto.

E assim, em tudo o que veio a fazer depois, amparava-se no estilo de Arnon. Também ele, Fernando Collor, a história mostrou, "primava por apresentar-se bem". Tinha capacidade de comunicação e dava enorme importância a controlar empresas desse tipo. Enfim, espelhou-se e foi em frente.

---

[57] Essa história está descrita pelo próprio ex-presidente em entrevista que forneceu à revista *IstoÉ – Dinheiro*, de 3 de dezembro de 1997: "É uma história engraçada a que vou contar. Uma vez, em 1970-1971, eu comecei a jogar na bolsa, e ganhei muito dinheiro. Estava me sentindo o maioral, o camarada que sabia tudo. De bolsa ninguém entendia mais do que eu. Aí, um dia resolvi fazer uma grande jogada. Tinha lá um camarada que me dava umas dicas, e todas as dicas que ele me dava tinham dado certo e eu tinha ganhado muito dinheiro. Aí esse camarada chegou pra mim e disse: Olha, tem aí uma barbada pra você que é certa: Acesita Aços Especiais Itabira. Essa Acesita vai dar uma subida de uns 300% nos próximos 15 dias. Vai ter um investimento de tanto e isso e aquilo. Aí vendi o que tinha e apliquei na Acesita. Lembro como se fosse hoje. Fiquei tão ansioso que saí, fui pra Buenos Aires. Um dia, na Argentina, passo por uma banca de revista e tinha lá o JB. Quando vi a Acesita, uma queda de 30%. Tudo virou pó. (...) Era muito dinheiro, uns US$ 200 mil. É talvez por isso que eu tenho um traumazinho com bolsa".

Fernando Affonso

Fernando Collor de Mello é indicado por aqueles que mais proximamente conviveram com ele como uma pessoa de poucos amigos, comedido em seus sentimentos, frio no cálculo político. Na infância e juventude, com o pai político, dividiu-se entre Rio de Janeiro e Brasília. O ambiente familiar era de pouco amor e muito formalismo (Conti, 1999:55). O lado materno da família era composto de esnobes. Para sentar-se à mesa com a avó materna, Hermínia, os meninos Collor eram obrigados a vestir *blazer*, observou Mário Sérgio Conti. Vivia afastado da mãe, do pai e dos irmãos mais velhos. Foi interno em tradicionais colégios cariocas (São Bento e São José). Teve um rendimento acadêmico acima da média, mas ainda assim não podia brincar na rua, ou na casa de amigos. Não podia ver televisão, considerada vulgar pela mãe e pela avó. Seu desempenho escolar foi abalado apenas durante o período em que amargou a prisão do pai, em virtude do caso Kairala. Aos 14 anos de idade, na expressão de Cláudio Humberto, "acabrunhou-se" (Rosa e Silva, 1993:135). "Ledinha, sua irmã mais velha, foi a figura feminina mais importante para Collor até completar quinze anos" (Conti, 1999:56). A mãe, dona Leda, era uma personalidade forte e dominadora. Elitista, gabava-se ao dizer que só pensava em francês (Conti, 1999).

A juventude de Collor foi rebelde. Formou com Paulo Otávio e Luís Estevão um grupo de amigos conhecido como "os filhos do poder". Estevão, senador, qual o amigo Collor, teve seu mandato retirado e seus direitos cassados pelo Senado da República.[58] Segundo Renato Lemos, Collor e seus amigos "divertiam-se promovendo corridas de automóvel pelas ruas da cidade e festas ruidosas". Entenda-se por "festas ruidosas" os motivos da proliferação de boatos cheios de fantasias orgiásticas que corriam de boca em boca nos tempos de sua campanha e de mandato presidencial. Nunca, porém, comprovados, fizeram parte do imaginário criado em torno do governo e da figura do ex-presidente. Era praticante de artes marciais e arruaceiro. Conta Mário Sérgio Conti que a dedicação de Collor ao caratê era maníaca.

> Gostou de imediato dos gestos econômicos e elegantes do caratê: com um golpe preciso, o mínimo de energia transformava-se no máximo de eficácia, e o inimigo era neutralizado.

---

[58] Tanto Paulo Otávio como Luís Estevão viriam a se tornar parlamentares por Brasília. Senador, Luís Estevão teve seu mandato cassado por suspeita de envolvimento em caso de corrupção que abalou o Poder Judiciário. Foi o "Caso do juiz Lalau", como o escândalo ficou conhecido.

> O esporte ainda servia para liberar a agressividade e proporcionar autocontrole e concentração. Seu instrutor no São José, certa vez, percebeu que ele estava nervoso antes de uma luta e gritou: "Está nervoso? Morde a língua! Morde a língua até tirar sangue!". Collor mordeu, fez a língua sangrar, se acalmou e venceu a luta. Chegou a treinar seis horas por dia, socando paredes e mesas para fortalecer os músculos e criar calos na mão. Ganhou a faixa preta e aplicou seus conhecimentos na rua. Uma vez, quebrou um bar inteiro e apanhou bastante. Noutra, estava no carro com um amigo do caratê e foi parado por uma rádio patrulha. Os policiais fizeram troça de seus cabelos compridos, Collor os xingou e brigaram. Na delegacia, soltaram-no ao descobrir que era filho de senador. Ele lutou também com agentes de segurança do Hotel Eron, que impediram uma amiga de acompanhá-lo ao seu apartamento. Collor arrebentou os espelhos que revestiam a recepção do hotel e bateu nos seguranças.

Mais de uma vez essa imagem a seu respeito foi explorada negativamente. Durante a campanha eleitoral foram fartos os *flashes* de Collor empurrando eleitores, acotovelando-se com seguranças e chamando opositores para a briga.[59] Essa imagem agressiva era, de certo modo, estimulada pelo próprio candidato, que transferia a fúria e a linguagem de confronto para o discurso eleitoral. Certa feita, disse que acabaria com a inflação com um *ippon*, um golpe de caratê — algo como o nocaute, no boxe. Alimentou a percepção de que para ele e para o país era tudo ou nada, sem meias-medidas; era oito ou oitocentos. Não era sujeito de meios-termos e ponderações.

Diz Conti que sob a desconfiança de que Fernando estava metido com drogas, Manoel Francisco do Nascimento Brito, proprietário do *Jornal do Brasil*, aceitara atender um apelo de Arnon de Mello para que arrumasse um lugar para o filho na redação do jornal, em Brasília. Repórter do *JB*, Collor conseguiu encetar algumas boas matérias. Conforme Mário Sérgio Conti, na sucursal do *JB*, Collor era o único que lia a revista *Time*, buscando notícias que poderiam ser traduzidas e transformadas em notas. Consta que gostava do trabalho e que era colaborativo com os colegas, sobretudo, como fonte de empréstimos, cuja cobrança, por acanhamento, não fazia.

---

[59] Ainda na campanha de 2006, ao Senado, essas cenas se repetiriam.

Mas cansou-se. Foi procurar outra coisa que fazer. Encontrou Paulo Otávio, seu amigo de adolescência, e com ele se meteu com o mercado de capitais e com a especulação do caso Acesita, mencionado anteriormente. Aos vinte e três anos de idade, abandonou Brasília e começou a colocar os negócios da família de pé, organizando-os e ampliando-os. Sob a influência do pai, senador pela ARENA (Aliança Renovadora Nacional), o grupo conseguiu a concessão de um canal de televisão em Alagoas. Pedro Collor, o caçula, trazido por Fernando para as Organizações Arnon de Mello, conquistou o direito de retransmitir a programação da Rede Globo. O canal de televisão se transformou na jóia da coroa, o grupo consolidou-se numa empresa capitalista, modernizada, pronta para dar lucro e dividendos políticos a candidatos ligados à família, ou membros diretos dela.

Em meados da década de 1970, qual o pai que se casara com a filha de um medalhão da política, Leda Collor, Fernando casou com Lilibeth Carvalho, filha de Joaquim Monteiro de Carvalho, controlador do grupo empresarial Monteiro Aranha, um potentado econômico. Foi a união da elite industrial do Sul com a oligarquia política do Nordeste, como assinalou certa vez o jornalista João Batista Natali, da *Folha de S. Paulo*.

Em 1979, Arnon de Mello — numa articulação com Guilherme Palmeira e com o governador Divaldo Suruagy (posteriormente destruído por Collor, que devassou sua administração) — conseguiu fazer com que o filho se tornasse prefeito de Maceió. Mas dizer que entrou para a vida política já como prefeito de uma capital talvez seja enganoso a ponto de induzir ao incorreto raciocínio de que os Collor de Mello estivessem à época politicamente fortalecidos em seu Estado. Não era exatamente assim.

Na verdade, a princípio Collor entraria para a vida política ocupando a modesta vaga de secretário da Indústria e Comércio de Alagoas, um cargo obscuro, talvez insuficiente para fazê-lo deputado federal nas eleições seguintes.[60] Palmeira, o governador responsável por sua indicação, o fez de modo a atender a um pedido de seu padrinho, Divaldo Suruagy, que por sua vez fazia um gesto de deferência ao velho senador Arnon, já debilitado fisicamente. De certo modo, é justo imaginar que Suruagy tenha se compadecido da debilidade de Arnon.

Na verdade, Collor só ficou com a vaga de prefeito porque soube impressionar o futuro chefe. Promoveu no Rio de Janeiro um banquete em homenagem a Palmeira e a Suruagy. A recepção se deu na residência de

[60] Predominantemente canavieira, a economia de Alagoas àquela época não possuía, por assim dizer, nem indústria e nem comércio que fossem, exatamente, relevantes.

Joaquim *Baby* Monteiro de Carvalho, pai de Lilibeth e sogro de Collor. Os caciques alagoanos ficaram impressionados com a articulação do "filho de Arnon". Estava ali presente a nata da sociedade carioca e nacional, além de políticos e empresários de prestígio nacional. Palmeira avaliou que Collor seria mais útil como prefeito em vez de secretário, pois seu ar cosmopolitano poderia romper com o provincianismo de Alagoas (PINTO, 1992:36-40).

Diz Mário Sérgio Conti que a prefeitura de Maceió não estivera nos planos de Collor, como de resto não estivera em seus planos a vida política. "Sem experiência, mal entrado na casa dos trinta anos, escolhido de afogadilho, o pai querendo tutelá-lo, e com o casamento em crise, Collor não queria ser prefeito." (CONTI, 1999:84-85). Escolhido, no entanto, Fernando Collor "estava longe de ser o prefeito cosmopolita desejado pelo então governador Guilherme Palmeira, que chegou a pensar em demiti-lo. O responsável pela indicação (...), Divaldo Suruagy, o classifica de péssimo administrador e até inconseqüente" (PINTO, 1992:46).

De qualquer modo, na prefeitura Collor agiu no sentido de promover-se nacionalmente, viajando o país acompanhado de grupos folclóricos do Estado. Como administrador, concedeu aumentos salariais de até 168%; contratou mais de cinco mil novos funcionários, quando lhe restava apenas uma semana para deixar o cargo. Diante disso, teria comentado com um amigo: "Olha, Zé Barbosa, isso tudo é voto para mim" (CONTI, 1999:86).

Maílson da Nóbrega, à época secretário-geral do Ministério da Fazendo no governo Figueiredo, recorda-se do prefeito e da confusão que se armou em torno de sua candidatura.

> Eu tive uma experiência pessoal com o Collor extremamente desagradável, quando eu era secretário-geral do ministério da Fazenda e o Collor era prefeito de Maceió. Um dia nós fomos chamados pelo Palácio do Planalto, pelo general Figueiredo, para achar uma saída para a situação do Collor. Estava-se chegando próximo à eleição e ele, Collor, queria se candidatar a deputado federal e ser o mais votado de Alagoas. Antes de renunciar ao mandato de prefeito, ele nomeou uma quantidade extraordinária de pessoas (só numa fundação educacional, mais de cinco mil pessoas). Evidentemente, isso gerou uma riqueza na cidade; esse pessoal todo se danou a comprar eletrodomésticos, carros e tudo o mais. Nas proximidades da eleição, como a prefeitura não tinha como emitir dinheiro e nem o endividamento era ilimitado, começou a faltar dinheiro para pagar pes-

> soal, fornecedores... Estabeleceu-se, em Maceió, um clima altamente negativo em que as pessoas começaram a perder os seus equipamentos; as lojas a tomar os bens nas casas das pessoas e o salário atrasado a dois meses das eleições. O governo (federal) não queria correr nenhum risco de não fazer o colégio eleitoral (tudo era feito para fazer aquele colégio eleitoral que acabou derrotando os militares). E aí eu fui designado para coordenar as medidas para salvar a prefeitura de Maceió (...) Trouxemos o prefeito que substituiu Collor (coitado, tinha entrado numa fria!) e aí tomamos conhecimento. Nossa equipe foi lá e fizemos um relatório. Era uma coisa simplesmente escabrosa o que o Collor teria feito. Obviamente, ele saiu como o mais votado de Alagoas. (...) Sem o menor escrúpulo.[61]

Assim, em 1982, deixou o município e concorreu, atendendo à pressão familiar, ao mandato de deputado federal pelo Partido Democrático Social (PDS) — legenda surgida após a extinção do bipartidarismo em novembro de 1979 e que deu continuidade à linha governista da antiga ARENA. Foi apoiado financeiramente pelos usineiros do Estado, os quais o apresentaram a Paulo César Farias, o PC, que administrou os recursos de sua campanha. Eleito com a maior votação de Alagoas, foi empossado em março do ano seguinte. No jogo político do Congresso, teve a oportunidade de nomear a responsável pela Legião Brasileira de Assistência (LBA) no Estado, indicando sua mãe, Leda Collor.

Divorciou-se em 1981. Em 1984, casou-se com Rosane, recepcionista da seção alagoana da LBA e membro da modesta família Malta, que exercia influência política no sertão do Estado, em pequenas cidades como Canapi, por exemplo. Esse novo casamento era em tudo diferente da união com Lilibeth. Com Rosane Collor ficou ainda mais *regionalizado*, politicamente falando.

Como deputado federal, não aprovou nenhum dos onze modestos projetos que apresentou. Dentre eles, em particular, estava um que propunha a diminuição de imposto para as empresas de rádio e televisão, iniciativa que favoreceria diretamente as empresas de sua família. Foi "um deputado discreto, próximo da invisibilidade. Não apresentava projetos, tampouco discursava ou participava de debates da Câmara. Ia ao plenário do Senado. Sentava-se ao fundo, nas fileiras menos iluminadas, no lugar onde o pai fica-

[61] Entrevista com Maílson da Nóbrega em 25 de maio de 2001.

va, e passava horas ouvindo discursos nos quais não tinha nenhum interesse específico" (Conti, 1999:88). Ainda assim, não perdia a oportunidade de recepcionar políticos de expressão regional e de gravar suas eventuais audiências com ministros. O fazia com vistas a uma eventual candidatura regional.

Em abril de 1984, apoiou a emenda Dante de Oliveira, que propunha o restabelecimento de eleições diretas para a Presidência da República já em novembro daquele ano, na sucessão do presidente João Figueiredo (1979-1985). Derrotada a emenda, votou no candidato do regime militar, Paulo Maluf, seu padrinho no segundo casamento. De acordo com Mário Sérgio Conti, o apoio a Maluf foi ditado pelos interesses regionais. Os três chefes regionais do PDS, Fernando Collor, Divaldo Suruagy e Guilherme Palmeira, acordaram que cada um deles apoiaria um dos postulantes à candidatura do partido. Palmeira ficou com Mário Andreazza; Suruagy, com Aureliano Chaves; Collor, com Paulo Maluf (Conti, 1999:89). Maluf venceu a convenção partidária, mas foi derrotado pelo oposicionista Tancredo Neves no Colégio Eleitoral. Tancredo era apoiado pela Aliança Democrática — uma união do Partido do Movimento Democrático Brasileiro (PMDB) com uma dissidência do PDS abrigada na Frente Liberal. Sensíveis ao sentido dos ventos, Palmeira e Suruagy abandonaram a candidatura do partido e apoiaram Tancredo. Deixaram Collor com o ônus de ficar com Maluf até o fim. Desgastado, Collor abandonou o PDS e filiou-se ao PMDB pelas mãos de Ulysses Guimarães.

Como se sabe, Tancredo não chegou a assumir a Presidência, pois foi acometido de um mal na véspera da posse, vindo a falecer em 21 de abril de 1985. Foi substituído por José Sarney. Em 1986, no auge da popularidade do Plano Cruzado, mesmo sendo presidente de honra do PMDB, em Alagoas, Sarney preferiu apostar suas fichas em Guilherme Palmeira, do Partido da Frente Liberal (PFL), concorrente de Collor. Embora alegasse neutralidade, chegou a enviar ministros a Alagoas para prestigiar Palmeira. Collor não perdoaria Sarney. Vitorioso, não poupou munição contra o presidente. Cláudio Humberto lembra que ao voltar de uma viagem à China, em 1988, Collor soltara um de seus maiores petardos contra Sarney, ao dizer que o então presidente "bateu a carteira da História". A referência ao crime vinculava-se ao desgaste por que Sarney passava em virtude da Comissão Parlamentar de Inquérito (CPI), que investigava indícios de corrupção em seu governo. Além disso, Collor não perdia a oportunidade de acusar Sarney de ter fraudado as eleições estaduais de 1986, pois, atendendo a interesses políticos, protelou as necessárias correções de rota no Plano Cruzado até o dia seguinte à eleição. Naquela ocasião, o PMDB, formalmente o partido de Sarney elegeu 21 governadores, beneficiados pela popularidade do plano econômico, que internamente já dava indícios de esgotamento.

Vale apenas repetir alguns pontos de modo a enfatizá-los: governador de Alagoas, Collor alçou um vôo político rápido e surpreendente. Não se caracterizava pessoalmente como uma pessoa talhada para a política, embora tenha nascido numa família de políticos. Entrou para a vida pública atendendo apelos do pai. Tornou-se prefeito por meio de um arranjo regional, arquitetado sobre sua opinião e independentemente de sua vontade pessoal. Prefeito, foi medíocre. Deputado, foi apático. Herdou o patrimônio político do pai sem pedir e, conforme a literatura mostra, com enorme indiferença. Um patrimônio político limitado, circunscrito ao pequeno Estado, vinculado a um nome (Arnon de Mello) que se fizera famoso nos longínquos anos 1950 e que havia muito perdera a força e o viço — desde o incidente com Kairala, no Senado, jamais voltou a ser o mesmo.

Pode-se afirmar que, até sua vitória eleitoral ao governo do Estado, Collor não expressava sequer um projeto pessoal claro e definido, quanto mais um projeto nacional. Representava os interesses da família. "'A nossa TV tem que ter um candidato, e esse candidato tem que ser você', dizia o pai ao filho. 'A família precisa ter representação política', secundava a mãe." (CONTI, 1999:87.) Tampouco se pode falar que fosse esse seu destino. Collor ocupou esse espaço porque seu irmão mais velho, Leopoldo, simplesmente ignorou os apelos do pai porque menosprezava Alagoas e a política. Da família, queria distância (CONTI, 1999:83). Coube ao filho do meio ir para o "sacrifício".

Era um *playboy*, carateca, apreciador de carrões, festas e badalações. Bem-apessoado, tinha em seu currículo político — até finais dos anos 1970 — apenas a proeza de ter desfilado para a primeira-dama Yolanda Costa e Silva. Suas incursões políticas na juventude foram ocasionais. Seu perfil intelectual não era prodigioso, nada conseguira construir intelectualmente até então. A duras penas terminara o curso de economia, que iniciara em Brasília e concluíra em Maceió. Não se tem notícia de envolvimentos mais significativos, mais profundos, no debate nacional; não há registros de discussão política mais acalorada (11 projetos apresentados em quatro anos de mandato na Câmara Federal, nenhum aprovado!); não se conhece até ali expressão alguma que seja de paixão política. Não navegava, deixava-se navegar. Estava na política por pressão familiar. Mas as circunstâncias o fizeram governador de Alagoas. Governador, sua habilidade de comunicação lhe colocou, com toda a força e visibilidade, no centro da cena política nacional.

Em *A República na Lama*, o jornalista José Nêumanne Pinto traça um interessante perfil pessoal de Fernando Collor de Mello:

> Formal e frio como um usineiro, mas também brutal como um senhor de engenho, só reservava seus momentos de maior relaxamento para o grupo mais íntimo (...). Mesmo com esses amigos mais chegados, ele se comportava costumeiramente como um *príncipe*. Eles estão a seu serviço como se fossem funcionários da coroa. No relacionamento com jornalistas e políticos, ao contrário, sempre foi de um pragmatismo exemplar: seduziu quem precisou seduzir, abandonou quem precisou abandonar. Seu charme era resultado de uma tarefa, tendo hora certa e objetivo determinado. Seu lado sedutor foi herdado do comportamento do pai. A frieza objetiva e, muitas vezes, considerada cruel por outras pessoas, da mãe, a gaúcha descendente de alemães. (...) pautou sua vida inteira para o cumprimento de metas desejadas e nunca desperdiçou uma emoção sequer. Sempre usou os sentimentos de afeto, ódio ou comiseração em proveito próprio, para atingir um rumo determinado, traçado com clareza e inteligência. Essa é a característica da elite canavieira. Um usineiro trata as outras pessoas como se fossem cana-de-açúcar: extraem o suco doce e, quando nada mais resta a não ser o bagaço, queima-o (1992:51).[62]

Esse homem, que sequer imaginava ver-se inserido no cenário político nacional, tornou-se governador e presidente da República. Percebendo as oportunidades que se abriam a sua frente, "seduziu quem precisou seduzir", como "resultado de uma tarefa" de "hora certa e objetivo determinado". Aprendera a determinação com a mãe e a sedução com o pai. Seguiu os conselhos de ambos ao pé da letra: "A nossa TV tem que ter um candidato, e esse candidato tem que ser você", dizia-lhe o pai. Foi candidato da sua TV e de tantas outras que o apoiaram na eleição presidencial, contra Brizola e contra Lula. "A família precisa ter representação política", ponderava a mãe: governou com a lógica dos interesses da *Casa da Dinda*.[63]

[62] O grifo em "príncipe" é meu.

[63] *Casa da Dinda* é o nome dado à residência da família Collor de Mello em Brasília. Eleito presidente, Fernando Collor preferiu continuar ocupando-a em vez de se mudar para o Palácio da Alvorada, residência oficial dos presidentes da República do Brasil. Durante o período em que ocupou o governo, Collor promoveu diversas reformas nessa propriedade particular. Os cálculos mais modestos indicam que o presidente gastou com a reforma algo em torno de US$ 1 milhão. Há estimativas que, no entanto, atingem a cifra de US$ 10 milhões (*O Estado de S. Paulo*, de 19/08/92). Conta-se que o deputado Ulysses Guimarães teria lhe alertado para o erro de optar pela *Casa da Dinda*.

Capítulo 4

Entre o governo e a campanha, a mídia

Circunstâncias políticas regionais levaram Fernando Collor de Mello à disputa pelo governo do Estado. Transferindo-se para o PMDB, após a confusão do apoio a Maluf, no Colégio Eleitoral, Collor tornou-se alternativa para o partido que perdera seu candidato ao governo, José Costa. Ainda que fiado na expressão política do pai, Fernando Collor foi eleito deputado federal com expressiva votação; além disso, fora prefeito da capital — biônico, é verdade. Inegavelmente, tinha considerável patrimônio político, financeiro e demais recursos estruturais que contam muito numa campanha eleitoral — os principais meios de comunicação do Estado pertenciam a sua família. Não tinha nada a perder; ao contrário, eleger-se governador seria a natural seqüência de uma carreira que se notabilizava por reeditar os passos do pai. Foi em frente. Aceitou ocupar o vácuo do PMDB com o irônico objetivo de enfrentar a oligarquia estadual.

Naquela eleição, 1986, Palmeira e Suruagy eram vistos como os genuínos representantes da oligarquia canavieira de Alagoas; legítimos candidatos dos usineiros do Estado. Desse modo, Collor recebeu apoio de ampla aliança que incluía de dissidentes do PDS até o Partido Comunista do Brasil (PCdoB). Ainda que visto como um membro da oligarquia, a esquerda enxergava Collor como uma fissura no sistema de poder que se estabelecera desde sempre naquela *capitania*. No mínimo, sua candidatura dividiria a oligarquia e favoreceria quadros da esquerda a ocupar espaços importantes no aparelho estatal. Foi uma campanha de paradoxos.

Em seu apoio não faltavam, inclusive, usineiros como João Lira, que lhe apresentou Paulo César Farias, o PC, por fim tesoureiro de sua campanha. Candidato do PMDB, beneficiou-se do discurso mudancista, no plano local, e do sucesso que fazia o Plano Cruzado no nível nacional.

Era jovem, valente, rico e elegante.[64] Como o pai, *primava por apresentar-se bem.* Fez sucesso junto ao eleitorado feminino.

Sua estratégia de campanha ao governo do Estado consistiu em explorar o desgaste da oligarquia, atacando-a do ponto de vista da moralidade pública. Divaldo Suruagy, seu padrinho na indicação à prefeitura de Maceió, era agora seu inimigo. Collor questionava seus métodos e sua moral administrativa. Seu discurso de campanha era de afinação total com o sentimento público da época: combate à corrupção e às distorções na remuneração dos funcionários estaduais.

Na forma, suas propostas eram simples e de fácil assimilação pela massa. Sete eram seus compromissos de campanha. O apelo demagógico é claro, o sucesso político também. Maria Salete Amorim relaciona os compromissos deste modo:

> 1. Ninguém vai receber sem trabalhar; 2. Anulação das contratações feitas com fins eleitorais, acabando com o nepotismo; 3. Fim do acúmulo ilegal de cargos; 4. Fim das aposentadorias de ex-governadores; 5. Extinção de órgãos desnecessários à administração pública, acabando com os cabides de emprego; 6. Fim definitivo dos marajás; 7. Fim dos banquetes promovidos com o dinheiro público (1998:48-49).

A frente oposicionista trabalhou com dedicação e a máquina de comunicação agiu com a eficiência esperada em benefício do patrão. Collor fez uma campanha agressiva, rodando todo o Estado e prometendo acabar com o poder da oligarquia. Em Limoeiro de Anadia, protagonizou uma das cenas que ficaram mais marcadas em sua trajetória política. Do alto de um sobrado, em pé sobre o parapeito, Collor oferecia seu peito à mira de supostos jagunços que estariam ali para matá-lo. As cenas são impressio-

[64] Este trecho da revista *Veja* retrata com fidelidade a imagem estética construída por Collor e que a mídia difundiu com certo fascínio: "De porte atlético, ex-campeão de caratê, sempre muito cuidadoso com os ternos e as camisas de punhos duplos fechados por abotoaduras — o governador ainda conserva os cabelos cheios como na sua juventude de rapaz criado ao sol, sem preocupações políticas, na Zona Sul do Rio de Janeiro e em Brasília (...) Foi namorador, meteu-se em brigas de rua, casou-se em grande estilo com uma Monteiro de Carvalho (...) Esse senhor, herdeiro de boa fortuna e mimado pelo ambiente aconchegante de uma família endinheirada, tinha tudo para avançar pela vida como um desses eternos garotões de praia e de vida noturna. Em vez disso, acabou combatendo marajás, desafiando a aristocracia dos usineiros alagoanos e prometendo passar a limpo a tradição de violência em seu Estado". *Veja*, 23 de março de 1988.

nantes. Abertas as urnas, Collor saiu vitorioso com 42% dos votos, derrotando Guilherme Palmeira, do PFL.

Tomou posse em 15 de março de 1987, um dia de chuva. Percorreu a pé os três quilômetros que separam a Assembléia Legislativa do Estado de Alagoas do Palácio dos Martírios, sede do governo. Sob chuva, à frente de uma pequena multidão, fez uma caminhada apressada, pensada em cada detalhe: passo largo e decidido, olhava para frente e só para frente; resoluto, não acenava para ninguém, não se abalava com nada, nem com a chuva. Ia à busca de um destino ou de uma vingança; sobre os ombros molhados, parecia carregar a história. Os mais velhos diziam: "É todinho o pai" (CONTI, 1999:15). Cláudio Humberto desconfiava: "Esse cara é louco mesmo" (ROSA E SILVA, 1993:218).

A situação do Estado requereria um choque administrativo e possibilitava uma competente estratégia de *marketing* político de modo a permitir a maior visibilidade política ao governador eleito. Este *marketing* baseou-se em três pilares fundamentais: no primeiro momento, explorou a imagem do "caçador de marajás". O "caçador" eliminaria os "marajás" de forma a proteger os "descamisados". Era como uma missão de que estava imbuído. Entre um e outro, descobriu a fragilidade do governo Sarney. O governo seria a fonte do marajaísmo e a causa da existência dos descamisados. Percebeu que até mesmo o nome do presidente repugnava o eleitorado. Aproveitou-se disso também.

Reconhece o ex-ministro da Fazenda Maílson da Nóbrega que Collor revelou uma extraordinária capacidade em lidar com símbolos.

> Quando falava em marajá, ele sintetizava todos os privilégios que estavam presentes (e ainda estão) no Brasil. O marajá não era apenas o funcionário público, embora no início fosse identificado como. Aos olhos da população não era só o funcionário público privilegiado, mas todo o *tubarão*: é o presidente do Flamengo que gere mal, é o técnico do Corinthians que não ganha o campeonato, é o síndico do edifício, é o patrão de quem eu não gosto. Marajá era tudo isso. A segunda palavra foi "descamisados", que é uma palavra tomada emprestada do peronismo, e que simbolizava a exclusão. Então, quando ele falava de "descamisados", ele estava dizendo: eu vou incluir vocês. Outra *palavra-chave* foi *Sarney*. Ao bater no Sarney, ele na verdade batia em toda a classe política, que estava em baixa.[65]

[65] Entrevista com Maílson da Nóbrega em 25 de maio de 2001.

Sintonizado com a opinião pública, explicitada pelas pesquisas de opinião com que pautou a maioria de suas ações, mais tarde Collor percebeu que aquelas palavras apresentavam um enorme apelo popular. Ainda assim, elas não lhe permitiriam dialogar com o poder real, com as elites nacionais preocupadas com a implantação de um novo modelo de desenvolvimento e, a princípio, avessa àquele tipo de demagogia. À polaridade marajá-descamisado, acrescida do nome Sarney como *bode expiatório* de todos os males nacionais, Collor acrescentou mais um símbolo: a *modernidade*.

O Marajá

Segundo Mário Sérgio Conti, num comício durante a campanha alagoana, Fernando Collor colheu seu maior tesouro simbólico, a chave que lhe abriria as portas da política nacional. Discursando contra a corrupção e altos salários no Estado, foi interrompido por alguém que na assistência concordando, gritou: "Marajá!" Marajá seriam os corruptos, os privilegiados. Essa versão não é consenso entre os que se debruçaram sobre sua origem.[66] De qualquer forma, o termo foi uma jóia "collorida", caiu como uma luva numa estratégia de comunicação ágil e objetiva, de fácil assimilação. Por direto e objetivo, foi apropriado como símbolo, explorado ao extremo. O "marajá" passou a ser o centro de uma "obsessão" pensada e estudada.

---

[66] A versão do comício foi utilizada por Mário Sérgio Conti (CONTI, 1999:15). Ela sugere que Collor, mais uma vez, pegou no potencial político do termo. Uma "sacada", menos daquele que falou, e mais de quem "soube ouvir". Cláudio Humberto Rosa e Silva, por e-mail, indicou uma outra origem para o termo: "Não tenho como mencionar datas precisas, mas creio que a expressão foi utilizada primeiro pelo então deputado estadual Mendonça Neto (que foi MDB, PMDB e PDT), ao denunciar o caso do procurador-geral da Assembléia Legislativa, Luiz Gonzaga Mendes de Barros, que recebia vencimentos extravagantes. Na época, salvo engano, correspondiam a 40 mil dólares mensais. Para um Estado miserável, era um escândalo revoltante. Como o deputado sofria restrições nos veículos de comunicação de Alagoas, por sua oposição sem tréguas ao grupo de Divaldo Suruagy (que se alternou no poder local durante décadas e tinha jornais e emissoras como aliados), suas denúncias eram mais freqüentes em jornais do eixo Rio-São Paulo, que mantinham correspondentes em Maceió. Digo-lhe isto para explicar, quase sem medo de errar, que o jornalista Bernardino Souto Maior, então correspondente da *Folha de S. Paulo*, foi o primeiro a usar a expressão num jornal, mas certamente reproduzindo declarações de Mendonça Neto, um ex-jornalista tão agressivo quanto criativo. Verificou-se depois que o Estado mantinha dezenas de servidores com salários elevadíssimos, todos na área jurídica, autêntica casta. Marajás" (Cláudio Humberto Rosa e Silva, por e-mail em 23 de janeiro de 2003).

Ainda antes de sua posse, recebeu um relatório apontando que cerca de 9.400 servidores estaduais (12% do total) não residiam nas cidades onde estavam lotados. Muitos recebiam salários por procuração, pois não apareciam nos locais de trabalho nem mesmo para receber o salário (LEMOS, 2002). Constatou-se também que a folha de pagamentos dos servidores públicos de Alagoas continha vários elementos de potencial político, se adequadamente explorados. Havia servidores que recebiam vencimentos superiores aos dos ministros. Exemplos de nepotismo e clientelismo também eram fartos: nas listas de funcionários públicos do Estado, dezenas apresentavam o sobrenome Suruagy. Somados, os Suruagy recebiam, por mês, o equivalente a seiscentos salários mínimos.

No governo, não lhe interessava internar-se na burocracia, gerir, administrar, governar. Gostava do calor e da adrenalina da campanha nas ruas. Por se transformar num estandarte de palanque eleitoral, o marajá foi a "pedra de toque" de seu governo no Estado. Toda sua estratégia de *marketing* político repousou sobre o bordão "caçador de marajás". Os órgãos de comunicação do país inteiro aderiram imediatamente ao termo.

Dez dias após tomar posse, solicitou ao procurador-geral da República que declarasse a inconstitucionalidade das leis estaduais que concediam vantagens salariais apontadas como exageradas a funcionários públicos. Obteve liminar do Supremo Tribunal Federal (STF), sustando o pagamento até o julgamento do mérito. Os atingidos, no entanto, conseguiram que o mesmo Supremo considerasse constitucionais as vantagens em questão. Collor disse que a sentença exarada pela Justiça era "imoral". Alegando falta de recursos, recusou-se a pagar. Começou uma briga cheia de efeitos e factóides, que lhe deu enorme projeção política nacional. Foi ameaçado de intervenção federal em Alagoas, a pedido do Tribunal de Justiça do Estado, o que, a despeito do desejo do governador, não chegou a acontecer.[67] Em 12 de agosto de 1987, a revista *Veja* dedicou sua capa ao tema. A Rede Globo deu um *Globo Repórter*.

---

[67] Cláudio Humberto narra o seguinte diálogo entre Fernando Collor, seu chefe do Gabinete Civil, José Barbosa e ele, Cláudio Humberto: "Confirmada a decisão do STF, (...) José Barbosa ficou aliviado: Graças a Deus acabou a confusão. (...) Collor sorriu. Na verdade não estava ouvindo os auxiliares para depois tomar a decisão. A decisão já estava tomada. (...) Não posso pagar. Não devo. Não vou pagar. Barbosa advertiu: O senhor sabe que o Estado ficará sujeito à intervenção, não sabe? Sei. Mas se eles fizerem isso, vou receber o interventor no aeroporto com o povo e a Polícia. E boto ele na cadeia". Como vimos, em 23 de março de 1988, o senador Teotônio Vilela Filho advertiria: "Se houver intervenção federal para garantir os salários dos marajás, ele poderá ser o próximo presidente da República".

As medidas para enxugar a máquina administrativa também tiveram visibilidade. Por decreto, foram extintas as secretarias de Cultura, Transporte e de Irrigação. O objetivo era eliminar algo em torno de dez mil cargos, reduzindo em 25% as despesas com o funcionalismo. *Profético,* o PFL, liderando a oposição ao governador, pediu seu *impeachment.* "A Assembléia Legislativa aprovou uma deliberação pela qual ficavam vedadas demissões e extinções de órgãos públicos, justificando que isso estaria ocorrendo sem atender a critérios razoáveis. Ainda assim, Collor efetuou as primeiras duas mil demissões." (Lemos, 2002.) Na segunda quinzena de março de 1988, Collor cruza os braços e prepara seu melhor perfil para estampar a capa de *Veja.*

Em 1989, ainda governador, insistia com medidas contra os marajás e contra o funcionalismo alagoano. Seu nome ganhava ainda mais os holofotes da mídia de todo o país, principalmente de São Paulo e do Rio de Janeiro. Televisão, rádio, revistas semanais, jornais, todos repercutiam os atos do "caçador de marajás".

> Um "caçador de marajás" do Nordeste é sem dúvida muito mais interessante (e obtém muito mais ibope) do que um quotidiano, próximo, familiar, e muitas vezes modorrento governador de estilo tradicional (...) tal como se pode perceber pela relação de títulos de nossa amostra, o governador de Alagoas praticamente não é abandonado pelas pautas dos jornais nem por um mês sequer, da posse à entrega do cargo ao vice (Lattman-Weltman, 1994: 26-27).

Fazia política, gerando notícia (Conti, 1999:27). Seu nome já freqüentava as listas de abordagens eleitorais. Com o *personagem* "o caçador de marajás", conquistara as massas, entrando "na disputa com um trunfo que poucos dos seus contendores poderiam igualar: uma *imagem* construída a partir dos anseios mais íntimos e difusos da população. A imagem do eleito, do redentor" (Lattman-Weltman, 1994:31). Aos poucos, cresceria nas pesquisas até chegar ao topo das intenções de voto.

José Sarney

Ainda que sua estratégia da "caça ao marajá" fosse um sucesso, o escopo de Fernando Collor ainda era provinciano. Necessitava dar um salto para a política nacional, a *grande política*, a política dos grandes interesses e projetos. Colocou-se assim como o mais radical e intransigente opositor do presidente José Sarney (1985-1990). Abalado pelos desacertos na economia, depois do ocaso do plano econômico que deu maior popularidade a Sarney, o Plano Cruzado, o governo passava por uma fase de isolamento político e impopularidade, que perduraria até o final do mandato. Até lá, haveria a edição de um sem número de planos econômicos.

No contexto das discussões do Congresso Constituinte (1987-1988), fixou-se a duração de quatro anos para mandatos executivos em todo o país, inclusive dos presidentes da República. Isto equivaleria que o presidente Sarney teria o mandato decepado. Começou, então, uma queda-de-braço entre Sarney e o Congresso Constituinte para que a regra passasse a valer apenas para os próximos presidentes. Sarney procurou os governadores em busca de apoio: em 17 de outubro de 1987, os 21 governadores do PMDB, reunidos, firmaram a Declaração do Rio de Janeiro, favorável à fixação do mandato de Sarney em cinco anos. Collor negou-se a assinar o tratado. Voz dissonante, pôs-se a defender a imediata realização de eleições diretas para a Presidência da República.

Suas relações com o PMDB ficavam mais estremecidas quanto mais intensificava as críticas a Sarney. Num golpe de retórica, chamou-o de "o maior batedor de carteiras da história". Com freqüência, Collor lembrava a todos quantos o ouvissem que fora o único governador a defender que a Constituinte fixasse o mandato de José Sarney em quatro anos. Sabia, por pesquisas de opinião, que aquela era a opção preferida pela população, afinal de contas Sarney assumira a Presidência no rastro de duas frustrações consecutivas: a derrota das Diretas-Já e a morte de Tancredo. A popularidade do presidente estava ao rés-do-chão; era, em virtude das circunstâncias, um mandatário fraco. Não era politicamente capaz de implementar reformas imprescindíveis para a saúde do Estado e da economia, pondo fim à inflação; não controlava seu partido; não tinha apoio de setores organizados.

Quando o Congresso Constituinte, por fim, definiu os cinco anos de mandato, a pressão de Collor sobre Sarney aumentou em agressividade, afirmando que o presidente usara o poder e o dinheiro público para assegurar aquele ano de mandato. Deixou o PMDB quando Sarney ameaçou-lhe com um processo judicial. Fundou o Partido da Reconstrução Nacional (PRN), outra pérola de retórica, pois um país arrasado — na imagem que compunha — necessitava de fato ser reconstruído.

Ao enfrentar Sarney na questão do mandato e encarar os problemas com o funcionalismo de seu Estado, Collor demarcou suas diferenças de estilo com o presidente "desprezado" pela população. A imagem construída era de absoluta negação do estilo político do presidente: enquanto o governador não tinha medo, não fazia concessões, enfrentava, inclusive a Justiça; o outro compunha, negociava, cooptava por métodos nem sempre transparentes, nas denúncias que Collor lhe fazia. Assim, ele, Collor, era forte; Sarney, fraco; ele era probo; Sarney, desonesto; ele teria coragem; Sarney, medo. Era isto que fazia supor.

Já na campanha eleitoral, continuava a investir contra Sarney ao chamar-lhe de "corrupto, incompetente e safado". Em virtude disso, o Tribunal Superior Eleitoral (TSE) resolveu garantir ao presidente José Sarney espaço no horário eleitoral do PRN. Sarney resolveu processá-lo por injúria, calúnia e difamação. Menos pelo conteúdo das críticas e mais pela forma agressiva, consolidou-se no imaginário popular a imagem de que Collor seria a verdadeira oposição a Sarney. Uma visão despolitizada, mas evidentemente proveitosa do ponto de vista eleitoral. Sarney passou a ser apontado como o responsável por todos os males do país. Collor prometia fazer uma devassa em seu governo. A partir de um determinado momento, Sarney passou a assimilar os golpes e se retraiu. Citando o *Jornal do Brasil* de 22 de julho de 1990, Renato Lemos conclui que "a intensificação dos ataques de Collor a Sarney era uma tática usada como último recurso para evitar a vitória de Lula" (Lemos, 2002).

O aprendizado no *Jornal do Brasil* e a administração das empresas da família foram fundamentais para que Collor tirasse maior proveito de sua passagem pelo governo do Estado. Não como administrador público, evidentemente. O *feeling* que adquiriu lhe permitiu aparecer mais do que sua carreira e expressão política, até então, lhe permitiriam imaginar. Pautou-se pelas pesquisas de opinião e pela agenda da imprensa: o moralismo, o discurso arrebatado, o espetáculo... Fazia tudo o que lhe proporcionasse notoriedade, de tal forma espalhafatosa, que transmitia a sensação de originalidade. Dizer que foi inventado pela mídia não lhe faz justiça: pautado por pesquisas e jornais, radicalizou a agenda a tal ponto que inverteu os papéis e passou, ele, a pautar os jornais e a influenciar o resultado das pesquisas. Fez política com a lógica da notícia. Apareceu nacionalmente, quer seja com as questiúnculas da província, quer seja externando opinião sobre os grandes temas nacionais. Qualquer que fosse a questão, sua intervenção se voltava para o interesse em ampliar seu índice de conhecimento por parte do público e expressar uma imagem de coragem, determinação e sucesso.

Fernando Lattman-Weltman registra que

> A despeito de sua inconseqüência e ineficácia, as medidas de impacto tomadas por Collor atingiram em cheio seu verdadeiro alvo: o imaginário político popular. A caça aos "marajás", "califas" ou "fantasmas" de Alagoas, mesmo que obtendo parcos resultados concretos, repercutiu em todo o Brasil e consolidou a imagem pública de Fernando Collor. (1994:22).[68]

A estratégia do governador era minuciosamente monitorada por pesquisas de opinião conduzidas pelo instituto Vox Populi. O jornalista, José Nêumanne Pinto aponta que com o apoio das pesquisas

> Fernando Collor de Mello ficou sabendo que estava dando certo sua estratégia de se lançar, nacionalmente, na política, fazendo oposição ao governo federal e se apresentando como um implacável caçador de marajás. A partir de então, a palavra, usada para definir funcionários públicos privilegiados salarialmente e pouco empenhados no serviço, passou a significar tudo o que de ruim era identificado pelo eleitor brasileiro. Ali, naquela pesquisa de maio de 1987, começou a tomar corpo o que antes só poderia ser considerado um ato de loucura: a candidatura presidencial do jovem e ousado governador de Alagoas (1989:53).

Consolidou um pequeno grupo político, composto, em grande medida, por ex-inimigos agora aliados presentes em seu amplo arco de aliança eleitoral, em Alagoas. Cláudio Humberto Rosa e Silva, antigo editor da

---

[68] Em relação à noção de imaginário popular brasileiro, Olga Maria Tavares observa que "o povo brasileiro compôs um 'ideal do eu' social (...) de matrizes doutrinárias (família, ascensão social, valores) que formaram uma 'imagem' de identidades sociais harmônicas que foi veiculada pelo 'mass media' que são o espelho da sociedade. A ambigüidade narcísica tende para o indivíduo que se sente superior e, portanto, merecedor de sucesso ou, então, para o sujeito irado, revoltado que deseja ser onipotente. Tanto um quanto outro são conduzidos pelas paixões complexas que os dominam e os movem igualmente" (1999:25). A respeito de Fernando Collor, especificamente, a autora esclarece ter sido o ex-presidente "o representante exclusivo da era da visibilidade no Brasil: jovem, moderno, bem-nascido, bonito, dinâmico. Resumia em sua figura os anseios da maioria da nação. Encarnou adequada e textualmente o perfil dos anos 80, anos do culto ao Eu" (1999:29).

Tribuna de Alagoas, jornal que lhe fazia oposição; Renan Calheiros, ex-líder estudantil oriundo do PCdoB; Cleto Falcão, ex-militante da Ação Popular (AP); de modo mais distante, Paulo César Farias, seu tesoureiro de campanha, indicado pelo usineiro João Lira, sogro de seu irmão, Pedro; por fim, Marcos Coimbra, sociólogo, sócio do Vox Populi, especialista em pesquisa e filho de seu cunhado, o embaixador Marcos Coimbra.

Modernidade e mídia

Collor já era um sucesso de público, como apontavam as pesquisas.[69] Mas não de crítica. A elite ainda se mostrava insegura com sua figura. A caça aos marajás e a dura oposição a Sarney correspondiam aos anseios da população. Orientado pelas pesquisas de Marcos Coimbra, Collor dizia o que o povo simples queria ouvir. Não importa quais fossem suas intenções, objetivamente, ao seu modo, estava ajudando o povo a gritar *basta!* Ou mais, gritava ele, em nome do povo. Hábil, fez com que o povo acreditasse que aquele seu grito fosse original, fruto de sua indignação e não do povo.

Mas aquele encantamento que exercia sobre a massa não bastaria diante das eventuais reações do *establishment* a sua candidatura. Conhecedor dos meios que podiam se voltar contra ele, Collor precisava também encantar as elites. Havia dois caminhos que se complementavam: ser o candidato capaz de derrotar as candidaturas de esquerda (Leonel Brizola e Luiz Inácio Lula da Silva) e a expressão do projeto de modernização econômica que parte da elite (inseridos aí os meios de comunicação) acalentava já havia uma década, pelo menos. Assumindo esta bandeira, Collor conseguiria se estabelecer como o elo entre a elite e a massa. O agente que haveria de resolver os impasses do capitalismo brasileiro sem rupturas, sem que se incorresse no risco de perder o controle da situação e da massa.

Assim, Collor começou a reproduzir o discurso dos editoriais de jornal e das rodas acadêmicas de economistas do Rio de Janeiro, Brasília e São Paulo. Trouxe para sua assessoria a economista Zélia Cardoso de Mello, professora da Universidade de São Paulo e próxima à equipe que

---

[69] Em maio de 1989, Collor já ocupava o primeiro lugar nos levantamentos de opinião pública. Segundo o Ibope, o candidato liderava a corrida eleitoral com 32% das intenções de voto (Revista *Veja*, 17 de maio de 1989). Conforme o Instituto DataFolha, Collor já ocupava a dianteira das pesquisas, com 17% dos votos, entre 16 e 23 de abril de 1989; nos dois meses seguintes, seus índices de aprovação dispararam.

assessorara o ministro da Fazenda Dílson Funaro. Zélia "logo passou a exercer considerável influência no pensamento econômico, cujo vocabulário sempre foi pouco habitual[70] ao governador". O diálogo com o empresariado foi estabelecido por meio das ações de Ozires Silva (ex-presidente da Petrobrás) e Eliezer Batista (dirigente da Companhia Vale do Rio Doce), ambos apresentados a Collor pelo banqueiro Eduardo Andrade Vieira, do Banco Bamerindus (PINTO, 1989:56).[71]

Collor passou a reproduzir em seus discursos a agenda dos jornais e revistas como forma de tornar mais patente o *seu* projeto. Levantamento feito por Fernando Lattman-Weltman mostra que, entre agosto de 1988 e agosto de 1989, a "crise econômica" foi o item que, isoladamente, maior espaço ocupou nos jornais e revistas (1994:32-35). Francisco Fonseca, em sua tese de doutorado a respeito do papel da grande imprensa na construção de uma hegemonia ultraliberal indica que, durante a Nova República, os jornais[72] dedicaram atenção especial a temas que, meses mais tarde, viriam a compor, não coincidentemente, a agenda do candidato Collor de Mello. Aponta Francisco Fonseca:

> Já em relaçao à arena econômica, a controvérsia pareceu ser ainda maior, pois uma série de temas compôs tanto os interesses como o imaginário dos periódicos aqui analisados. Afinal, temas estruturais, tais como o papel do Estado e especificamente das empresas estatais, o peso conferido ao mercado interno e suas relações com o mercado exterior, a proteção ou não ao capital nacional, a abertura comercial e o problema da competitividade da economia nacional estavam colocados pela grande imprensa, além de se constituírem em *parte* dos problemas colocados por outros atores sociais, que não a grande imprensa, o empresariado e os liberais. Esses temas confluiriam necessariamente à Constituinte. (...) O tema da desestatização ocupou a agenda da "Nova República". (...) Ao final do governo Sarney, tornar-se-ia um consenso negativo (o Estado) na mídia impressa, que faria do tema (a desestatização) uma verdadeira bandeira. (...) A desestatização tam-

[70] Em que pese o fato de Collor ser formado em economia e apresentar-se como "economista".

[71] Apenas para registro: o autor José Nêumanne Pinto foi assessor do banqueiro Andrade Vieira.

[72] *Jornal do Brasil*, *O Globo*, *O Estado de S. Paulo* e *Folha de S. Paulo*.

> bém fora paulatinamente vista como elemento fundamental à estabilização da economia, tendo em vista a consideração de que as empresas estatais geravam déficit, eram perdulárias e nepotistas, além de ineficientes (2001:87-88).

Como se viu no Capítulo II, a reforma do Estado era tema de discussão da burocracia estatal, da academia e de parte do empresariado. Aos poucos, o discurso da reforma e da modernidade penetrou também nos meios de comunicação. Maílson da Nóbrega, que participou de todo esse processo como membro do alto funcionalismo, recorda:

> Eu não tenho dúvida de que veículos como *O Estado de S. Paulo* e *O Globo* [propugnassem a idéia de um projeto de modernização]... Até porque o ministério da Fazenda, na época, começando já pelo [Dílson] Funaro, tinha começado um discurso novo de mudança institucional das finanças públicas. (...) E esse discurso do ministério da Fazenda tinha inequívoco apoio [da imprensa], especialmente no *Jornal do Brasil,* no *O Globo,* no *Estadão* e na *Veja*. A *Folha de S. Paulo,* aqui e acolá, também concordava com essas idéias.[73]

Se o *personagem* "caçador de marajás" conquistara a simpatia das massas apoiando-se em grande medida no discurso moralista, o "candidato moderno" despertaria o interesse da elite com base no discurso modernizador. Ambos — o clamor moralista e o projeto modernizador — estavam presentes na mídia. Evidentemente, isto não significa afirmar que sua vitória eleitoral é fruto *exclusivo* da simpatia da mídia em relação às idéias que Collor defendia. Sua eleição não se deu *apenas* por conta do ideário liberal presente na imprensa. Mas, *sobretudo*, por conta disso. Enfatize-se: Collor não é um *mero* produto de mídia, como se poderia supor e como tem sido reproduzido em algumas análises. Antes, aproveitou-se da mídia, entendendo o espírito de seu tempo.

Antônio Albino Canelas Rubim coloca luzes onde poderia, numa visão esquemática e ortodoxa, subsistir apenas sombras. Para Rubim, isto seria depreciar Collor enquanto ator político. Antes, apropriou-se do discurso presente na mídia. Assim, conseguiu *fazer-se* um produto e *reproduzir-se* através da mídia. A imagem de Collor "combina certamente com os inte-

---

[73] Entrevista com Maílson da Nóbrega em 25 de maio de 2001.

resses da *mídia*, que em conseqüência a potencializa, mas Collor trabalha uma performance também instruída e adequada à *mídia*". Estabelece-se certa aliança entre ambos em que o cenário construído pela mídia é fundamental. "Dele Collor se alimenta. Nele Collor se fabrica e se faz presidente." Para Rubim, o ex-presidente aparece como o primeiro político que "percebe e opera com a mídia na produção de sua imagem política, adequa-se ao cenário social e torna-se um 'político midiático'".

É bem verdade que os elementos com que Collor opera já estão presentes na sociedade há muito tempo. A desconfiança para com os políticos não é coisa nova, assim como a idéia da construção de um projeto nacional capaz de modernizar o país e levá-lo ao primeiro mundo estava presente havia décadas. Ainda assim, na sociedade de massas contemporânea, onde os meios de comunicação assumem centralidade econômica, social, cultural e política,

> O advento dos meios de comunicação eletrônicos, sobretudo da televisão, transforma a mídia no "aparelho privado de hegemonia" mais eficaz na articulação hegemônica (e contra-hegemônica), vale dizer, na capacidade de construir/definir os limites do hegemônico (da realidade) dentro dos quais ocorre a disputa política (Lima, 2001:190-191).

Começando pela imprensa escrita, a crítica ao Estado e à defesa da modernização logo ganhou a esfera eletrônica dos meios de comunicação, sobretudo, a televisão. Assumindo o papel de defensor dessas idéias, Collor chama para si a tarefa de fazer valer eleitoralmente a hegemonia que se forjara nos anos anteriores. Firmando-se nos meios de comunicação, firmou-se no centro da sociedade, assumiu carisma uma vez que penetrou no "coração das coisas" (Lima, 2001:189). E assim, do governo de Alagoas, Collor conseguiu a rara proeza de saltar para o centro do Cenário de Representação Política (CR-P) que se estabeleceu ao longo da década de 1980.[74]

Com isso, sua ação voltada para a construção de uma personagem altamente identificada com o discurso dos meios de comunicação acaba por transformar-se numa porta de entrada do chamado *projeto neoliberal* que,

---

[74] Recorre-se ao conceito desenvolvido por Venício A. de Lima: "*O CR-P é o espaço específico de representação política nas 'democracias representativas' contemporâneas, constituído e constituidor, lugar e objeto da articulação hegemônica total, construído em processos de longo prazo, na mídia e pela mídia, sobretudo na e pela televisão*". O grifo é do autor.

de resto, apresentava enorme atração em todo o planeta. Se Collor o fez consciente ou inconscientemente não importa. Inegavelmente, o fez com habilidade, sabendo operar variáveis importantes no mundo moderno, como a mídia, a economia, as elites e a massa.

Transformá-lo pura e simplesmente no resultado desse projeto, antes de tudo presente na mídia, seria retirar-lhe a dimensão política que incontestavelmente possui. Goste-se ou não, sem que se lhe faça juízos de valor, do ponto de vista da ação política voltada para a obtenção do poder, Collor demonstrou méritos; muitos méritos que até então eram desconhecidos da política brasileira. Foi um inovador e contumazmente tem sido copiado pelas campanhas eleitorais que o sucederam.

Entendê-lo como mero objeto de interesses da mídia e da economia seria retirar-lhe a dimensão de ator político, não permitindo nenhum raciocínio em que sua ação seja incoerente com o próprio projeto econômico. Não é o caso, pois Collor acabará, por fim, estabelecendo uma relação de tensão com a própria mídia, por exemplo. Tensão que possivelmente tenha se configurado como um dos mais relevantes elementos que contribuíram para sua queda. Além disso, fosse expressão pura e simples do neoliberalismo, por sua vez, Collor não poderia — por incongruente — apelar para o messianismo e para as promessas de inclusão dos "descamisados". O ajuste fiscal exigido pelo modelo não permitiria, pelo menos no curto prazo, a realização dessas promessas. Tampouco a efetivação de uma economia moderna permitiria esse grau de personalismo e de tão precária institucionalidade.

Reduzi-lo a mero produto de *marketing,* sem resgatar o papel político de sua ação, é acreditar numa teoria conspirativa em que Collor seria uma entre tantas opções possíveis. E se foi isso, pergunta-se: por que ele e não outro personagem, proveniente de um centro econômico mais dinâmico, como tantos políticos de São Paulo, presentes naquela eleição? Para ficar apenas em uns poucos exemplos: Guilherme Afif Domingos e Mário Covas — já que Paulo Maluf e Ulysses Guimarães estariam desgastados? Compreendê-lo como mero produto seria negar as interações e os conflitos, os paradoxos tão típicos da política brasileira que justamente lhe dão a riqueza histórica e analítica que possui.

Onde houve troca de interesses, conflito e interação social; não houve Mr. Jeckill e nem Doctor Hyde. A *mídia* e vários analistas podem, um dia, ter suposto Collor como simples criatura dos meios de comunicação. Não foi. Apenas aproveitou-se desses instrumentos o quanto pôde. Citando James W. Carey, Venício A. de Lima indica que o processo de comunicação é "simbólico através do qual a realidade é produzida, mantida, modificada e transformada" (2001:184). Como símbolo, Collor assumiu a ambigüidade de ser uma representação "da" e "para" a realidade. Mas, ao final, não soube dar respostas aos signos que ele mesmo criou: à moralidade revelou um esquema gigante de corrupção; à modernidade, constituiu uma equipe despreparada, à exceção de algumas ilhas de excelência. Sem suporte mais sólido, foi devorado pela própria mídia.

> O fascínio e a sedução da *mídia*, o narcisismo e os traços da personalidade de Collor e a subestimação do funcionamento próprio do campo da política possibilitam uma autonomização do componente midiático. A superexposição do presidente à *mídia*, sem o necessário suporte e legitimidade provenientes de um campo outro (da política) e externos, portanto, à *mídia*, deixa Collor refém da lógica da mídia. Autofágica, ela devora ciclicamente seus olimpianos. O desequilíbrio dos componentes político-midiáticos somado aos problemas e impasses derivados da tentativa de somar os ganhos ilegítimos provenientes do velho expediente da privatização do Estado parece sugestivo para compreender porque a *mídia*, em especial alguns deles, volta-se contra Collor como que traídos. Destruir a criatura que ela acreditou, em sua enorme pretensão, ter criado parece ser o outro lado da mesma moeda (RUBIM, 1999:77).

Voltando ao ponto, a partir de Fernando Collor expressões como "estado perdulário", "nepotista", "ineficiente" passaram a constar do vocabulário político com maior naturalidade e ênfase. Se o caçador de marajá já conquistara as massas ao desobedecer a Justiça e ao chamar Sarney de "batedor de carteiras", seria com os discursos do *novo* e da *modernidade* que Fernando Collor realizaria o que ainda lhe faltara: seduzir a elite.

A elite de modo difuso e desorganizado era, na verdade, quem procurava um candidato que coubesse no figurino da "modernização" (com abertura do mercado) e da "reforma do Estado" (com privatização). A reforma do Estado, com o que dela se vislumbrava, seria, antes de tudo, a realização de uma aguardada e festejada modernização econômica e ampliação das possibilidades de negócios (*business*), por meio de transferências patrimoniais: privados fariam o que o Estado não poderia e não mais conseguiria fazer; a infra-estrutura carecia investimentos; as empresas de competitividade, mas, sobretudo, o país precisava de nova mentalidade.

Entre 23 e 25 de janeiro de 1988, estabeleceu-se no Rio de Janeiro, na sede do BNDES, o Fórum Nacional: *Idéias para Modernização do Brasil.* Preocupado com a crise, coordenado pelo ex-ministro João Paulo dos Reis Velloso, o Fórum alertava para dois aspectos da "crise de pensamento em meio à crise múltipla" que o país vivia:

> O primeiro é a falta de modernidade de certas manifestações do pensamento de algumas correntes de opinião. Nenhum partido político ou corrente de pensamento, no país, pode considerar-se inteiramente moderno. Em todos, em maior ou menor escala, existem elementos modernos e antigos. A existência dessas tendências antigas, às vezes arcaicas, em importantes e numerosos setores de idéias constitui evidência da superação intelectual do país e tem tido papel relevante na atual crise. Sem um esforço geral de modernização de idéias, que leve a atitudes modernas e programas modernos, não se vai sair da crise de estagnação e retrocesso da década de 1980. O segundo aspecto da crise de pensamento (...) é o fato de estarmos vivendo de tirar bolas de dentro do gol. O Brasil não faz gols. (...) se percebe a pobreza de jogos sem gol, de times voltados exclusivamente para evitar gols, sem outra visão de jogo (1990:xiii).[75]

Mas Fernando Collor não estava sozinho nesta tentativa de viabilizar-se como o porta-voz desse projeto e uma espécie de centro-avante goleador. Também o senador Mário Covas, do PSDB, tangenciou o tema. Sua principal peça de retórica na campanha foi o discurso que proferiu no Senado e que se tornou famoso por evidenciar a necessidade de um "Choque de Capitalismo". Nos bastidores da campanha, Covas e Collor travaram disputas nesta área.[76] O discurso foi, parcialmente, escrito por Fernando Henrique Cardoso, José Serra e Jorge Serpa. Este último, o braço direito

---

[75] A linguagem futebolística se deve também ao fato de o Brasil, país do futebol, não vencer uma Copa do Mundo desde 1970, quando foi tricampeão, no México. O fato contribuía para a baixa-estima nacional geral. Em 1983, um grupo de *rock* paulista, o *Ultraje a Rigor*, cantava: "A gente não sabemos escolher presidente (*sic*)/ a gente não sabemos tomar conta da gente/ (...) A gente pede grana e não consegue pagar/ (...) A gente joga bola e não consegue ganhar/ Inútil, a gente somos inútil".

[76] Segundo Mário Sérgio Conti, "Collor percebeu a extensão do perigo ao voltar da Europa. Com o compromisso de que não a publicaria, deu ao repórter Ricardo Amaral, da

de Roberto Marinho. O proprietário da Rede Globo, por sinal, teve acesso prévio ao discurso de Covas e o *aprovou*. (Conti, 1999:165-166). Nele, em resumo, o senador dizia:

> Tomamos a decisão de marchar rumo a um país renovado, que ingresse numa nova era. (...) O país é forte, mas vem sendo agredido duplamente: de um lado, por crescente degradação da infra-estrutura, causada pelo esgotamento da capacidade de investimento do Estado e pela brutal sangria da dívida externa; de outro, pela escalada da inflação, que desorganiza a economia, concentra sempre mais a renda, premia a especulação, deprime os salários reais e a receita pública. O país está embriagado por uma cultura inflacionária. Muitos sequer a combatem porque dela se beneficiam. É por isso que a inflação persiste ameaçando devorar nosso presente de democracia e nosso futuro de desenvolvimento. Combatê-la sem tréguas é precondição para reorganizar as finanças internas e reestruturar a nossa articulação com o mundo. (...) Um estadista tem o dever de conhecer a direção para a qual a sociedade deseja caminhar. Ser nacionalista, hoje, é defender uma política nacional de desenvolvimento. Não é hora de se querer simplesmente reformar o passado, nem de se conformar com o presente. É a hora de atualizar objetivos antecipando o futuro. O verdadeiro nacionalismo impõe a capacitação do país para a competição internacional e a defesa da nossa parte na "renda mundial". Não faz sentido isolar o país numa autarquia. Ele deve participar da nova ordem política mundial. E esta supõe os "direitos humanos das nações" e não apenas dos indivíduos. (...) Uma nação não pode ser torturada por outras, negando-se-lhe acesso aos mercados, aos conhecimentos dos processos produtivos ou obrigando-a a dispor de seus recursos para pagar dívidas extorsivas, ao invés de fazer novos investimentos. O Brasil precisa importar mais do que faz atualmente. Não podemos ser a 25ª nação exportadora do mundo e, ao mesmo tempo, exibir

---

Folha de S. Paulo, a sua opinião sobre o choque de capitalismo: 'Quem está por trás do discurso do Covas é o Roberto Marinho, que quer ter dois finalistas no segundo turno. Mas eu não quero: é só eu contra a esquerda'. Collor não perdeu tempo", continua Conti. "Procurou Roberto Marinho, voltou a expor suas idéias e falou que Covas era esquerdista e estatizante." (1999:167.)

> o terceiro superávit comercial, ultrapassado apenas pelo Japão e pela Alemanha. Temos que exportar bastante para importar bem mais que hoje, a fim de aumentar a produção interna, trazer tecnologia moderna e aliviar as finanças do governo. (...) Serão bem-vindos investimentos estrangeiros, dentro das normas constitucionais e nos marcos de uma nova política industrial, tecnológica e de desenvolvimento. Do exterior, o Brasil quer meios de produção, quer sócios e não credores. Nesta década perdida aconteceu o contrário. (...) Daremos passos ousados para atrair capitais de risco, desenvolvendo nosso comércio exterior e aliviando a dívida. Hoje, com a aceleração das transformações tecnológicas, geopolíticas e culturais que o mundo está atravessando, a opção é manter-se na vanguarda ou na retaguarda das transformações. É com esse espírito de vanguarda que temos que reformar o Estado no Brasil. Tirá-lo da crise, reformulando suas funções e seu papel. Basta de gastar sem ter dinheiro. Basta de tanto subsídio, de tantos incentivos, de tantos privilégios sem justificativas ou utilidade comprovadas. Basta de empreguismo. Basta de cartórios. Basta de tanta proteção à atividade econômica já amadurecida. Mas o Brasil não precisa apenas de um choque fiscal. Precisa, também de um choque de capitalismo, um choque de livre iniciativa, sujeita a riscos e não apenas a prêmios. (...) O Estado brasileiro cresceu demasiadamente como produtor direto de bens, mas atrofiou-se nas funções típicas de governo. Vamos privatizar com seriedade e não apenas na retórica. Vamos captar recursos privados para aumentar os investimentos de empresas públicas estratégicas e rentáveis. Vamos profissionalizar a direção das estatais, estabelecer um código de conduta. Metade da nossa indústria está atrasada tecnologicamente. Importamos pouquíssima tecnologia — talvez nem um vigésimo do que gastamos com turismo externo registrado e não registrado. Temos que inverter essa situação.[77]

Mas faltava ao senador Covas viabilizar-se onde Fernando Collor se consolidara: no apoio popular. Partia com condições mais sólidas de competitividade eleitoral que Mário Covas. Além disso, o senador era um

[77] Discurso pronunciado pelo Senador Mário Covas na Sessão do Senado no dia 28 de junho de 1989, que ficou conhecido com "O Choque do Capitalismo". Anais do Senado.

sujeito com fama de teimoso, era identificado com uma base sindical aguerrida (os portuários de Santos) e não possuía o carisma de seu oponente. Apresentando altos índices de aprovação popular,[78] Collor se apropriou dos símbolos da elite: como fez crer a Guilherme Palmeira, apresentou-se como cosmopolita e moderno. E no mundo moderno, a inflação era algo que merecia total execração. Era impossível conviver com índices tão elevados como os que se apresentaram nos últimos meses do governo Sarney.[79]

A inflação desorganizava a economia havia mais de uma década. Não permitia mínimas condições de previsibilidade econômica. Os investimentos minguaram e o desemprego subiu. Mas, além da inflação, o Estado também se configurara como sério obstáculo ao livre desenvolvimento das forças econômicas. O discurso da mídia dizia que o Estado controlava a livre iniciativa, fechando a economia e restringindo as possibilidades de negócios. Na realidade, já com Sarney o Estado começava a retirar-se da economia. Mas havia resistência de vários setores que seriam afetados pela modernização e, por isso, era preciso radicalizar. Maílson da Nóbrega aponta que Collor teve um importante papel nesse sentido:

> Quando Collor assumiu, grande parte das medidas já havia sido tomada. E o que é mais interessante é que havia uma lista de mais de três mil itens com produtos cuja importação estava suspensa e nós fomos eliminando os menos sensíveis e ficaram quinhentos itens (daqueles mais complicados: automóveis, por exemplo). E o Collor, quando tomou posse, acabou com também aqueles quinhentos itens, até porque a burocracia disse pra ele: 'isso aqui tá pronto para acabar'. Só que em acabando, ele acabou também com a proibição de importar veículos. Usou o símbolo das carroças. Ele fez mais para que se percebesse a necessidade da abertura com aquela expressão — "carroças" — do que dezenas de seminários. Então, eu acho que o Collor teve uma capacidade extraordinária em perceber o momento e o rumo dos ventos.[80]

---

[78] Por ocasião do pronunciamento do senador Covas, números do Instituto Datafolha indicavam que Collor atingira 42% das intenções de voto. Aquele foi seu mais alto índice durante toda a campanha.

[79] O acumulado de inflação, de fevereiro de 1989 a fevereiro de 1990, chegou a 2.751%.

[80] Em entrevista ao autor (25 de maio de 2001). Em um de seus pronunciamentos, antes da posse, o presidente eleito havia dito que os automóveis nacionais eram "verdadeiras carroças"

A mídia vocalizava isto havia anos. Francisco Fonseca demonstra como este clamor por uma mudança na direção do neoliberalismo se deu em cada um dos quatro maiores jornais brasileiros: *O Globo* e o *Jornal do Brasil*, do Rio de Janeiro; a *Folha de S.Paulo* e *O Estado de S. Paulo*, da capital paulista. Se ao assumir a imagem do "caçador de marajá" Collor se torna um manancial de notícias para a imprensa, no projeto econômico que assumiu a relação se inverteu, pois tomou de empréstimo as idéias e reclamos dos editoriais e das editorias de economia e as defendeu como se fossem suas. Esse raciocínio é compartilhado por Fernando Lattman-Weltam, acrescentando que também os "descamisados" figuravam entre editoriais e reportagens.

> Tanto quanto a própria sensibilidade de Collor para o *marketing*, e a competente atuação de seus assessores, o que chama a atenção (...) é o fato de que as temáticas privilegiadas pela mídia foram habilmente incorporadas pelo discurso do candidato vitorioso e redirecionadas ao público. Assim, a condenação ao papel do Estado, não só como agente controlador da economia, mas também como gerador da própria crise, os motes da "caça aos marajás", da austeridade, do enxugamento da máquina estatal, da modernização da economia e do suposto anacronismo das supostas propostas estatizantes da esquerda, foram repetidas à exaustão, com respaldo de todo noticiário, transformando-se, por fim, em verdades históricas necessárias e incontestáveis. Tanto que, inclusive, Collor pôde jogar com duas linhas programáticas, aptas, de um lado, a fazê-lo o candidato dos sonhos da grande massa de "descamisados" (outra metáfora utilizada com insistência), e de outro, a torná-lo não apenas palatável, mas também atraente às elites empresariais. Assim, ao mesmo tempo em que elegia os funcionários públicos para o papel de bode expiatório e armava o circo da moralização administrativa para a grande massa do eleitorado, o candidato ace-

"Nossos carros, comparados com os do mundo desenvolvido, são verdadeiras carroças", *O Estado de São Paulo,* 3 de fevereiro de 1990), por desconfortáveis e de baixo padrão tecnológico. Liberar a importação deste item, em especial, no nível simbólico implicava no ingresso do Brasil ao Primeiro Mundo. Não por acaso, Collor usou a expressão "carroça" como forma de comparação e avaliação do carro nacional. Isso era recorrente a muitos brasileiros que já tivessem feito alguma viagem ao exterior. Mesmo os que não o haviam feito, a usavam por assimilação. Falou aos corações e às mentes.

> nava, para as elites, com a retirada do Estado da economia. E em ambos os casos, não fazia mais do que repetir o teor das principais matérias e de muitos editoriais da imprensa (1994: 32).

Agindo assim, tornou-se o candidato dos descamisados mais atraente para as elites empresariais, como apontou Lattman-Welltman. Ocupou o primeiro lugar das sondagens de opinião até vencer a eleição nos dois turnos.[81] Mas não se consegue delimitar com exatidão quando termina a ação administrativa de Collor no governo do Estado e quando começa sua campanha à Presidência da República. Tudo em seu governo foi campanha. Sua decisão de enfrentar os marajás a qualquer preço, por exemplo, teve início ainda antes da posse no governo do Estado, mas foi o instrumento mais marcante da campanha presidencial.

Simbolicamente, deixa a impressão de que sua campanha ao Planalto tenha começado naquele dia de chuva, no percurso da Assembléia Legislativa até o Palácio dos Martírios, na posse. É verdade que ainda não sabia ao certo qual seria seu destino. O Senado talvez fosse o mais provável. Com muita sorte, uma candidatura à vice-presidência. Um sonho difícil. Afinal, no Nordeste haviam estados e nomes de maior densidade política-eleitoral, como Waldir Pires, governador da Bahia, por exemplo.

O marco que se convencionou indicar como o início da campanha é, no entanto, o famoso jantar entre Collor e seu grupo de amigos, reunidos na República Popular da China. Em seu livro, Cláudio Humberto Rosa e Silva indica que as conversas sobre uma hipotética candidatura começam, na realidade, numa brincadeira durante um jantar oferecido ao governador de Alagoas pelo vice-primeiro-ministro chinês, no Palácio do Povo, sede do Congresso Nacional da China. Teria sido o deputado Cleto Falcão, o conviva mais animado daquele jantar regado a *Moutai* — uma aguardente à base de cereais —, o primeiro a saldar o "futuro presidente do Brasil" (1993: 373-375). O certo é que, na volta ao Brasil, Collor torna-se candidato pra valer.

---

[81] O índice mais alto de Fernando Collor, como já foi apontado, se deu entre os meses de junho e julho de 1989 (algo em torno de 42%). Após isso, diante dos ataques dos adversários no Horário Gratuito de Propaganda Eleitoral, a aprovação a Collor caiu para 21%, no início de novembro, tornando a subir até chegar a 26% no dia da eleição. Seus adversários eleitoralmente mais fortes, Brizola e Lula, apresentaram o mesmo pico, 15%. O pico de Brizola se deu em outubro, o de Lula, quis a sorte, no dia da eleição.

Capítulo 5

O cenário sucessório

Em 1989, o cenário sucessório nacional era de absoluta indefinição. Os partidos de centro, principais fatores de sustentação do governo Sarney, o PMDB e o PFL, discutiam os nomes que lançariam à Presidência, mas não se acertaram. Várias correntes internas concebiam avaliações conjunturais variadas e divergentes. Os chamados *candidatos naturais* dos partidos — Ulysses Guimarães e Aureliano Chaves, respectivamente — não empolgavam o eleitorado e sequer as bases políticas. O mundo havia mudado, o Brasil havia mudado e os candidatos mais prováveis dos dois maiores partidos nacionais eram fortemente identificados com um tempo que ficou para trás quer fosse ele de adesão à ditadura militar (Aureliano) ou de oposição (Ulysses). Ambos, Ulysses e Aureliano, haviam sido atropelados pela história. Além disso, diante do desgaste do governo Sarney, teriam apenas o ônus e quase nada de favorável em relação ao governo.

Pesquisas do Vox Populi demonstravam que o povo encontrava-se desiludido com os políticos profissionais e Ulysses e Aureliano eram assim compreendidos. Além disso, os levantamentos apontavam que a população se mostrava preocupada com a possibilidade de as urnas sufragarem um *velho*

> Que viesse a morrer antes de exercer o mandato ou durante o exercício do poder, como acontecera com a frustrada esperança chamada Tancredo Neves (...) o eleitor simples, povo brasileiro, estava completamente desiludido com os políticos profissionais e muito preocupado com a questão da corrupção. Jovem político, Fernando Collor não tinha muita participação nos grandes conchavos, o que ajudou a construir essa imagem, tomando atitudes que beiravam a irresponsabilidade, se considerada sua condição de governador de um Estado pequeno, pobre e muito dependente das verbas federais (Pinto, 1989:54).

Ulysses e Aureliano estavam, portanto, em vias de serem descartados ao mesmo tempo em que as atitudes *ousadas* do governador alagoano contra os marajás e contra Sarney teriam ajudado a consolidar uma imagem de profundo apelo eleitoral. Os *partidos da ordem* (PMDB e PFL) não se ajustavam com seus candidatos naturais que se configurariam mais como problemas do que como solução eleitoral.

Considerando os partidos mais expressivos, estavam em campanha aberta e demonstrando viabilidade eleitoral apenas os candidatos Leonel Brizola, do Partido Democrático Trabalhista (PDT), e Luiz Inácio Lula da Silva, do Partido dos Trabalhadores (PT), que ocupavam a faixa do eleitorado de esquerda e de oposição ao governo.

Na direita, Paulo Maluf, cujo partido (Partido Democrático Social, PDS) havia se debilitado com a debandada dos liberais em 1985, tentava consolidar sua candidatura como representante do campo conservador. Haveria que disputar espaço, no entanto, com Ronaldo Caiado, líder da União Democrática Ruralista (UDR), candidato pelo Partido Social Democrata (PSD), e Guilherme Afif Domingos, do Partido Liberal (PL). A direita estava fragmentada internamente e eleitoralmente debilitada pela força do centro político, PMDB e PFL.

Na centro-esquerda, o senador Mário Covas seria o candidato pelo Partido da Social Democracia Brasileira (PSDB). Recém-fundado (25 de junho de 1988), o partido de Covas ainda não estava organizado nacionalmente, o que, embora não determinante, aumentava sua fragilidade, pois ao contrário de Collor (que era o centro de uma entidade meramente cartorial, o PRN), aos chamados tucanos caberia a tarefa de se institucionalizar e tornar o PSDB uma realidade nacional. Collor era o carisma e podia prescindir de instituições; Covas nada tinha de carismático: era um político absolutamente racional e dependeria de uma malha de apoios amplamente distribuída territorial e institucionalmente, com o que não poderia contar.

Segundo as sondagens eleitorais, Leonel Brizola e Luiz Inácio Lula da Silva ocupavam a dianteira nas pesquisas naqueles primeiros meses de 1989. Posição que sugeria às das forças de esquerda boas perspectivas de vitória eleitoral, pois era muito provável que se unissem num eventual segundo turno. Em fins de março, a revista *IstoÉ/Senhor* chamava a atenção para a emergência do *Espectro de Brizula*, como era chamada a possibilidade de um governo "esquerdista-populista" se fosse eleito Brizola, ou socialista caso a vitória fosse de Lula. A elite do país estava assustada.

Por ser uma eleição solteira — a eleição seria apenas para presidente da República —, as máquinas partidárias dos grandes partidos não contariam muito. Sem a necessidade de defenderem seus mandatos, deputados, senadores e governadores tendiam ao acomodamento e até a traição. Figuras de expressão nacional, representantes de estruturas partidárias cujo poder de mobilização maior reside antes na militância do que na institucionalidade parlamentar, teriam vantagens comparativas. Lula e Brizola mobilizavam setores organizados que os demais partidos sequer tinham acesso. Para enfrentá-los, seria necessário alguém com capacidade de mobilizar diretamente as massas desorganizadas, o que levaria certamente a uma maior polarização política da sociedade, plantada sobre visões maniqueístas e discursos arrebatadores.

De acordo com a revista *Veja,* a seis meses daquela eleição de 1989, no domingo 7 de maio, o sociólogo Herbert de Souza (o Betinho) preocupado com o clima de radicalização política que poderia despertar naquela eleição, publicara um artigo no *Jornal do Brasil* em que chamava a atenção de todos para a fragilidade do processo democrático que aos poucos ia se implantando no país. O clima era de tensão. "Não vale apostar no tudo ou nada justamente na véspera de um momento decisivo que alguns querem pôr a perder pelo caminho do desespero e da provocação." Betinho receava que o cenário de agitação nas ruas, com greves que pudessem enveredar pela violência e selvageria, conciliado ao crescimento da inflação e a eventuais atentados terroristas, tivesse o poder de acender o fósforo no paiol de pólvora que era o país que ainda não superara de todo o trauma e a truculência do regime militar.

Pela leitura das edições de *Veja* do período que antecedeu à eleição, é possível reconstituir um pouco daquele cenário, onde: 1) os grandes partidos não se acertavam; 2) o governo se embaraçava com casos de corrupção de modo a perder velozmente o capital de legitimidade política; 3) havia um processo de mudança política mundial, com a fragmentação daquilo que se chamou "socialismo real"; 4) os candidatos de esquerda, Luiz Inácio Lula da Silva e Leonel Brizola, se configuravam como o monstro nos pesadelos das elites; e 5) Fernando Collor se consolidava, aos poucos, como alternativa ao "Brizula".

Assim, gradativamente a candidatura Collor deixava de ser tratada como uma fantasia para fixar-se no cenário político nacional como mais do que uma possibilidade, uma alternativa tanto ao *Brizula* quanto ao vazio de candidatos viáveis. Este processo de viabilização política de Collor se dá na mesma proporção em que a probabilidade de uma candidatura de

Jânio Quadros se dissipa em virtude do jogo ambíguo e dos problemas que comprometiam a saúde do ex-presidente. Jânio possuía o *princípio ativo* do remédio político que a elite procurava naquele momento, era um líder de massas capaz de empolgar o eleitorado a uma campanha e a um mandato de transformações e de solução de impasses. Como típico líder populista, Jânio seria, de acordo com uma definição clássica, "um homem carregado de carisma, com capacidade incomum para empolgar as massas".[82] Poderia mobilizar os desorganizados num enfrentamento com a esquerda.

Fernando Collor, uma espécie de substância "genérica" de Jânio Quadros, embora possuísse as características populistas requeridas pelo momento, era pouco testado. Configurava-se ainda numa incógnita. A princípio, sua pouca experiência política e sua experiência administrativa limitada às microdimensões de Maceió e Alagoas não lhe qualificavam para dirigir o Brasil. A desarticulação política com o resto do país poderia pesar como pesou para Jânio Quadros (CHAIA, 1991). Poderia não passar de uma aventura sem fôlego político eleitoral, destinada à derrota nas urnas. E se vencesse a eleição, o que poderia ser? Além disso, por ser do Nordeste, assim como Sarney, Collor poderia ser estigmatizado e rejeitado pelo Centro-Sul do país. Como imaginar que Collor pudesse ser assimilado pelos meios de comunicação e empolgar as grandes massas dos centros urbanos do Sudeste do país?

De qualquer modo, o cenário sucessório favoreceu Fernando Collor, fazendo-o presidente da República. Configurava-se uma situação assemelhada à que Francisco Weffort um dia se referiu ao analisar o quadro político nacional de 1930, às vésperas do golpe que elevou Getúlio Vargas ao poder. Também desta vez presenciava-se a "incapacidade de auto-representação dos grupos dominantes e sua divisão interna (...) possibilitou a instauração de um regime político centrado no poder pessoal do presidente" (1989:71). Pelo menos era isso que se esperava do presidente, dadas as condições em que foi eleito.

Pode-se argumentar que ao cabo de sua experiência no Planalto, Collor não conseguiu centralizar o regime político em torno de seu poder pessoal. É verdade apenas a partir de determinado momento, quando passou a perder o controle da situação e teve que se abrir (tentar) a

[82] Sirvo-me desta definição presente no ensaio de Jorge Ferreira *O Nome e a Coisa: o Populismo na Política Brasileira*. Nele o autor tenta recuperar o sentido conceitual do populismo servindo-se de trabalhos clássicos como o ensaio *Que é o Ademarismo?*, produzido por Alberto Guerreiro Ramos e pelo Grupo de Itatiaia (2001:68).

composições. Nos primeiros meses, seu poder foi de tal magnitude, que operou o maior confisco de ativos financeiros de que se tem notícia na história do país, o Plano Collor.[83] No mais, parece inegável, portanto, que o quadro político de 1989 configurava-se a partir de uma *enorme* "incapacidade de auto-representação dos grupos dominantes"; basta que se perceba as condições em que estavam os partidos de apoio ao governo Sarney, assim como a movimentação de setores da elite em busca de um candidato antibrizula.

O acompanhamento da conjuntura política e econômica, dos meses que antecederam a eleição, permite que se compreenda o cenário sucessório, que, ao lado de questões estruturais (Capítulo 2), favoreceu Fernando Collor de Mello. A análise desse período pode ser feita a partir de exemplares da revista *Veja*.

Em sua primeira edição de 1989 (4 de janeiro de 1989), a revista repercute o assassinato do sindicalista Francisco Alves Mendes Filho, o Chico Mendes. Dá destaque em sua capa. "O assassinato do sindicalista traz à tona o cotidiano de violência dos conflitos agrários no norte do país", diz. Chico Mendes transformou-se num símbolo político da luta pela defesa do meio ambiente e contra a truculência política — como os conflitos agrários eram resolvidos no Brasil. Pelo país inteiro, foram realizadas manifestações de protesto que ao mesmo tempo em que exigiam a apuração do crime e prisão de seus autores, denunciava um clima de violência política. A revista aproveitava para divulgar uma lista de pessoas "marcadas para morrer", juradas de morte em virtude de conflitos políticos. Havia, portanto, inegável radicalização política.

Na economia, o mesmo número da *Veja* informava que o ministro da Fazenda, Maílson da Nóbrega, preparava novo pacote para segurar a inflação, que chegava a 28,79% ao mês — sim, ao mês! O crescimento do Produto Interno Bruto caía a 0,04% ao ano.

Em 11 de janeiro de 1989, em letras garrafais, *Veja* trazia em sua capa a palavra "BASTA!". Na foto, um homem era retirado do mar. Sob a foto, a legenda: "Uma combinação de ganância, desrespeito ao cidadão

[83] Com o intuito de domar a inflação e estabilizar a economia, em 16 de março, um dia após tomar posse, portanto, a equipe econômica de Fernando Collor editou uma medida provisória (MP168/90) que promoveu um confisco monetário, gigantesco e sem precedentes no país: ativos superiores a 50 mil cruzados novos ficaram bloqueados. Estabeleceu também o congelamento de preços e salários, além da reformulação dos cálculos da correção monetária, entre outras medidas.

e desleixo das autoridades levou 52 pessoas à morte nas águas da Baía de Guanabara. O país está farto do descaso e do abuso — e quer punição exemplar para crimes como o naufrágio do *Bateau Mouche IV*". Na economia, o ministro Maílson da Nóbrega novamente aparecia, desta vez, como autor de um novo arrocho salarial que se preparava.

No *front* político, *Veja* informava que o presidente José Sarney preparava mais uma reforma ministerial, a quinta em três anos e dez meses de governo. Na matéria a respeito: "... Ao final do encontro (...) Antônio Ermírio (de Moraes, do Grupo Votorantim, o maior grupo privado do país) deixou o Palácio da Alvorada com a impressão de ter sido convidado para ser um superministro da economia na equipe de Sarney, enquanto no Alvorada ficou a impressão de que Ermírio recebera um convite para o Ministério das Minas e Energia, vago há vinte dias". Ainda na área política, *Veja* retratava os novos prefeitos que assumiam seus cargos naquele início de janeiro. Dos 4.200 novos prefeitos, mereceriam destaques a prefeita de São Paulo, Luiza Erundina (PT); os prefeitos de Belo Horizonte, Pimenta da Veiga (PSDB); do Rio de Janeiro, Marcelo Alencar (PDT); de Curitiba, Jaime Lerner (PDT); de Porto Alegre, Olívio Dutra (PT); de Florianópolis, Esperidião Amin (PDS). As grandes cidades brasileiras, na sua maioria, haviam eleito prefeitos de partidos que faziam oposição ao governo Sarney, absolutamente desgastado. Eram enfáticos ao dizer que as finanças dos municípios estavam na "UTI".

A capa de *Veja* de 22 de março de 1989 estampava Jair Meneguelli, presidente da Central Única dos Trabalhadores (CUT) e Luiz Antonio Medeiros, presidente da Confederação Nacional dos Metalúrgicos, fundeados por uma multidão que erguia várias faixas conclamando à greve geral. Em destaque, a legenda: "Chegou a hora dos Salários". Nas "Páginas Amarelas", espaço tradicional e de maior destaque em cada edição, o engenheiro Márcio Fortes, presidente do Banco Nacional de Desenvolvimento Econômico e Social (BNDES), observava que a privatização das empresas do governo dependia apenas de "vontade". Para ele, os empresários deveriam começar a investir em serviços públicos. "A crise foi impulsionada, sobretudo, pela facilidade de obtenção de recursos externos na década de 1970. Estes tempos não voltam mais e nós temos não apenas uma dívida externa para pagar, mas também uma grande necessidade de recursos para ampliar a infra-estrutura do país. Se ficarmos caolhamente pensando que romperemos as barreiras do FMI, do Banco Mundial e dos bancos privados, estaremos deixando de lado investimentos fundamentais para o nosso desenvolvimento." Na editoria de

Internacional, a revista cobria o processo de reestruturação econômica na União Soviética. "Gorbatchev restabelece a propriedade no campo para enfrentar a crise de produção que ameaça a Perestroika."

Em 8 de março de 1989, a revista estampava a imagem do ministro do Desenvolvimento Industrial, Ciência e Tecnologia, Roberto Cardoso Alves, que enfrentava suspeitas de corrupção. Era mais um caso de suspeição no governo Sarney. Desta vez, as denúncias referiam-se a irregularidades na direção do Instituto do Açúcar e do Álcool (IAA).

Veja de 5 de abril de 1989 trouxe em sua capa uma ilustração da foice e do martelo, símbolo do regime comunista, apresentando rachaduras, resultado do abalo político pelo qual aqueles regimes passavam no leste europeu. "Terremoto da reforma sacode o comunismo — o vento da liberdade que varre a Europa do Leste." A reportagem trazia informações a respeito da eleição de Boris Yeltsin, o que significou a derrota de Gorbatchev e de seu projeto. Segundo *Veja,* os resultados acachapantes, "esmagando o candidato oficial da burocracia". Para a revista, "os soviéticos disseram 'não' àqueles que se dizem os legítimos herdeiros da revolução que instaurou o comunismo no país, em outubro de 1917". Por diversas páginas, *Veja* relata as transformações que se processavam no leste europeu, o que para a revista colocava "o comunismo em concordata". É evidente que os fatos do Leste da Europa acuavam a esquerda no Brasil. As transformações nos países do então chamado "socialismo real" faziam com que a esquerda socialista brasileira passasse a ser rotulada de anacrônica.

No ambiente interno, uma notícia de duas colunas remetia a Jânio Quadros, em viagem pela Europa. Jânio é apontado como um "aspirante à Presidência da República"; num de seus freqüentes telexes, o ex-presidente pedia que a população se confraternizasse na promoção de gigantescos buzinaços diários, pontualmente às 18h30, "em protesto contra a corrupção que impera no país". Para *Veja*, da Europa, como se apontou anteriormente (Capítulo I), Jânio emitia sinais ambíguos sobre suas pretensões políticas: ora estava doente e debilitado, ora tinha saúde para suportar "o exercício de dois mandatos". "Isso é puro Jânio Quadros", observava a publicação, "e é dessa forma que ele sempre pavimentou suas candidaturas. 'Jânio é o vazio', afirma o deputado Antônio Delfim Netto. 'Não há ninguém ocupando espaços, e ele avança'".

Em 19 de abril de 1989, *Veja* dedica matéria de capa à penúria nas estradas federais: "A inépcia do governo coloca em risco 65 mil quilômetros de rodovias federais, um patrimônio que vale 150 bilhões de dólares". Nas "Páginas Amarelas", o governador do Paraná, Álvaro Dias, colocava seu nome à disposição de seu partido, o PMDB, para a disputa presidencial. "Nessa briga", dizia a introdução à entrevista, "o governador licenciado do Paraná conta com votos do grupo dos moderados, fiel ao governo federal, e também recebe apoio de convencionais da ala progressista. Um de seus maiores trunfos é a idade. Aos 44 anos, Dias é o *mais novo* (o grifo é meu) entre os nomes do partido que disputam a indicação para entrar na corrida presidencial — o deputado Ulysses Guimarães, o governador da Bahia, Waldir Pires, e o ministro Íris Resende, da Agricultura." Dois meses antes, em 9 de fevereiro, Fernando Collor de Mello lançara o manifesto de fundação do PRN, afastando-se do PMDB. Ainda assim, a idéia do "candidato jovem" não prosperaria no PMDB. Sem sucesso, Álvaro Dias tentava ocupar, no partido, o espaço deixado por Fernando Collor.

Ainda na área política, Leonel Brizola, primeiro colocado nas pesquisas de opinião para a disputa presidencial, conseguira, por fim, fincar uma base de apoio no Estado de São Paulo — seu calcanhar-de-aquiles — ao receber o apoio do sindicalista Luiz Antônio de Medeiros. Medeiros, expressiva liderança dos metalúrgicos de São Paulo, declarava que apoiaria Leonel Brizola pelo motivo exclusivo de ser o ex-governador "o único capaz de derrotar o Lula", dizia. Como se pode perceber, o chamado monstro "Brizula" não era uma unidade entre os dois líderes políticos, Brizola e Lula. Acima de Brizola, Lula era considerado por alguns setores como o mal maior.

Enquanto isso, segundo a mesma edição, o Ibope conferia a Fernando Collor o segundo lugar nas pesquisas de intenção de voto, já empatado com Lula, com 15% das intenções de voto. No levantamento, ambos estavam a apenas dois pontos percentuais do líder, Leonel Brizola. Dizia *Veja*: "Enquanto os dois maiores partidos do país em tamanho, o PMDB e o PFL, travam lutas internas para definir seus futuros candidatos à Presidência da República (...) Fernando Collor de Mello, candidato lançado por um desconhecido Partido da Reconstrução Nacional, ganha pontos na disputa onde realmente interessa — junto aos eleitores (...) O grande trunfo apresentado por Collor até agora está relacionado com um fato concreto. Como governador, Collor conseguiu transmitir não só para Alagoas, mas sobretudo para o resto do país a imagem de inimigo número 1 de uma praga que o Brasil aprendeu a odiar: o funcionário público ocioso na hora de trabalhar e voraz na hora de receber o salário". É impossível não reparar que ao definir a "praga que o Brasil aprendeu a odiar", *Veja* deixa transparecer um tom odiento, jornalisticamente falando, pouco objetivo. A revista abre aspas para o candidato e ressalta a semelhança com um candidato do passado: "'Se for eleito, vou moralizar este país', avisa Collor. 'Precisamos restabelecer a honradez, a dignidade e o caráter na vida pública.' É uma mensagem que o eleitorado gosta de ouvir e que, no passado, fez toda a carreira vitoriosa de políticos como Jânio Quadros". Na foto que acompanha a matéria, Collor aparece simples e sozinho, descendo a rampa do Palácio do Planalto; terno bem cortado, cabelos ao vento, envelope de papel pardo à mão, não carrega pastas e nem se afigura como um político "vetusto", carcomido pelos maus costumes. É jovem e despojado. Na legenda, o candidato dispara: "Sou o fato novo desta campanha". Mais uma vez, a revista abre espaço para os mordazes comentários do deputado Delfim Netto: "'O cidadão brasileiro não consegue viver muito tempo sem um inspetor Javert', comenta o deputado Delfim Netto, referindo-se ao clássico personagem de Victor Hugo que persegue implacavelmente as mínimas irregularidades no romance *Os Miseráveis*", conclui a revista.

No item corrupção — que de tão freqüente quase transforma-se numa editoria — *Veja* informava o afastamento do diretor da Superintendência de Desenvolvimento da Amazônia (SUDAM), Henry Checralla Kayath, baseado numa comissão de sindicância que apontava o desvio de recursos do Fundo de Investimento da Amazônia. Há, na expressão da publicação, "um bate-boca federal". Kayath classificava como "uma canalhice" a ação do ministro do Interior, João Alves, que o afastou. O governador do Pará, seu padrinho político, dizia que o presidente da República, José Sarney agira "como Judas". Mais desgaste para Sarney.

Na mesma matéria, *Veja* observa que Collor teria, ainda, muitos obstáculos pela frente: "Seu partido, o PRN, não existe. Conta apenas com um representante no Congresso, o imprevisível deputado paulista João Cunha, dez vereadores em Maceió e menos de 1% dos prefeitos eleitos em novembro passado". Na economia, o governo anunciava mudanças com o objetivo de salvar o Plano Verão.

Em 26 de abril de 1989, *Veja* estampava em sua capa a foto do cantor e compositor Cazuza, a imagem, que se tornaria histórica por chocante, impressionava em virtude da figura do cantor, magérrimo e debilitado pela Aids. Na política, no canto direito superior da capa, *Veja* destaca a foto do deputado Ulysses Guimarães, candidato a candidato do PMDB à Presidência da República. Para a publicação, era "o PMDB em xeque-mate". O partido dedicara dois dias a um encontro realizado em Brasília, em que onze governadores tentaram, em vão, convencer o deputado Ulysses Guimarães a abrir mão de sua candidatura à sucessão de José Sarney. "A percepção dos eleitores", diz a reportagem, "montada sobre o desempenho do PMDB de tempos para cá, cristalizou-se, por exemplo, nas pesquisas de opinião pública, nas quais os nomes da legenda jamais estão entre os primeiros colocados. *Até mesmo o governador de Alagoas, Fernando Collor de Mello, representante de um partido quase inexistente, o PRN, com apenas dois deputados* [grifo meu] emergia na semana passada para o ponto mais cobiçado do pódio em duas dessas pesquisas, realizadas pelo Instituto Gallup". Beneficiados pela perspectiva histórica, na leitura daquela *Veja*, nota-se que a matéria faz uma ressalva interessante, denotando que até aquele momento os meios de comunicação não consideravam a candidatura de Fernando Collor eleitoralmente viável. Sob o intertítulo "Chuvas de Verão", a revista observava: "A excelente colocação de Collor de Mello significa apenas que o governador, neste preciso momento, está prestigiado entre os eleitores. Como ficou provado inúmeras vezes no passado recente, as pesquisas de intenção de voto podem ser volúveis como as chuvas de verão".

Segundo a mesma edição, também no PFL o cenário aparece conturbado. Informava-se que o partido também vivia um ambiente de disputa entre dois postulantes à Presidência da República: o ex-presidente Aureliano Chaves e o senador Marco Maciel. Para conturbar ainda mais o ambiente, a deputada Sandra Cavalcanti também pleiteava a vaga, com o objetivo mais limitado, contudo, de apenas divulgar suas idéias em favor do parlamentarismo. Dizia a matéria que também não faltavam, entre os pefelistas, aqueles que, desesperados com a pouca viabilidade eleitoral dos candidatos oficialmente colocados, buscassem alternativas externas. Assim, nomes como Antônio Ermírio de Moraes e Silvio Santos eram freqüentemente lembrados. Outro nome cogitado nas fileiras do PFL era, mais uma vez, o de Jânio Quadros.

Como se vê, naquela mesma edição, *Veja* apontava os descaminhos e desacertos dos dois partidos da base de sustentação do governo Sarney, os dois maiores partidos de então, o PFL e o PMDB. No mais, faltava-lhes projeto: o interesse de seus membros vinculava-se, antes, na manutenção de espaços estrategicamente distribuídos na máquina estatal do que na fidelidade ideológica e partidária. O instinto de preservação política indicava que era importante continuar exercendo influência junto ao próximo governo, fosse ele quem fosse. Ulysses e Aureliano, que por fim seriam os candidatos, por pouco viáveis eleitoralmente, não garantiam a vitória e a preservação dos espaços. Como é de se supor, ambos seriam abandonados por parte majoritária de suas bases. Conformava-se aí uma situação de um ciclo vicioso. Como patinavam nas pesquisas de opinião em níveis rasteiros, eram abandonados pelas bases, que se envolviam com outras candidaturas. E como perdiam o apoio de suas bases, não conseguiam reagir aos baixos índices de intenção de voto.

A revista também relata o debate interno do Partido dos Trabalhadores. Na contramão do capitalismo e do movimento de mudanças do Leste Europeu, que *Veja* tão entusiasticamente reportava, Lula se debatia com idéias que mais tarde seriam comparadas às que levaram o "socialismo real" à bancarrota. A revista enumera as propostas do PT: 1) "Estatização dos sistemas de educação e saúde. A estatização do sistema financeiro é menos urgente, para Lula, mas também poderia ser desejável"; 2) "Criação de um sistema estatal de televisão para cobrir todo o país e acabar com os monopólios do setor"; 3) "Fazer reforma agrária mesmo em fazendas de produtividade muito elevada. O que o PT não quer é a existência de propriedades grandes"; 4) "Aumento imediato de salários"; 5) "Manter o Estado do tamanho que está ou aumentá-lo. Nenhuma estatal deve ser privatizada, segundo Lula". Como se pode perceber, enquanto Collor caminhava na direção de um discurso moralizador que empolgava as massas, o PT, pelo menos nas páginas de *Veja*, não enfatizava nenhuma ação nesse sentido, pelo contrário, sustentava que, vitorioso, aumentaria a intervenção do Estado.

Assim, não tardou para que Fernando Collor de Mello conquistasse nova capa de *Veja*, o que aconteceu em 17 de maio de 1989. Posando elegantemente vestido, debruçado sobre uma mesa, segurando o queixo com uma das mãos, Collor olha decididamente para a câmera. Na imagem, é jovem, sério e resoluto. Seu nome em letras garrafais — Collor — é seguido de "Quem é, o que quer e por que está agitando a sucessão". No canto superior direito da página, destaque para Olacyr de Moraes, "a riqueza do Mato Grosso". Exportador de soja, tipo de proprietário rural que *seria* expropriado por um governo do PT. Além disso, Moraes começaria, por conta própria, o decantado processo de elevados investimentos privados na infraestrutura do país a partir do que seria a construção da ferrovia Ferronorte.

Sob o título "O astro da largada", *Veja* indicava que, o agora, ex-governador "do segundo Estado mais pobre do país" disparava nas pesquisas a partir da popularidade que desfrutava como "caçador de marajás" e do "prestígio de inimigo do presidente Sarney". Collor tornara-se "uma estrela de primeira grandeza" na sucessão. Na matéria, já era alvo dos primeiros petardos: para Leonel Brizola, "é um produto da ditadura"; para Lula, "é um político conservador, comprometido com as oligarquias". Olímpico, "o caçador de marajás" não entra no bate-boca ditadura/oligarquia. Dá de ombros: "Minha candidatura aterroriza tanto a direita, que só aceita alianças tuteladas, quanto a esquerda, que só faz discursos. Eu tenho a prática". Os "caronas" políticos ao seu redor começam a se multiplicar e um clima de "já ganhou" vai se consolidando. "É um fato que poucos políticos gostam de Collor por aquilo que ele é ou diz. Mas também é um fato que, hoje em dia, muitos políticos começam a gostar de Collor pelo que ele tem — os números do Ibope." Vários governadores do PMDB foram atraídos para sua campanha. Muitos pefelistas se aproximavam à luz do dia, sem o menor constrangimento. Em algumas declarações, os mais afoitos apontavam vitória eleitoral já no primeiro turno (Ricardo Fiúza, do PFL-PE). Delfim Netto, o corrosivo comentarista de edições anteriores, começava a crer que se tratava de algo com maior consistência eleitoral. "'Acho que Collor é mais do que fogo de palha' (...) 'Aliás, quando o fogo é morro acima, tudo ajuda, até defeito vira virtude'", dizia.

Os defeitos de Collor, ou melhor, algumas das denúncias que pairavam contra ele, foram publicadas naquela edição, mas não pareciam incomodar o eleitorado. A revista destacava sem estardalhaço: 1) Aumento das verbas de representação dos altos funcionários de Alagoas e elevação dos vencimentos em até 40%; 2) Aquisição irregular de veículos; 3) Acordo com usineiros; 4) Existência de uma verba secreta, cujas acusações diziam ter sido desviada para financiar sua campanha; 5) Contratações ilegais de 6 mil funcionários, feitas sem concurso público, quando prefeito de Maceió. Com o mesmo destaque dado às denúncias, a revista veiculava as promessas do candidato — aliás, destaque maior visto que as promessas estavam numa página ímpar, 37, (página de frente, portanto) e as denúncias numa página par, 36. Entre as promessas, *Veja* destacou: 1) Acabar com o SNI; 2) Dorothea Werneck, Mário Henrique Simonsen e José Serra poderiam fazer parte do ministério. Delfim Netto e Maílson da Nóbrega estavam vetados; 3) Os ministros passariam a pagar por sua moradia a partir do salário que recebessem, além disso, ele próprio dirigiria seu carro; 4) Retiraria o aval dos empréstimos internacionais de Estados e empresas, eles que se virassem; 5) Fim da reserva de mercado, incompatível com o capitalismo; 6) Atração de empresas japonesas para o país com a possibilidade do mercado de automóveis para elas; 7) Tréguas para as greves, pois em um ano e meio a inflação seria levada a índices de 3% ao mês; 8) Os militares teriam os soldos melhorados; 9) Os fornecedores receberiam seus haveres com um desconto de 15% da comissão que cobraram do governo. Auditoria para quem reclamasse; 10) A Reforma Agrária ainda era uma questão não operacionalizada. Afinal, ninguém pode saber de tudo.

Veja ressalta que Collor ainda teria muito pela frente: um dos desafios seria superar o fantasma de um provável candidato muito parecido com ele — mais experiente, contudo —, o ex-presidente Jânio Quadros, que voltara ao Brasil e filiara-se ao Partido Social Democrata (PSD). "Não se sabe se Collor será capaz de caminhar. Já se sabe, no entanto, os dois maiores efeitos de sua arrancada. Um deles, geográfico, foi o de desmentir a lenda de que os candidatos favoritos teriam de sair de São Paulo — como se verifica agora, quem lidera o Ibope vem de Alagoas. O outro efeito diz respeito à campanha eleitoral em si — e desse ponto de vista, a candidatura de Collor de Mello distribui benefícios também para os adversários. Antes de sua arrancada nas pesquisas, a sucessão do presidente Sarney parecia uma disputa entre dois candidatos de esquerda — Lula e Brizola. Agora, a situação se modificou — aos poucos, aquela fatia da elite brasileira que costuma anunciar o colapso das instituições toda vez que descobre que suas urnas anunciam um colapso de votos já tem um candidato. Por causa disso, o rojão Fernando Collor de Mello, teimoso e brigão, é um nome que estabiliza a sucessão."

Estabilizada a sucessão, a campanha propriamente dita se inicia. Como vimos, a agenda de reformas da mídia e do "teimoso e brigão" Fernando Collor se retroalimentavam (Capítulo IV). No quadro que vinha se consolidando desde o início do ano, Collor não poderia receber maior elogio do que "teimoso e brigão", como lhe chamou *Veja*. Era exatamente isto que o eleitor queria e que a mídia oferecia: um candidato que teimasse em moralizar o Estado e que não se incomodasse em brigar com quem quer que fosse. Evidentemente, *Veja* sabia disso e, ao que parece, fazia o possível para dizer aos seus leitores quem era esse candidato.

Capítulo 6

A Campanha eleitoral

A eleição de 1989 se caracteriza por ser a primeira disputa direta desde 1960, mas também por ser uma eleição *solteira*. A dinâmica política se modifica, numa eleição atípica. O sistema político não opera dentro de suas características normais, com milhares de candidatos, a diversos cargos, buscando votos nas ruas e interagindo entre si e com a sociedade. A força e a energia dos candidatos aos governos estaduais, ao Senado, à Câmara Federal, às Assembléias Legislativas desaparece. Sem cabos "eleitorais naturais", as candidaturas ficam mais dependentes das performances dos candidatos a presidente, dos programas de televisão e dos bastidores.

Além disso, a existência de dois turnos — quando nenhum dos candidatos atinge 50% mais um dos votos válidos, como foi o caso — aguça e polariza a competição. Naquela eleição, em especial, a natural polaridade situação-oposição não se manifestou, abrindo espaço para um outro tipo de polarização. Segundo André Singer, a eleição de 1989 foi marcada pelo confronto esquerda-direita. Isso teria se dado em face do enorme desgaste do governo Sarney, o que impediu que a dualidade governo-oposição se manifestasse.[84] A rigor, não havia uma clara candidatura do governo na-

[84] O Plano Cruzado foi o ponto alto do governo Sarney. O congelamento de preços, no primeiro momento, possibilitou um elevado ganho para os setores populares e mesmo para a classe média. Os estabelecimentos comerciais que se arriscavam a remarcar os preços eram denunciados com estardalhaço, mobilizando os meios de comunicação e mesmo a Polícia Federal. Surgiram os chamados "fiscais do Sarney". A explosão do consumo acabou por fazer faltar produtos nas prateleiras dos supermercados. Sem a possibilidade da remarcação dos preços, o ágio se estabeleceu em vários pontos do país como uma espécie de "rapinagem" dos comerciantes, mas também como uma forma de ponto de equilíbrio entre a limitada oferta e a elevada demanda. Sem conseguir conter este processo definitivamente, o governo segurou o congelamento de preços até as eleições de 1986. Passadas as eleições, os preços dispararam e a inflação também. Sarney foi acusado de ter cometido um "estelionato eleitoral". Sua popularidade despencou. Isso aliado às denúncias de fisiologismo e corrupção atribuídas, sobretudo, como instrumento para garantir os cinco anos de seu mandato, fizeram com que o presidente José Sarney terminasse seu governo absolutamente hostilizado pelo eleitor, como se viu.

quela eleição. Em maior ou menor grau, todos se distanciaram de Sarney, inclusive Ulysses Guimarães e Aureliano Chaves que pertenciam a partidos que compuseram a "Aliança Democrática" (PMDB e PFL), sua base de sustentação no Congresso. Segundo o Instituto Datafolha, 68% dos eleitores achavam a gestão de Sarney ruim ou péssima. Evidentemente, não havia candidato que se prontificasse a defender o governo (Singer, 2000:51). A questão central, desse modo, talvez fosse saber quem conseguiria melhor galvanizar essa enorme força oposicionista em seu proveito.

Como se viu, no início de 1989, Collor tornou pública sua disposição de se candidatar à Presidência da República. Indicou que o faria mesmo ao custo de abandonar o PMDB. Em 9 de fevereiro, lançou o manifesto de criação do Partido da Reconstrução Nacional (PRN). Teve como base o Partido da Juventude (PJ), legenda sem nenhuma expressão eleitoral. Atraiu para sua chapa o senador mineiro Itamar Franco, estabelecendo a aliança entre o Nordeste e um grande Estado do Sudeste. Além do que, Minas Gerais significava o segundo maior eleitorado do país. Coerente com sua performance enquanto governador, definiu como vigas mestras de seu discurso de campanha a moralização administrativa — a partir do combate à corrupção do governo Sarney e no combate aos privilégios do funcionalismo — e a modernização do país, a partir da reforma do Estado, diminuindo sua importância, e da abertura da economia.

O programa de TV

Em 30 de março, o PRN apresentou seu primeiro programa no horário gratuito reservado aos partidos políticos na televisão, em cadeia nacional. O programa era plasticamente bem acabado, de acordo com os especialistas. Foi exaustivamente explorado no decorrer da campanha, pois apresentava elementos que foram básicos e recorrentes nos demais programas ao longo da disputa, sobretudo, em relação aos programas do Horário Gratuito de Propaganda Eleitoral (HGPE).

De acordo com Renato Lemos, visualmente apoiado em modernas técnicas de comunicação audiovisual,

> Collor apresentou-se como o único candidato capaz de resolver os problemas brasileiros. Denunciou a crise moral que o país estaria vivendo, chamou a atenção para as dimensões da dívida externa e criticou duramente Sarney e os "coro-

> néis" que, no seu entendimento, dominavam a política. Não esqueceu de bater em seu alvo predileto, os "marajás". Uma semana depois, nova pesquisa o apontou como o líder na preferência dos eleitores. Sua candidatura não era, porém, vista ainda como uma real ameaça pelos favoritos, que a interpretavam como fenômeno eleitoral passageiro (2002).

A análise deste programa comparado aos demais, já no HGPE do TSE, leva a considerá-lo como o mais importante e significativo do ponto de vista político e da apresentação de um conjunto de propostas que seriam, dali por diante, exaustivamente repetidas. Pode-se afirmar que sua agenda (e a agenda política do país, presente no noticiário e nos editoriais dos meios de comunicação) está integralmente ali colocada: a defesa apaixonada da moralização pública; a crítica à política econômica — vazia de conteúdos mais sólidos, aferra-se à questão da dívida externa; a denúncia à ineficiência administrativa pública; a defesa da superioridade da gestão privada comparada ao Estado; seu entendimento das mudanças econômicas internacionais etc.

No programa, podemos perceber muito do estilo personalista do candidato e do messianismo que utiliza para comunicar-se com a massa: seu comportamento corporal, denotando força, juventude de determinação; sua retórica envolvente, direta e objetiva, que dizia exatamente as palavras que o eleitorado gostaria de ouvir, como apontavam as pesquisas do Vox Populi. Enfim, um episódio típico do que viria a ser o restante da campanha.

Iniciava-se com Fernando Collor diante das câmeras, olhando-as fixamente. Está de paletó preto, camisa branca, gravata vermelha. É decidido e resoluto. Diz: "O Partido da Reconstrução Nacional, o PRN, deseja levar a todos vocês, nos próximos 60 minutos uma mensagem de esperança, de crença no futuro deste país. Nós acreditamos no Brasil. O Brasil é muito superior às suas elites dirigentes. Nós haveremos de vencer os desafios, minha gente. Nós haveremos de nos orgulhar do Brasil. E o PRN entende que para isto é fundamental nós equacionarmos quatro grandes problemas que afligem a todos nós nesta quadra particularmente difícil da vida nacional".

1. A crise moral

"O primeiro deles — o primeiro problema — é a crise moral. É a raiz de todas as outras crises. Nós temos que equacionar a crise moral e posteriormente a crise econômica, a crise política, a crise da convivência social... O PRN se propõe a realizar esse trabalho, com destemor, com decisão e, sobretudo, com a crença de que juntos, nós haveremos, todos, de reconstruir o nosso país."

À parte o fato de "destemor, decisão e crença" não significarem absolutamente nada em termos objetivos, o programa exercia enorme magnetismo. Nas cenas externas, populares emitem suas opiniões sobre o Brasil. Entre tantos desconfortos, um deles (um senhor de meia-idade) diz: "É vergonhoso ser brasileiro hoje em dia. A maior vergonha que eu tenho na vida é a de ser brasileiro". A imagem congela. Silencia durante alguns segundos. Profundo, o depoimento, é claro, teve a intenção de chocar a audiência.

Collor reaparece, olha para as câmeras como que para socorrer a todos, socorrer a nacionalidade. Ao mesmo tempo resignado e decidido, afirma que o compromisso do Partido da Reconstrução Nacional é reavivar a esperança nacional: "É triste nós ouvirmos, mas não sem justificadas razões, brasileiros, pessoas afirmarem que têm vergonha de serem brasileiros. Isso pelas frustrações que governos sucessivos trouxeram à alma nacional".

A cantora Elba Ramalho surge com um boneco do "Pateta" nas mãos e pergunta do quê o "Pateta" ri; Cláudia Raia irrompe em cena e realça expressões como: "Cadê o meu?", "O que eu levo nisso?", "Toma lá, da cá", "É dando que se recebe", "Lá vem o trem da alegria", "Eu quero é ser marajá!". Após afirmar que aquelas expressões, embora parecessem brincadeiras, eram de fato reais e estavam no cotidiano da política, pergunta aos telespectadores o que achavam daquilo. Novamente externas. Um senhor sério, de terno e óculos, critica veementemente a Constituição. "A Constituição deveria ter somente um item: 'todo homem é obrigado a ser honesto'", diz. O tom dado pelos demais participantes é o de que não há honestidade, de que os políticos daquele momento estavam corrompidos, ultrapassados. Seria preciso mudar, mudar para que surgisse alguém novo, determinado, forte, poderoso e, principalmente, honesto.

O programa passa a se dedicar em mostrar a obra de Collor, nas Alagoas, onde teria empolgado seus eleitores com "discursos firmes e sinceros, assumindo no palanque de campanha compromissos com o povo e com aquela terra".

Ressurge Collor falando para a platéia: "Em nenhum momento e na campanha eleitoral esses coronéis sem patente do sertão, lá do Estado e da região nordestina, esses assassinos, esses canalhas, que me perseguiam durante a campanha, querendo impedir que eu fizesse comícios, querendo impedir que eu falasse, querendo impedir que eu denunciasse... Em vários instantes eu vi a presença do desastre muito perto de mim". Corta. Cena externa. Collor está no alto de um sobrado de Limoeiro de Anadia (AL), na campanha para o governo de Alagoas. Equilibra-se sobre uma pequena mureta. Em mangas de camisa, discursa para a massa. Microfone à mão, gestos largos, decididos e corajosos:

> Subo aqui neste patamar porque hoje, ao chegar nesta cidade, fui avisado por companheiros nossos, de que (*sic*) nós não faríamos uma passeata pelas ruas deste município. E, além disso, fomos informados de que (*sic*) eu corria risco de vida (*sic*) porque capangas assalariados daqueles que acham que isso aqui é um terreiro de sua propriedade estariam preparados para atentar contra a minha vida. Faço questão de aqui me postar para ser talvez um alvo mais fácil para as balas assassinas daqueles que deixarão o Estado de Alagoas em paz a partir de março do ano que vem.

O programa segue com "realizações" em Alagoas: o narrador aponta que, imediatamente, ao assumir o governo, Fernando Collor passou a cumprir os compromissos de campanha. Na tela, manchetes de jornal indicam os seus feitos audazes contra os marajás. Uma delas indica que "Lula elogia Collor". Suas medidas moralizantes em Alagoas são realçadas. Seu governo teria deflagrado "uma verdadeira revolução administrativa em Alagoas, baseado no trinômio da moralidade, austeridade, eficiência".

Cenas de centenas de funcionários que teriam voltado ao trabalho seriam exemplos da austeridade e da coragem que faltavam ao governo federal. Era a defesa do povo contra os privilégios dos marajás. Collor era um vitorioso, Alagoas um "exemplo a ser dado à nação".

O candidato ressurge no vídeo para dizer que "graças a Deus, nós exterminamos com (*sic*) o vírus do marajaísmo em Alagoas". Mas todo o telespectador sabe que, "no seu município, no seu povoado, no seu Estado (à exceção, naturalmente, das Alagoas)", ainda existe um marajá. "Nós precisamos acabar com essa república, república dos privilégios, república dos marajás... e o exemplo que nós podemos hoje oferecer a todos vocês, com base no que realizamos em Alagoas, nós queremos realizar no programa do Partido da Reconstrução Nacional." A campanha à presidente da República está naturalmente lançada.

2. *A crise econômica*

Durante o restante do programa, caberia aprofundar questões que pudessem atrair o interesse de outros setores que não se comoveriam apenas com os arroubos e promessas de moralidade no serviço público. A questão agora era falar do "drama da crise econômica" e de sua resolução, o segundo compromisso do PRN.

Congelamento de preços, disparada posterior desses preços e congelamento de salários que não cessa. Desemprego, arrocho salarial e fracasso do Plano Verão. Fábricas que no passado sustentavam cidades inteiras teriam sido fechadas. A vida naquelas cidades acabou. A prosperidade virou miséria. O exemplo dado é o fim da "FeNeMe", Fábrica Nacional de Motores, que funcionara em Xerém, no Estado do Rio de Janeiro. Para o PRN o "país está parando". A questão da dívida é levantada pelo próprio Collor, baseado na leitura de um jornal diário de circulação nacional, do dia 21 de março, o qual o governador ostenta diante das câmeras. De acordo com Collor, a dívida do Brasil "mais que dobrou". Para ele, a dívida seria impagável. Os juros pagos já seriam exorbitantes, os acordos seriam "imorais". Promete lutar para tratar da dívida interna com "os pés na realidade". Levantava muitas dúvidas sobre a dívida que teria sido mal contratada e mal gasta; indicava a necessidade de uma auditoria da dívida, "uma promessa esquecida da Nova República". A auditoria seria fundamental: "O Brasil deve hoje 114 bilhões de dólares (...) e nós continuamos pagando, pagando, pagando. Até quando? Nós temos o direito de saber o que nós estamos pagando". Nos dez anos anteriores, o país teria pagado em juros algo em torno de 104 bilhões de dólares. Além da menção à auditoria da dívida, o candidato ainda não apresentaria uma reformulação mais acabada a respeito da solução da dívida econômica.

Collor questiona o modelo de desenvolvimento, pede água para o Nordeste, demonstra regiões no Vale do São Francisco, ricas em produção agrícola. Produção forjada no esforço da iniciativa privada. No Estado de Tocantins, como contraponto, aparecem "montanhas" de sacas de arroz que apodrecem nos estoques (quatro milhões e duzentas mil toneladas estariam naquela mesma situação no Brasil inteiro). Lembraria que, simultaneamente, crianças morriam desnutridas nas cidades. Para ele, aquilo seria qualificado como crime de lesa-pátria. Mas o alvo não parece ser necessariamente o crime e o desperdício, mas o modelo estatal. "Infelizmente, é isso o que acontece quando o governo federal põe a mão e interfere", diz. Nessas duas cenas, ficam claros a crítica ao modelo baseado na ação estatal e o elogio à iniciativa privada, com que se insinua pelo apoio dos setores de elite. O que mais disse? Mais não disse.

3. A crise da convivência social

O terceiro compromisso do Partido da Reconstrução Nacional seria com a solução da crise da convivência social, com a melhoria da qualidade de vida. O programa denuncia as péssimas condições de sobrevivência a que estavam submetidas enormes parcelas da população. As cenas que seguem são de miséria nos grandes centros urbanos e de exploração no campo.

> É, minha gente, o que nós acabamos de ver foram cenas que retratam com muita nitidez o nosso Brasil de hoje: a fome, a miséria, a mortalidade infantil, o analfabetismo... mazela de um processo econômico que não privilegia os mais necessitados. O Partido da Reconstrução Nacional entende que para resolver esses problemas, para estabelecer uma convivência social solidária entre todos os brasileiros é fundamental que nós retomemos o processo de desenvolvimento. Nós precisamos de um modelo de desenvolvimento que tenha um vigoroso programa social. Não esse que nós estamos acostumados já a ouvir e que fica como sempre nas palavras pela pouca responsabilidade daqueles que as enunciam, essas promessas, enunciam essas palavras. Pensamos num programa social sem o clientelismo a que hoje estamos assistindo, na distribuição de gêneros, o que gera a corrupção e a intermediação sempre nefasta, sempre ruim para o beneficiário final que deveria ser a população carente mais necessitada. O Partido da Reconstrução Nacional entende que a saúde, a educação e a habitação são deveres inalienáveis do Estado (...) e finalmente é um modelo (o programa do PRN) que tem preocupação fundamental com o meio ambiente...

Collor, seus filhos e sua esposa, Rosane, aparecem num barco no meio de um rio amazônico, entre as vitórias-régias, assumindo compromisso com o ecossistema e a Amazônia. "Esta floresta nos pertence. Nós não podemos entregá-la por nada."

4. A reconstrução política

O quarto ponto é o compromisso com a "reconstrução política". Collor se compromete com o resgate dos "ideais republicanos", recuperando a confiança no sistema partidário e da classe política. Estes seriam requisitos para o fortalecimento da democracia. Uma jovem de 17 anos surge na tela com seu título de eleitor, seu "passaporte para a liberdade".

A marca de sua campanha começa a aparecer num animado vídeoclipe: a palavra Collor com os dois "eles" (ll) em verde e amarelo. No meio da multidão, Collor abraça, conversa, ouve, sorri e se emociona. É saudado numa convenção partidária, de camisa amarela, vai socando o ar, de olhos esbugalhados, diz: "Nós haveremos de construir este país: tijolo por tijolo; pedra por pedra. Até que a sociedade que nós almejamos — mais justa e mais solidária — seja finalmente levantada por todos nós".

5. O novo contexto mundial

A situação do Brasil — dirá Collor novamente em estúdio e diante das câmeras —, se complica diante do contexto mundial que estaria se formando. Cita os Estados Unidos e o Canadá, que se unificaram em bloco e abriram suas economias, assim como a Europa, mais tarde, em 1992, também o faria. Até mesmo os países comunistas se abrem ao capital, ao investimento externo. O Japão surge no discurso como um pequeno território onde uma população trabalhadora e moderna transformou o país numa pujante economia. Em relação ao Brasil, a questão seria descobrir como inserir o país, "soberanamente", dentro daquele novo contexto. Embora o país não pudesse esquecer de sua soberania, não se poderia desconsiderar que o crescimento nacional estava "intimamente atrelado" àquele intercâmbio com o resto do mundo.

6. O Estado brasileiro

De acordo com Fernando Collor, o Estado brasileiro é, "como todos nós sabemos, gigantesco, irracional e ineficiente". O que se buscava era um

"Estado moderno, ágil, austero, eficiente, um Estado que realmente preste [pequena pausa] serviços a nossa comunidade e a nossa população. Um Estado que não seja interventor, que não seja paternalista, que não seja clientelista. Um Estado que deixe as forças de mercado trabalharem sem que a sua interferência, muitas vezes indevida, atrapalhe os mecanismos de uma economia de mercado da livre iniciativa..."

Pede um basta ao gigantismo do Estado, às mordomias, aos carros oficiais, ao burocratismo ("siglas, siglas e mais siglas... Chega!").

7. Desincompatibilização e candidatura

Collor transmite o cargo numa cerimônia concorrida. No video, muitas imagens mostrando inaugurações, discursos, gestos de heroísmo, realizações políticas do governador. Pesquisas do Ibope apontam uma aprovação de 71% dos entrevistados. No discurso, o tom messiânico está presente:

> Cheguei à posição que hoje me encontro, ao contrário dos que apregoam os que me agridem e os que me injuriam, com mensagens claras, com projetos factíveis e ideais conhecidos de todos. Quero ser e haverei de ser, com a ajuda de vocês, a voz dos oprimidos, a voz dos desassistidos, a voz dos espoliados e dos humildes, que nunca tiveram voz nem vez, nem voto no processo histórico brasileiro. Não venho em nome dos que têm fome de poder, mas sim em nome daqueles que têm fome de justiça. Venho, ao lado de vocês, em nome da fé, como mandatária da verdade e sob a inspiração da liberdade com justiça para promover a prosperidade coletiva, retomar o desenvolvimento, restaurar a dignidade da vida pública, assegurar a soberania nacional — tao aviltada —, reformar as velhas estruturas... e banir de vez os vícios da incompetência, da corrupção e das práticas espúrias, que infelicitam o país, degradam a atividade política e envergonham a nação brasileira. Tenho a certeza, companheiros, que correspondendo ao que de mim espera o povo brasileiro serei a voz dos inconformados porque dentro de mim ferve de indignação a ira dos justos contra a miséria em que vive a maioria de uma população pobre dentro de um território rico ante a in-

> diferença de alguns, o conformismo de muitos e a aceitação passiva de quase todos.

Emocionado ao falar do Nordeste, da seca e da irrigação, Collor vai às lágrimas. "O Nordeste precisa de água, o resto ele saberá fazer", diz com a voz embargada. É interrompido por gritos de "Collor, Collor, Collor". Responde, conclamando a todos:

> Vamos, minha gente, começar um Brasil Novo. Um Brasil de esperança, mas também de certeza. Um Brasil que saiba vencer a inflação, o atraso, a descrença, a miséria e a fome. Que não se acovarde diante do empreguismo, dos marajás sem-vergonhas, dos privilégios, da corrupção e da injustiça. Vamos, minha gente, começar um Brasil Novo. Um Brasil honrado e digno em respeito a cada cidadão decente deste país. Por isso, ao finalizar as minhas palavras e mais uma vez agradecer a todos vocês pela confiança, mais uma vez eu apelo a todos que aqui estão, a toda nossa população, pedindo para que não me deixem só nesta hora decisiva. Não me deixem só, nessa hora decisiva em que pela força do seu voto e da sua consciência e pela grandeza da sua fé haveremos de transformar este país, antecipando o futuro promissor com que todos sonhamos. Não me deixem só. Eu preciso de vocês.

Como não poderia deixar de ser, o programa do Partido da Reconstrução Nacional acaba num clima de efusiva emoção. Crianças, jovens, velhos, homens e mulheres, todos à rua. Nos rostos, a expressão de confiança no líder, no salvador que se anunciou.

Além do programa do PRN, Collor participou de dois outros programas partidários, o que contribuiu muito para a fixação de sua figura política no imaginário popular. Em 27 de abril, apareceu como convidado especial no programa de TV do Partido Trabalhista Renovador (PTR), outra legenda minúscula e desconhecida. Reforçou a imagem de "caçador de marajás", assim como ressaltou sua juventude e coragem. Em 18 de maio, participou do programa do também inexpressivo Partido Social Cristão (PSC). Os programas na tevê mostraram um candidato cujo figurino atendia ao gosto da opinião pública. Por meio deles, passou a ser conhecido e reconhecido em todo o Brasil.

Collor associou a sua campanha recursos avançados de *marketing* político com o fato de ele ser, também, um grande produto de *marketing* político. O candidato possuía o que, no meio, chama-se *timing*. Sabia a hora de falar e de calar. Além disso, sabia explorar detalhes: inflexão de voz, expressões faciais, tensão e relaxamento. Era um produto refinado, nesse sentido.

> Não adianta você fazer uma boa campanha e não ter um produto. Tenho um amigo que trabalhou com o Collor nos momentos finais da campanha — um experiente jornalista, que se encantou com o Collor e acabou trabalhando na sua equipe logo no começo — e ele me dizia achar impressionante a intuição política do Collor. Ele me dizia: "Maílson, o Collor tem política nos poros. Ele sabe o momento de falar, ele sabe dar o tom, o grito, o sussurro". Não sei se o Jânio Quadros teria sido algo parecido, ou seja, o populista — não no sentido econômico. Ele tinha outra qualidade, que não é muito comum: falar de formas diferentes para diferentes públicos. Quer dizer, se ele fosse falar aqui na Fiesp, ele sairia ovacionado. Se ele fosse falar na Rocinha, também.[85]

Segundo pesquisa divulgada por *Veja* em março de 1989, Collor era o mais popular governador do Nordeste do país. Sua popularidade pode ser avaliada pelo fato de ter se tornado tema dos enredos de quatro escolas de samba, no carnaval daquele ano. Era reconhecido pela maioria dos brasileiros, até porque durante o período que teve início com sua posse no governo de Alagoas e se estendeu até o começo da campanha, não ficou um só mês longe da mídia.

Sua estratégia seguiu na busca de se comunicar simultaneamente com as massas mais atrasadas e desorganizadas do país, bem como com setores da elite. Para a massa, acenava com a moralidade e com a exploração do sentimento religioso. Seu primeiro programa no horário eleitoral gratuito veicula imagens do candidato no Monte Pascoal, em Porto Seguro (BA), lugar em que o Brasil foi descoberto e onde se realizou a primeira missa. Collor aparece ao lado de uma enorme cruz dizendo:

> Manhã de 26 de abril de 1500, poucos dias após o descobrimento, foi realizada num altar improvisado, na beira da

[85] Entrevista com Maílson da Nóbrega em 25 de maio de 2001.

> praia, a primeira missa em território brasileiro pelo Frei Henrique Soares Coimbra. Naquele dia, minha gente, ficou marcado o nosso compromisso com Deus, o nosso compromisso com a fé. Este é o símbolo da nossa fé [diz indicando a cruz]. A mesma fé que me faz acreditar que poderemos juntos construir um futuro melhor para todos os brasileiros. A mesma fé que me faz continuar nesta caminhada, vencendo os obstáculos, vencendo os desafios, superando as injúrias, as calúnias e as difamações. A mesma fé que faz com que eu acredite que juntos, eu e você, poderemos promover neste país as reformas de que estamos a necessitar para fazer da sociedade brasileira uma sociedade mais fraterna, mais solidária e com um compromisso com a justiça social.

Ao longo da campanha, o candidato procurou vincular sua imagem à de Frei Damião. Frei Damião era "um frade idoso extremamente conservador, mas muito influente no Nordeste, onde era apontado como o sucessor do padre Cícero Romão Batista, o Padim Ciço. Também a enorme maioria dos pastores das diferentes igrejas evangélicas optou por apoiá-lo, temerosos da *identificação* de Lula com o 'comunismo ateu', temor reforçado por Collor na última fase da campanha, quando adotou uma orientação ainda mais conservadora" (Lemos, 2002).

Mas não somente aos "desorganizados" Collor buscou falar. Um de seus programas foi dedicado a São Paulo. Iniciou sua participação arriscando os versos de Caetano Veloso, "Alguma coisa acontece no meu coração". Flertou com trabalhadores metalúrgicos nas portas de fábrica. Ao lado de Antônio Rogério Magri, da direção da Central Geral dos Trabalhadores (CGT), prometeu que em seu governo os trabalhadores teriam participação nos lucros e que nomearia um trabalhador, sindicalista, seu ministro do Trabalho.

Para a elite, sinalizou com um projeto de modernização econômica. Vago, é verdade, mas apontando para a diminuição do papel do Estado na economia, contra a ineficiência estatal e pela abertura do mercado ao capital e aos produtos internacionais. Como símbolo da ineficiência estatal, mostra cenas de um armazém em Formoso do Araguaia (TO), onde milhares de toneladas de arroz apodrecem ao ar livre sem que sejam distribuídas. Para ele, o local era "um cemitério de cereais". Aquele era o "Brasil do desperdício", o "Brasil da incúria". Na televisão, mostrava seu esforço na elaboração de um programa de governo para "arrumar o Brasil". Mais de

200 técnicos estariam envolvidos, entre eles, enfatizava-se, a presença de uma mulher, "a professora e economista Zélia Cardoso de Mello", coordenadora do programa. Uma equipe de trabalho "jovem, que aposta na democracia e acredita no Brasil". O Brasil mudaria com quatro grandes reformas. 1) "a reforma administrativa, que vai reduzir pela metade o número de ministérios, cortar os gastos do governo e eliminar os marajás"; 2) "a reforma fiscal, que vai combater duramente os sonegadores de impostos e criar um sistema mais justo para os assalariados"; 3) "a reforma patrimonial, que vai privatizar as empresas estatais, com a participação dos empresários e do trabalhador"; e 4) "a renegociação soberana da dívida externa". Com essas reformas, o Brasil conseguiria, afirmava, arrecadar de maneira suplementar a *estrondosa* quantia de 94 bilhões de dólares; o Produto Interno Bruto cresceria em 47%; no final do governo, o salário mínimo triplicaria; os 20% mais pobres dobrariam sua participação na renda nacional. Números tão extraordinários quanto difíceis e improváveis. Realizáveis talvez apenas numa dezena de anos, se tudo corresse muito bem; se, como disse Garrincha, *fosse combinado com os russos*.

À parte dos discursos e das promessas de campanha, o maior perigo a que a candidatura de Collor esteve exposta durante o primeiro turno foi a candidatura Silvio Santos, considerada o "fato novo" e a bomba daquela eleição. A candidatura do animador de programas de auditório e proprietário do Sistema Brasileiro de Televisão (SBT) foi articulada a partir do Palácio do Planalto, como defendem várias fontes que analisaram aquele processo. Para Mário Sérgio Conti, "a candidatura do dono do SBT surgiu no rastro da crise do PFL e dos ataques de Collor a José Sarney" (1999:198).

A entrada de Silvio Santos em cena jogava Collor ao segundo lugar das pesquisas. De acordo com o Instituto Gallup, Silvio Santos começaria na disputa num patamar de 29% das intenções de voto; Collor ficaria com 18,6%, acompanhado de Lula com 10,6% e Brizola com 9,9%. Embora as chances de vitória do apresentador fossem realmente grandes, seria um golpe contra a candidatura de Collor, sobretudo. Para isso, o ideal para o comando político do Planalto seria que Silvio Santos concorresse pelo PFL. Os embaixadores deste processo foram os senadores pefelistas Edison Lobão (MA), Marcondes Gadelha (PB) e Hugo Napoleão (PI),[86] que tentaram dissuadir Aureliano Chaves da candidatura presidencial. "'Combateremos o veneno com um veneno igual', disse Gadelha a Aureliano" (CONTI, 1999:198).

---

[86] Apelidados pela imprensa de "os três porquinhos".

Segundo José Nêumanne Pinto, descartado o nome de Jânio Quadros, os assessores mais próximos do presidente Sarney passaram a ruminar uma alternativa que mantivesse o grupo no poder. Nesse sentido, até mesmo o nome do empresário Antônio Ermírio de Moraes havia sido cogitado por Sarney. Todavia, o nome de Silvio Santos se mostrou mais viável dada sua penetração no eleitorado mais simples e sua disposição pessoal em disputar a eleição (o que não ocorria com Ermírio). Lançada a duas semanas da realização do primeiro turno, a candidatura acabou patrocinada pela legenda do Partido Municipalista Brasileiro (PMB), que tinha como candidato Armando Corrêa, auto-intitulado "candidato dos explorados" (1989:151-159).

Contra Silvio Santos, não apenas os partidos e candidatos se insurgiram. Também os meios de comunicação, indignados pela forma — e assustados com o que sua eventual eleição poderia significar em termos de concorrência —, bombardearam a candidatura: à frente a Rede Globo. "Com o resultado da pesquisa Gallup, Roberto Marinho saiu a campo. Mandou que uma equipe de reportagem da *Globo* transmitisse a Collor o recado de que precisava se comunicar com ele com urgência. De Manaus, Collor falou pelo telefone com Roberto Marinho, que o aconselhou a colocar Silvio Santos e Sarney no mesmo saco, atacando os dois com firmeza." (Conti, 1999:201.)

Acusada de uma série de irregularidades, entre elas a de ter comprado a vaga do PMB, a candidatura de Silvio Santos acabou impugnada pelo Tribunal Superior Eleitoral (TSE). Foi a vez de Collor tirar proveito da trapalhada. Foi à televisão e bateu firme em José Sarney, chamando o presidente de "corrupto, incompetente e safado".[87] Sem Silvio Santos na disputa e estigmatizando ainda mais Sarney, Collor viu seu caminho livre e avançou. Em que pese os ataques que recebia dos demais candidatos durante os programas partidários do HGPE, consolidou-se no primeiro lugar e venceu o primeiro turno

No primeiro turno, concorreu com 21 candidatos,[88] que variavam de pesos pesados — como Aureliano Chaves (PFL), Ulysses Guimarães

[87] Horário eleitoral gratuito do dia 4 de novembro.

[88] Os candidatos foram: Fernando Collor de Mello (PRN), Luiz Inácio Lula da Silva (PT), Leonel Brizola (PDT), Ulysses Guimarães (PMDB), Paulo Maluf (PDS), Guilherme Afif Domingos (PL), Mário Covas (PSDB), Roberto Freire (PCB), Ronaldo Caiado (PDN), Affonso de Camargo Neto (PTB), Enéas Carneiro (PRONA), Antônio Chaves de Mendonça (PFL), José Alcides Marronzinho (PSP), Zamir José Teixeira (PCN), Fernando Gabeira (PV), Celso Teixeira Brant (PMN), Lívia Maria de Abreu (PN), Paulo Gontijo (PP), Antônio dos Santos Pedreira (PPB), Manoel de Oliveira Horta (PDC do B), Eudes de Oliveira Mattar (PLP) e Armando Correa da Silva (PMB). Ao final da eleição, os votos destinados a Correa foram considerados nulos. O candidato do PMB havia cedido a candidatura a Silvo Santos que foi impugnada pelo TSE.

(PMDB), Mário Covas (PSDB), Leonel Brizola (PDT), Lula (PT), Guilherme Afif Domingos (PL), Paulo Maluf (PDS), Roberto Freire (PCB) — até nanicos caricatos como Armando Correa (PMB) e José Alcides Marronzinho (PSP). Com 20.611.011 votos, foi o mais votado do primeiro turno, o correspondente a 28,5% do total de votantes. Como não atingiu os 50% mais um dos votos válidos, enfrentaria o segundo turno. O candidato do PT, Lula, seria seu adversário. Lula passara raspando, com 11.622.673 votos (16,1%), numa disputa apertadíssima com Leonel Brizola (15,5% dos votos válidos).

O segundo turno

O segundo turno ficaria marcado com o aforismo que diz que *em política, o feio é perder* e entraria para a história do país. A polarização política foi aguda e inevitável. Os candidatos, Lula e Collor, eram os mais expressivos ícones da oposição ao governo Sarney. E, como a crítica ao governo não os diferenciava, ficaram mais expostos aos questionamentos ideológicos do adversário do que ao embate programático. Collor aglutinou em torno de si a direita e os setores que deram suporte aos militares. Por sua vez, a esquerda e os setores que se celebrizaram na oposição ao regime militar ficaram com Lula. Collor recebeu o apoio de partidos conservadores de todos os matizes (PFL, PDS, PL, PSD, PTB). Também a Federação das Indústrias do Estado de São Paulo (Fiesp), a Confederação das Associações Comerciais do Brasil, bem como de sindicalistas da Confederação Geral dos Trabalhadores (CGT) o apoiaram.[89] Em torno de Lula, uniram-se PSDB, PMDB, PDT, PCB e pequenos partidos de esquerda e também a Central Única dos Trabalhadores (CUT).

O tom colérico e messiânico utilizado por Collor no primeiro turno, no segundo turno ganharia relevo ideológico mais claro. Para Collor, o candidato do PT, Lula, era um incendiário, subversivo, anacrônico e representante de um pensamento que desmoronava no resto do mundo. "Meu programa não foi elaborado com a importação de idéias falidas", disse à *Veja* de 29 de novembro. À *Veja* disse também: "Enquanto Lula

[89] Ainda que oficialmente Collor tenha recusado o apoio da Fiesp, o que, do contrário, evidenciaria uma enorme contradição entre seu discurso eleitoral do primeiro turno e as alianças políticas de segundo turno.

fala no lucro como se fosse um palavrão, o maior exportador do marxismo, o soviético dá demonstração de sintonia com o mundo moderno. Enquanto o PT deseja a estatização, países europeus de diversas correntes, como a Espanha de Felipe Gonzáles, a Inglaterra de Margaret Thatcher e a França de François Mitterrand falam em privatizar. Por que correntes ideológicas diferentes tomam medidas comuns? Porque em países desenvolvidos não se discute direita, centro e esquerda".

Para Collor, a eleição do candidato do PT colocaria a propriedade privada e o estado de direito em risco. O partido, por socialista e radical, segundo Collor, estaria disposto a tomar o poder pela luta armada, se fosse preciso. Cercava-se de grupos comunistas e baderneiros, nas expressões de então. E era apoiado por fracassados e incompetentes; enunciava um programa falido e anacrônico que tomaria o direito de propriedade.

De si, lutava por consolidar-se exatamente pelo oposto: um conservador na política e liberal na economia. De acordo com Renato Lemos, Collor "defendeu um programa econômico neoliberal, (...) anunciou, de forma enigmática, que seu governo deixaria 'a direita indignada e a esquerda perplexa', (...) recebeu a adesão de setores conservadores", representados por Roberto Marinho; Albano Franco, senador (PFL-SE) e presidente da Confederação Nacional da Indústria (CNI); Pedro Irujo, um dos mais ricos empresários da Bahia; José Eduardo Andrade Vieira, (Banco Bamerindus); Adauto Bezerra, um poderoso "coronel" do Nordeste; Ronaldo Caiado, candidato derrotado à Presidência como representante dos grandes proprietários rurais (líder da União Democrática Ruralista – UDR); Mário Amato, presidente da Fiesp; e Eduardo Rocha Azevedo, presidente da Bolsa de Valores de São Paulo (Lemos, 2002).

A adesão de conservadores a Collor teve Antônio Carlos Magalhães (PFL-BA) como um de seus mais significativos membros. O Ministro das Comunicações do governo Sarney — e aliado dos sucessivos governos militares — simbolizava a descaracterização do discurso do candidato, que se queria fazer entender como social-democrata e modernizador. Para contrabalançar esta tendência conservadora, o candidato buscou, sem sucesso, o apoio do senador Fernando Henrique Cardoso (PSDB-SP). De acordo com Renato Lemos, em detrimento de Itamar Franco, chegou a oferecer a Fernando Henrique o lugar de vice-presidente em sua chapa.

Dois debates na televisão influenciaram decisivamente a disputa. Se no primeiro deles, Lula teve um desempenho muito acima do razoável, raciocinando com rapidez e encetando golpes precisos; no segundo, foi clara a vantagem de Fernando Collor. Ameaçado por Collor, Lula temia que sua vida pessoal fosse explorada de uma forma torpe. Estava ansioso e apático. A ligeireza de raciocínio apresentada no primeiro debate sumira. Estava desalinhado, trajava um paletó preto, cujas mangas eram maiores que seus braços. Contribuiu também para isso o cansaço imposto por uma agenda desordenada. No último programa eleitoral gratuito da campanha, Collor lançou mão de um gesto extremo com o objetivo de reverter a tendência de alta de Lula que, de acordo com as pesquisas, ameaçava disparar. O lance mais ousado foi a apresentação de um depoimento dado por uma enfermeira do ABC, ex-namorada de Lula, Miriam Cordeiro, mãe de Lurian, filha de Lula até ali ocultada na campanha. Miriam acusou Lula de lhe ter oferecido dinheiro para que realizasse um aborto quando grávida de Lurian.

O depoimento até hoje é recoberto de muita névoa. Na ocasião, a jornalista Maria Helena Amaral, que participava da elaboração do programa de Collor demitiu-se da campanha denunciando que duzentos mil cruzados novos foram pagos pelo depoimento de Miriam Cordeiro. O "negociador" junto a Miriam teria sido o irmão mais velho do candidato, Leopoldo Collor. Independentemente da denúncia de Maria Helena Amaral, o estrago na campanha de Lula estava feito. Além do abalo pessoal do candidato, aquilo foi como um pretexto para que muitos eleitores por fim decidissem votar contra Lula.

Ainda em relação ao segundo debate, enquanto Lula estava visivelmente abalado, Collor estava realmente nos seus melhores dias de comunicador. Vestia um terno verde, bandeirola do Brasil na lapela. A sua frente, uma pilha de pastas com anotações, reportagens e fotografias. Tentaria acuar Lula de todos os modos. Buscava demonstrar diferenças em relação ao rival que pudessem realçar características pessoais que, ao mesmo tempo em que o aproximavam das massas, expunham o petista diante de um eleitorado assustado com a velocidade das transformações que se davam no mundo. Logo em sua primeira fala, Collor fez questão de recordar a proximidade do Natal. Como tem sido normal nos discursos conservadores, começou o raciocínio com viés religioso, mas no instante seguinte já pregava em seu adversário todos os riscos compreendidos em *teses estranhas ao nosso meio*. Apresentava-se como lídimo representante do centro democrático:

> Daqui a dez dias estaremos comemorando o nascimento de Cristo. O nascimento de Cristo, dia que marca o re-

colhimento cristão de toda a família brasileira. De toda família que crê, acredita e tem fé de que Deus haverá de nos ajudar, também, e, sobretudo, a nós sairmos desta crise que nos encontramos (...) não há como se discutir entre os candidatos as suas propostas para a Saúde, para a Educação, sem que antes nós nos posicionemos de forma muito clara as grandes diferenças, as fundamentais diferenças que existem entre uma candidatura e outra. De um lado está a candidatura do centro-democrático, por mim representado. De outro lado, está uma candidatura que esposa teses estranhas ao nosso meio. Teses marxistas, teses estatizantes, teses que não primam pelos princípios democráticos consagrados na nova Carta Constitucional. Até porque, o partido daquele que é meu adversário relutou a assinar, ou não assinar, mas votou contra o texto constitucional. O que nós estamos vendo no leste europeu é a demonstração clara, é a demonstração nítida de que os princípios democráticos devem ser preservados e devem ser perseguidos. Durante trinta dias eles levaram (*sic*) para erguer o muro de Berlin e nós precisamos de trinta anos para derrubá-lo. Derrubamos essas teses atrasadas, arcaicas, que não dizem respeito ao nosso dia-a-dia. Essas teses que são contra a livre iniciativa, que são contra a liberdade, que sufocam, que oprimem o povo. Lá no leste europeu, não havia liberdade. Não há liberdade de imprensa. Não há livre iniciativa, há, sim, a presença do enorme, maciço, corrupto interventor. Lá não há liberdade de se comprar aquilo que se deseja; lá não há liberdade de salário, lá não há competição; lá não há eficiência; lá não há felicidade. Este outro lado é o que eu combato. Eu combato porque acredito firmemente que é possível nós construirmos uma sociedade democrática. Mas uma sociedade democrática com absoluta liberdade, com meios absolutamente compatíveis com o que há na nossa Constituição. E sem nos utilizarmos da luta armada, da intolerância, da baderna, da bagunça, do caos, do desrespeito mais absoluto como querem aqueles que se contrapõem a nossa proposta. Eu acredito que o senhor Gorbatchev com a sua Perestroika deu uma grande demonstração de que o nosso caminho é o caminho correto.

Como se pôde ler acima, em uma única (e primeira) participação no debate, Collor articulou ao discurso o sentimento religioso e cristão dos setores mais atrasados e conservadores ao medo das *teses marxistas defendidas* supostamente pelo candidato do PT. Criticou também o estatismo, o estado interventor. Explorou o fato de o PT se negar a votar a Constituição Federal e impingiu ao adversário o rótulo de baderneiro.

No que se refere à economia, Collor foi ainda mais incisivo na crítica ao adversário e na intenção de despertar o medo e a rejeição ao candidato do PT. Perguntado pelo popularmente respeitado jornalista econômico Joelmir Betting sobre o que faria com as cadernetas de poupança e demais aplicações, foi incisivo:

> Eu sou contra os calotes, eu sou contra o "beiço" que o meu adversário quer dar na dívida externa, na dívida interna, aí incluída também a caderneta de poupança (...) Eu sou absolutamente contra qualquer tipo de calote, sou contra a estatização do sistema financeiro porque isso vai penalizar demais toda a estrutura econômica do nosso país. E o meu adversário defende a estatização total do sistema financeiro...

Nesse diapasão, Collor foi até o fim do debate, atribuindo à eventual eleição de Lula todos os fantasmas que afligiam não apenas a elite, mas também a classe média e as massas populares do país. Despertou o medo[90] e procurou o quanto pôde aprofundar esse sentimento. Como se sabe, logo após tomar posse, ao contrário do discurso, seqüestrou os ativos da caderneta de poupança, inclusive.

Note-se que durante todo o primeiro turno, Collor não agiu de modo incisivo contra o candidato do PT. Em alguns momentos até o elogiou. Assim o fez porque Lula até outubro significava algo em torno de

---

[90] De acordo com Vera Chaia, "o medo pode ser fabricado e produzido por um sistema político e/ou criado para estimular e impulsionar a obediência dos cidadãos em determinadas sociedades". A respeito da eleição de 1989, Chaia nota que "o medo do ateísmo e da perseguição religiosa também marcou a propaganda anti-Lula, além da idéia de que ele era revolucionário, contra os direitos da propriedade e a favor da baderna, da anarquia e do comunismo". Lembra a autora que "Collor afirmou, no último programa eleitoral: 'No dia 17 você vai marcar o nome de Collor na cédula e pôr fim ao medo e ao terrorismo dos que se alimentam da greve do trabalhador injustiçado'" (2002).

10% das intenções de voto e não se configurava como um perigo direto. A onda de greves que se instalara no país entre maio e julho se encarregara sozinha de despotencializar a candidatura do PT, ao mesmo tempo em que criava uma turbulência ainda maior, da qual Collor se aproveitava na crítica ao governo Sarney. O risco maior para Collor seria a elevação ao segundo turno de um candidato de centro, por isso foram tantas as críticas a Sarney e à Nova República, que contaram durante bom período com o apoio do PFL e do PMDB. Temia que, tivessem esses partidos lançado candidatura de maior viabilidade, a história da eleição pudesse vir a ser outra.

Segundo André Singer, no segundo turno Collor atuou com o objetivo de tentar ativar a identificação ideológica do eleitorado conservador (SINGER, 2000:64) em contraposição à candidatura de Lula. Assim, ao mesmo tempo, colocou-se em situação de um herói que salvaria a Pátria não apenas dos seus desacertos econômicos e sociais de décadas, mas, sobretudo, de Lula e do "perigo" da esquerdização. Um terceiro elemento, portanto, vem juntar-se à estratégia do candidato do PRN: além da moralidade e da modernidade, incorporou o papel de salvaguarda da direita e do capitalismo nacional que se julgavam ameaçados por Lula e pelo PT e, em menor medida, por Leonel Brizola. Esse elemento, somado à estratégia que vinha se demonstrando eficaz desde sua posse ao governo do Estado, acabou por configurar um quadro capaz de lhe dar a vitória e lhe outorgar de algum modo o *status* de fenômeno eleitoral.

Ainda que Rio de Janeiro, Rio Grande do Sul e Distrito Federal dessem vitória significativa a Lula (Estados em que Leonel Brizola demonstrou um extraordinário poder de transferência de votos), não foi o suficiente. Minas Gerais, Paraná, São Paulo e os Estados do Nordeste garantiram a vitória de Collor. No seu Estado, Alagoas, por exemplo, o caçador de marajás obteve 76,07% dos votos. No final, a diferença entre os dois foi relativamente pequena: Collor recebeu 42,75% dos votos contra 37,86% dados a Lula.

Sua campanha inovou esteticamente. A imagem computadorizada dos dois "eles" (ll) de Collor como uma locomotiva que destruía a tudo que se interpunha à sua frente (corrupção, inflação etc...) foi um recurso extremamente avançado para a época e de grande significado político para um eleitorado que dava sinais de revolta. Collor sabia bem dar o tom emocional, como vimos. Tinha um discurso muito afirmativo, corajoso.

Batia com a mão, bradava, ficava vermelho. Era capaz de enfrentar, no braço, manifestantes contrários dispostos a uma boa refrega. Nesse ponto ele transmitia, ao seu modo e ao gosto de uma sociedade autoritária, a idéia de autoridade. Seus gestos reforçavam, no imaginário, elementos de nossa cultura, onde estão presentes o mandonismo e o patriarcalismo; a força e a violência física.

Foi um sucesso de audiência. Chegou à Presidência da República aos 40 anos de idade, o mais jovem presidente da história do país. Eleito, tentou dar continuidade àquela performance, praticando esportes, pilotando jatos supersônicos, vestindo fardamento militar em missões na floresta, se arriscando no jet-ski. Mas, governar, como percebeu um tanto tarde, requeria mais do que performances físicas e golpes de caratê.

Capítulo 7

A Capital e a Província

Partidos e governos

As análises a respeito dos partidos políticos no Brasil comumente se baseiam em referências clássicas vinculadas à idéia de partidos de massa e pela inexistência — ou diminuta presença — de características deste tipo de organização no sistema partidário. Imagina-se um partido hegemônico, que com a simples vitória eleitoral conquistaria agora um poder realmente determinante. Por outro lado, em virtude da inexistência prática desse tipo de partido, cultivou-se uma concepção negativa sobre as agremiações e sobre o fato de participarem de governos cuja eleição se deu sem seu apoio e, às vezes, até com sua oposição.

Essas análises se fundamentam numa caracterização rigorosa a respeito do sistema partidário brasileiro, que estaria marcado: a) pela descontinuidade, posto que desde a Proclamação da República, em 1889, o país já viveu sob seis sistemas partidários; b) pela heterogeneidade regional, que dificulta a formação de partidos nacionais, de onde decorrerá também o baixo grau de estruturação interna dos partidos (comprometendo a coesão e disciplina partidárias); c) o fraco enraizamento social e o pequeno grau de definição ideológica e; d) a predominância do Estado na organização e representação dos diversos interesses nacionais (Meneguello, 1998:28-30).

A rigor não há como contestar a realidade desses quatro elementos no sistema partidário nacional. Com efeito, houve realmente descontinuidade prejudicial à institucionalização dos partidos — imagine-se o que seriam uma UDN, um PSD e um PTB quase centenários. Assim como a heterogeneidade regional de fato contribui para a pequena cristalização de estruturas partidárias *nacionais*, o enraizamento social e o grau de definição ideológica dos partidos realmente são pequenos, o que permite o aparecimento de *outsiders* e aventureiros que se assenhoreiam das legendas, transformando-se em seus donos; e, inegavelmente, o Estado tem tido maior visibilidade e de certo modo acaba por predominar como agente político.

É possível que este último aspecto se dê com maior força em virtude do sistema multipartidário existente que, fracionando as forças políticas, fraciona a representação nos parlamentos e potencializa a expressão política dos governos. Mas é enganoso crer que haja uma total autonomia do Poder Executivo e que os partidos sejam simples linhas de apoio dos governos. Não apenas formal e institucionalmente, mas também no dia-a-dia das relações políticas concretas, os partidos assumem papel de co-participantes no sistema de gestão e de decisão do Estado. Há um *presidencialismo de coalizão* (Abranches, 1988), em que o Legislativo, de certo modo, ao mesmo tempo controla e constitui o governo por meio da formação de grandes coalizões que visam formar maioria parlamentar no Congresso, da qual o Executivo não pode prescindir.

> No campo dos processos decisórios e da gestão da sociedade, os partidos figuram como agentes centrais da conexão entre os cidadãos e os governos democráticos, atuando como articuladores das questões na arena pública, definindo agendas governamentais e influenciando o processo de elaboração das políticas públicas. Partidos com sustentação eleitoral participam da composição dos governos e estabelecem as bases para a relação entre os poderes Executivo e Legislativo. Partidos e governos democráticos, portanto, são indissociáveis pela garantia da responsividade à sociedade e imprescindíveis ao seu funcionamento (Meneguello, 1998:26).

Esta realidade, em vez de relevar o sistema partidário à insignificância, acaba definindo seu grau de importância em outra esfera, a das decisões políticas. Embora o sistema de governo brasileiro seja presidencialista, o poder nacional é compartilhado entre os três poderes. Na relação entre Governo e Congresso, formar uma rede de proteção e de operação legislativa é fundamental para o Executivo. Mas a maioria necessária nem sempre — ou melhor, raramente — é forjada pelo debate ideológico e programático. O uso da máquina do Estado, a ocupação de espaços de poder, o recurso ao fisiologismo e ao nepotismo ainda é freqüente, os exemplos são facilmente observáveis na leitura diária do noticiário político. Ainda assim, isso não invalida a constatação de que os partidos políticos compartilham o poder nacional com o Executivo.

Segundo Rachel Meneguello, "o processo de democratização iniciado em 1985 reintroduziu um elemento fundamental na dinâmica das relações entre os partidos e o Estado brasileiros, qual seja, a redemocratização do perfil estatal quanto à organização do Poder Executivo federal, através do acesso eleitoral dos partidos nessa esfera de governo" (Meneguello, 1998:32). Ao contrário do período que antecedeu à redemocratização de 1985, não mais se permite aos presidentes da República que governem de modo autocrático, independentes do Congresso Nacional e da representação popular. Agora não lhes é mais possível constituir maiorias a partir da outorga de mandatos biônicos. Embora o presidente da República do Brasil ainda possa muito, não mais pode tudo, mesmo que se utilize da centralidade de sua exposição, na tentativa de persuadir o Congresso na aprovação de um programa, mesmo que recorra a instrumentos extraordinários,[91] mesmo que utilize mecanismos de cooptação de parlamentares ou até que recorra a alguma espécie de compra de votos, no estilo *é dando que se recebe.*[92]

Contudo, o sentimento contrário às adesões dos partidos aos governos ainda resiste, como se fosse possível ao presidente transformar seus compromissos e suas promessas em realidade por simples gesto de vontade. Confunde-se alta popularidade com poder absoluto, basicamente por dois fatores: o primeiro, em virtude do patriarcalismo com que ainda se raciocina — a figura do chefe, do líder, do senhor está bem delimitada no imaginário popular que atribui a uma só pessoa todo o poder e força quase que divinos na resolução de conflitos. Enganosamente, a *ordem* política e social ainda é, no imaginário popular, de certo modo afiançada pelo presidente-patriarca e não o contrário. O segundo aspecto importante está vinculado à própria natureza da eleição direta para a Presidência da República num país onde o sistema presidencialista sempre foi forte (até por conta do patriarcalismo). De acordo com Rachel Meneguello,

> Eleições presidenciais *diretas*, em presidencialismos fortes e de longa tradição, tendem a traduzir predominantemente uma lógica do voto pessoal baseado na força política de lideranças. O personalismo e o carisma são vetores predominantes no processo de decisão do voto e se sobrepõem às estruturas partidárias, muitas vezes não traduzindo o tamanho das organizações existentes (1998:40).

---

[91] Com a regulamentação do uso das Medidas Provisórias, ocorrida em meados de 2001, o presidente pode cada vez menos. O Poder Executivo está condenado a compor com o Poder Legislativo, na tentativa de obter maioria parlamentar que legitime o conjunto de decisões políticas encaminhadas pelo presidente.

[92] Como por exemplo, a liberação de verbas na execução de emendas feitas por parlamentares ao Orçamento da União.

Isso talvez explique um fenômeno tão freqüente no Brasil que ficou conhecido como *lua-de-mel* entre o governante e o eleitorado e que tem sido confundido com a outorga de um poder quase que absoluto ao presidente da República. Na verdade, é apenas no primeiro momento que os partidos somem e o governante emerge; logo depois, se estabelece um novo equilíbrio e o governo tende a ceder. Assim, o poder do presidente não é absoluto, primeiro porque as instituições limitam seu poder e definem sua autonomia. A mudança de regras constitucionais, por exemplo, no caso brasileiro dependem da aprovação de um mínimo de três quintos de votos no parlamento. Em segundo lugar, não é absoluto porque a *euforia* do poder tende a se abrandar com o tempo. A sociedade acomoda-se e logo, logo tende a malhar como Judas o Cristo que elegeu ontem.

Ao iniciarem processos de coalizões para apoio ao Executivo no Legislativo, tanto o governante quanto as direções partidárias não o fazem apenas com os olhos no presente. O que os move é a capacidade de estar motivados pelo futuro. Ao governante cabe a compreensão de que sua glória é efêmera, ainda que todas as portas continuem se abrindo a sua frente. Como o eleitor *teima* em não dar maioria ao presidente, mais cedo ou mais tarde, precisará dos partidos para a aprovação de medidas e projetos enviados ao Congresso Nacional e, portanto, para a legitimação democrática de seus atos. Num sistema multipartidário, haverá a tendência à fragmentação e assim o presidente precisará do apoio daqueles que, necessariamente, não estavam em sua aliança eleitoral e, talvez de um leque bastante amplo de partidos.[93] O fato é: se não tiver maioria no Congresso, jamais estará absolutamente desobrigado a compor, pelo menos não numa democracia.

Por outro lado, diferentemente do que concebe o senso comum, nem só o fisiologismo rasteiro define a lógica dos partidos na configuração das coalizões governistas, embora muitas vezes lhe dê consistência. Os partidos enxergam a ocupação de espaços no governo como um modo de viabilizarem seus projetos políticos partidários. "Em linhas gerais", argumenta Meneguello, "a participação dos partidos na arena governamental define-se basicamente por uma dinâmica segundo a qual, através da obtenção de cargos (ministérios), os partidos políticos viabilizam a realização de suas po-

[93] Em 2007, quando o presidente Lula formava sua coalizão, articulava para contar com o apoio de não menos do que dez partidos: PT, PMDB, PSB, PDT, PP, PTB, PCdoB, PRB, PR e PV.

líticas, entendidas como interesses e necessidades de grupos organizados" (1998:36). Dessa forma, participar do governo seria também uma forma de ampliação da representação dos partidos políticos. As coalizões parlamentares governistas, além de necessárias, desse modo, podem ser consideradas também legítimas, quer seja do ponto de vista do Executivo, quer seja no que se refere à capacidade dos partidos representarem grupos sociais e sua base eleitoral.

Para Fernando Collor de Mello, no entanto, a negociação com os partidos denotava fraqueza. Para seu eleitorado — induzido pelo discurso moralista e messiânico —, isso pressupunha negociata, fraude, imoralidade. Collor não percebeu a armadilha que montava contra si. A popularidade inicial lhe deu uma sobranceria imperial;[94] uma auto-suficiência de todo incompatível com o regime democrático e com o jogo político parlamentar. As frentes simultâneas de conflitos em que se envolveu (imprensa, militares, industriais, funcionários públicos, artistas, e tantas mais) abriram-lhe flancos tão vulneráveis que talvez só pudessem ser contornados a partir de uma articulada e fortalecida base parlamentar, coisa com que Collor não pôde contar. Quando vieram os escândalos e a popularidade minguou, Collor foi retirado do poder de forma surpreendentemente fácil e tranqüila; dir-se-ia até enganosa se entendida como um padrão passivo de ser adotado para outros presidentes. Essa incompreensão e essa auto-suficiência fundamentam a lógica de seu governo e de sua desgraça política.

O Governo e a Província

Fernando Collor de Mello foi eleito presidente da República em 17 de dezembro de 1989. Foi o mais jovem presidente da história do país — completara 40 anos havia pouco mais de quatro meses. Sua eleição foi recebida com euforia pelas massas e alívio pela elite. As massas vislumbravam a ação de um presidente que destruiria o castelo de horrores,

[94] Rachel Meneguello define três formas de interação entre Poder Executivo e partidos. Uma dessas interações é a que supõe a separação entre o governo e o partido, "típico de um presidencialismo imperial", segundo a autora. As outras duas: a fusão entre Poder Executivo e partido e a coalizão entre Executivo e partido (1998:42).

miséria, concentração de renda, corrupção e privilégios que se montara havia séculos. Por seu lado, livre do *risco* Lula, a elite se animava com a possibilidade do processo de modernização do Estado brasileiro ser, enfim, implementado. Vislumbrava, também, as possibilidades de negócios com as privatizações cogitadas durante a campanha eleitoral que indicavam o início de período de extraordinária transferência patrimonial das mãos do Estado para a iniciativa privada.

Em seu primeiro discurso como presidente da República, no Congresso Nacional, Collor reiterou seus compromissos com a modernização econômica, com a redefinição do papel do Estado, com a moralização política, com a inclusão social dos "descamisados".

Para isso, em primeiro lugar, seria fundamental empreender um vigoroso combate à inflação, por seus efeitos perversos na sociedade (concentrando renda) e na economia (desorganização da produção e inibição do investimento produtivo). O combate implacável à inflação era do interesse de todos. Dizia que a estabilidade da economia geraria justiça social e a confiança necessária aos investimentos:

> A inflação nos desorganiza e nos desmoraliza. Ela é, sabidamente, o imposto mais cruel. É uma agressão permanente aos assalariados, ou seja, à maioria da nossa gente. Pois são justamente as camadas mais pobres que não conseguem defender-se dela recorrendo a outras moedas. A inflação é, além disso, um enorme fator da desmoralização. Desmoralização interna, pelo aviltamento do salário e o despudor da especulação desbragada. Desmoralização externa, pelo contínuo desgaste da imagem internacional do Brasil. (...) O propósito imediato de meu governo, senhores, a meta número um de meu primeiro ano de gestão, não é conter a inflação: é liquidá-la. Concentrarei todas as energias do Executivo, pedirei todo o apoio do Congresso para erradicar definitivamente da economia brasileira a erva daninha da inflação, nossa velha indulgência com a fúria emissionista e o déficit público. Minha presidência jogará tudo na vitória contra esse câncer social, esse obstáculo intolerável à retomada decisiva do nosso desenvolvimento econômico e humano. Farei da estabilização monetária e financeira a prioridade absoluta de todos os primeiros passos deste governo. Outros já se propuseram lutar contra a inflação, mas fizeram desse combate um objetivo condicional. Comigo não será assim. A guerra contra a

> inflação será uma luta incondicional, porque, justamente, se trata de um combate condicionante de tudo mais: da retomada do investimento, da consolidação do crescimento, da conquista de melhores níveis sociais, do fortalecimento da democracia.[95]

Mostrava-se disposto a sanear o Estado, equilibrar o orçamento federal, eliminar privilégios:

> Não poderemos edificar a estabilização financeira sem sanear, antes de tudo, as finanças do Estado. É imperativo equilibrar o orçamento federal, o que supõe reduzir drasticamente os gastos públicos. Para atingir o equilíbrio orçamentário, é preciso adequar o tamanho da máquina estatal à verdade da receita. Mas isso não basta. É preciso, sobretudo, acabar com a concessão de benefícios, com a definição de privilégios que, independentemente de seu mérito, são incompatíveis com a receita do Estado. Tudo isso (...) possui como premissa maior uma estratégia global de reforma do Estado. Para obter seu saneamento financeiro, empreenderei sua tríplice reforma: fiscal, patrimonial e administrativa.[96]

A reforma do Estado era fundamental, redefinindo seu papel, retirando-lhe o poder de intervenção e o dirigismo, outorgando à iniciativa privada a responsabilidade pela geração de riquezas. Nesse sentido, não caberia a discriminação, qualquer que fosse, dos capitais internacionais:

> O Estado não apenas perdeu sua capacidade de investir como, o que é ainda mais grave, por seu comportamento errático e perverso, passou a inibir o investimento nacional e estrangeiro. Essa perversão das funções estatais — agravada por singular recuo na capacidade extrativa do Estado — exige que se redefina, com toda a urgência, o papel do aparelho estatal entre nós. Meu pensamento, neste ponto, é muito simples. Creio que

[95] Discurso pronunciado por Fernando Collor na Cerimônia de Posse no Congresso Nacional. *Projeto de Reconstrução Nacional*: Brasília, 15 de março de 1990.

[96] Idem.

> compete primordialmente à livre iniciativa — não ao Estado — criar riqueza e dinamizar a economia. Ao Estado corresponde planejar sem dirigismo o desenvolvimento e assegurar a justiça, no sentido amplo e substantivo do termo. (...) Não nos anima a idéia de discriminar nem contra nem a favor dos capitais externos, mas esperamos que não falte seu concurso para a diversificação da indústria, a ampliação do emprego e a transferência de tecnologia em proveito do Brasil.[97]

Assim, a privatização surgiria como instrumento voltado para a redução da participação do Estado na geração de riquezas (redefinindo seu papel), no combate à inflação, no incentivo à livre iniciativa:

> A privatização deve ser completada por menor regramento da atividade econômica. Isto incentiva a economia de mercado, gera receita e alivia o déficit governamental, sustentando melhor a luta antiinflacionária. Isto faz com que a corrupção ceda lugar à competição.[98]

No âmbito do painel econômico internacional, o presidente registra o *impressionante* cenário de mudança, o que reforça a necessidade da redefinição do tamanho e do papel do Estado e exige um novo tipo de inserção econômica mundial. A abertura da economia é imprescindível assim como o nacionalismo se torna "estéril e irrealista".

> Antes de tudo, é preciso registrar impressionante mudança no cenário internacional. (...) Em toda parte o poder monolítico, as estruturas dirigistas e os resíduos autoritários estão na defensiva. Nesse quadro dinâmico, tão diferente daquele de apenas dez anos atrás, propendem a emergir grandes espaços econômicos. Não se trata necessariamente de blocos fechados, mas de novas configurações econômicas e políticas, as quais terão de ajustar-se ao potencial competitivo de cada país. Diante dessas transformações que aceleram o tempo histórico, é preciso buscar fórmulas novas de inserção do país no mundo. (...) O Brasil estará aberto ao mundo. Queremos

---

[97] Idem.

[98] Idem.

> integração, crescente e competitiva. A diplomacia atuará, de forma intensa, no plano bilateral e coletivo, buscando a cada momento formas novas de cooperação, seja no campo da economia, seja em ciência e tecnologia, seja no diálogo político (...) É imperioso abdicar do discurso estéril e irrealista, do pseudonacionalismo que induz ao isolamento, da desconfiança, da ilusão míope de auto-suficiência. Temos, ao contrário, que demonstrar com fatos o potencial e a pujança do Brasil. É preciso que o mundo se convença da necessidade de abrir as portas ao Brasil, e que possamos acreditar na conveniência de nos abrirmos ao mundo. (...) A palavra de ordem do meu governo, no plano internacional, é só uma: o Brasil não aceita ficar a reboque do processo de transformação mundial.[99]

No que se refere aos seus postulados moralizantes, presentes em seu discurso desde a posse no governo de Alagoas, Collor enfatizou-os da seguinte forma:

> Nada repugna mais ao espírito de cidadania que a corrupção, a prevaricação e o empreguismo. Bem sabem Vossas Excelências que fiz da luta pela moralidade do serviço público um dos estandartes de minha campanha. E assim fiz porque senti, desde o primeiro momento, quando ainda governador, a profunda, a justa revolta do povo brasileiro, de Norte a Sul, nas cidades e nos campos, em todas as classes sociais, contra aqueles que, ocupantes de cargos públicos, desservem o Estado pelo mandonismo ou absenteísmo, o proveito próprio, o nepotismo, ou simplesmente a ociosidade remunerada, com o dinheiro do contribuinte, por conta de funções supérfluas, fruto da infatigável imaginação fisiológica dos que insistem em conceber o Estado como instrumento de ganho pessoal ou familiar. Farei realizar rigoroso levantamento e racionalização do setor público, como prova do meu respeito e homenagem aos verdadeiros servidores, aos que se dedicam zelosa e meritoriamente às tarefas do Estado, e que não devem jamais ser confundidos com os que se locupletam de cargos miríficos e salários mirabolantes, sem nenhuma contrapartida

[99] Idem.

> social. Conduzirei um governo que fará da austeridade, ao lado da eficiência, a marca constante da atuação do Estado e um motivo de orgulho do funcionalismo federal.[100]

Menos sofisticado e mais direto, em segundo pronunciamento dirigido à nação, desta vez no parlatório do Palácio do Planalto, diante de uma multidão de populares que o saudavam, Collor reafirmou o estilo messiânico e dramático que o caracterizou em vários momentos da campanha:

> Minha gente amiga do Brasil, a transição democrática se completa neste instante com a posse de um Presidente da República eleito pelo voto direto da maioria do povo brasileiro. (...) Quero (...) voltar o melhor do meu pensamento e a maior das minhas preocupações para a imensa maioria de brasileiros a quem eu devo esta conquista democrática: aos descamisados, aos pés descalços, àqueles que querem justiça social no país, para poder viver condignamente. (...) Quero, neste instante, jurar a vocês, diante do altar de minhas convicções, de que haverei, (...) nós haveremos sim, minha gente, de reconstruir o nosso país, para recuperarmos a confiança no seu verdadeiro destino. Volto, também neste momento, o meu pensamento para a minha querida Alagoas, para o meu Nordeste, para todos os recantos deste país, de Norte a Sul, para aqueles que sofrem hoje com o salário baixo, com a falta de ensino, de saúde, com a falta até de esperança. Volto os meus olhos e as minhas preocupações para vocês e me comprometo mais uma vez a dar o melhor de mim, a dar a minha saúde e a minha própria vida, se necessário for, para cumprir rigorosamente o nosso programa de governo. Que Deus ajude o Presidente da República! Que Deus ajude os seus Ministros! Que Deus ajude o nosso Povo, para que nós encontremos, definitivamente, a trilha do crescimento econômico e da justiça social![101]

---

[100] Idem.

[101] Discurso pronunciado por Fernando Collor no Parlatório do Palácio do Planalto. Brasília, 15 de março de 1990.

A questão que agora se colocava era, portanto, de como materializar, no governo, o discurso e as propostas responsáveis por seu sucesso eleitoral. Naturalmente, seria necessário o apoio do Congresso Nacional. Mudanças de tal profundidade careceriam de força política, além da observação às exigências institucionais e do respeito às leis. O presidente, pelo menos formalmente, tinha consciência disso. Não foi à toa que em seu discurso de posse fez um apelo às forças políticas do Legislativo:

> Filho e neto de políticos, trago no sangue o sentimento da vida pública como dever e como missão. Não viver da política, mas viver para a política, como nobre forma de servir à comunidade: eis o lema com que me dediquei à vida pública, inspirado em meus maiores e sintonizado com os valores de minha geração. É esse, também, o apelo que faço à nossa classe política e a sua máxima assembléia, o Congresso Nacional. Há no Brasil, como sabemos, dois tipos de elite. Há elites responsáveis, modernas e criadoras, legitimadas pela eficiência e pela qualificação. E há elites anacrônicas, atrasadas, que não hesitam em posar como donas do nacionalismo ou do liberalismo enquanto vivem à sombra de privilégios cartoriais, defendendo interesses do mais puro particularismo.[102]

A modernização, ainda que agradasse a uma parcela da elite, feriria interesses dos beneficiários daquele modelo que se pretendia extinguir, por exaurido que estivesse. Havendo *dois tipos de elite*, seria natural supor que *as elites anacrônicas, atrasadas, que não hesitam em posar como donas do nacionalismo ou do liberalismo enquanto vivem à sombra de privilégios cartoriais*, defendessem de fato os seus interesses particulares. Se isto acontecera em Alagoas, quando resolveu questionar os privilégios de marajás e usineiros, não seria diferente na União.

E não só as *elites anacrônicas* se veriam atingidas por um processo real de transformação modernizadora. Também a burocracia federal, naquilo que haveria de ineficiente, seria afetada e reagiria. Que a "máquina" pudesse tender até a uma espécie de boicote como retaliação não

[102] Discurso pronunciado por Fernando Collor na Cerimônia de Posse no Congresso Nacional. *Projeto de Reconstrução Nacional*: Brasília, 15 de março de 1990.

seria algo a descartar. Como se sabe, existem setores abrigados no Estado, oriundos de indicações políticas, cuja atuação se baseia no clientelismo e no fisiologismo, fonte do poder eleitoral de vários deputados e senadores. Por parlamentares desse tipo passariam, no limite, a aprovação de projetos destinados à desmontagem da lógica que os beneficiava. Difícil supor que aceitassem fazê-lo apenas por "espírito público". Haveria um jogo a ser jogado no Congresso.

Aliado a isto haveria ainda um outro complicador: a expectativa das massas, gerada pelo discurso messiânico e pela crítica moralista da ineficiência burocrática que o *carisma jacobino* (Lafer, 2002) do presidente suscitava. Na percepção do eleitorado mais simples e simplório, as promessas de campanha haveriam de se realizar e rápido, pois, no entendimento político dessa massa, tudo dependeria da *vontade política* do presidente, salvador da Pátria.

Ainda que o Congresso lhe fosse favorável, as condições econômicas do país e a situação fiscal do Estado não permitiriam reformas tão amplas em curtíssimo prazo. Eliminar a inflação, como prometeu, era o primeiro passo. Mas, ao contrário do que se pensava na época, não tratava apenas de combatê-la freando seu movimento inercial, impedindo a reindexação de preços e salários (Modiano, 1992). Com o tempo, constatar-se-ia *também* a necessidade de equilibrar as finanças públicas, o que exigiria cortes no orçamento e a reformulação do papel e tamanho do Estado. Obviamente, isto viria a atingir ainda mais os privilégios e os interesses colocados no jogo político em geral e no parlamento em particular. Além disso, com menores recursos o Estado se veria impossibilitado de investir maciçamente na área social e logo "descamisados" e "pés-descalços" continuariam, pelo menos no curto e médio prazos, nas mesmas condições em que se encontravam quando Collor lhes dizia, durante a campanha, que viera para lhes tirar daquela situação.

A mudança não seria um gesto de vontade, passaria pelo jogo político e a disputa se daria na esfera do parlamento. Enquanto contou com amplo apoio popular, Collor retirou do Congresso o que quis e ainda se deu ao luxo de esnobar os políticos. Um bom exemplo disto está em *Veja* de 18 de abril de 1990. Com o ruidoso título "Vitória estrondosa", a revista comemorava a aprovação do Plano Collor — um conjunto de medidas provisórias editado no primeiro dia de governo que instituía, entre outras coisas, "o seqüestro dos bens de indivíduos e empresas no *over*, nas contas correntes e nas cadernetas de poupança" — sem nenhuma emenda ou alteração pelo Congresso.

"Um triunfo espetacular", como anotou a publicação. Collor comentou a vitória de um modo lacônico: "O Congresso cumpriu o seu dever". Nessa visão, é de supor que se *o Congresso cumpriu com seu dever*, era, portanto, *o dever* do Congresso aprovar os planos de Collor. O Legislativo se submetendo ao Executivo, sem autonomia e com a harmonia baseada numa relação em que um poder define ao outro o que é seu *dever*. O Parlamento deixava de ser parte do Estado e do sistema de decisões para tornar-se um mero *homologador*, não como a *última* palavra do processo democrático de representação, mas como um poder menor que se submete ao outro, de maior poder. Para *Veja*, foi a derrota do maior partido, o PMDB, que se opunha ao pacote. Foi também a vitória de novos métodos de negociação.

> Ao contrário do que se acostumou a assistir nos tempos do governo Sarney, no qual durante meses antes da votação dos seus cinco anos de mandato se chegou a leiloar cargos públicos, favores e concessões de rádio para obter votos, Collor conseguiu conquistar notável apoio parlamentar sem dar qualquer coisa em troca. Não chegou sequer a recuar em pontos importantes do pacote como instrumento de negociação. Foi uma vitória sem "é dando que se recebe", sem aspecto de mercado persa em vigência durante a presidência de Sarney.

Ainda que não se estabelecesse o *mercado persa*, como anotou *Veja*, o governo não se dispôs a qualquer tipo de negociação, pois *não chegou sequer a recuar em pontos importantes do pacote como instrumento de negociação*. Pontos *menos* importantes, objeto de acordo entre a liderança do governo e os parlamentares, foram vetados pelo presidente, como foi o caso da reposição salarial trimestral para todos os trabalhadores.

Tal força e ímpeto estavam justificados não pela subserviência parlamentar ou pela força sedutora do presidente. As razões eram eminentemente eleitorais. É a própria *Veja* que fornece as pistas para esta conclusão:

> A força que Collor conseguiu reunir para derrubar a oposição sustentou-se em alguns pilares bastante óbvios — ao menos para os parlamentares que fazem as contas para chegar em 3 de outubro próximo, data das eleições ao Congresso, de bem com o eleitorado. Um deles é o apoio popular do pacote, que desde sua decretação, apesar de suas medidas amargas, vem

> sendo abençoada pelos números dos institutos de pesquisa (...) na casa dos 70%. Tal popularidade funcionou como uma fonte de pressão para que o Congresso o aprovasse, não correndo o risco de ser culpado pelo possível naufrágio do plano. Ao mesmo tempo, ao endossá-lo sem rasuras graves, os congressistas jogaram para o próprio presidente a conta do sucesso ou do fracasso do pacote.

O grau de atrito que um projeto real de transformação despertaria requereria mais do que uma base parlamentar casual e sujeita à pressão. Seriam necessários a adesão e o comprometimento político com o projeto, o que não poderia se esperar de setores parlamentares tão arcaicos como os interesses anacrônicos que se pretendia extirpar. No entanto, apoiado — já no primeiro turno, mas, sobretudo, no segundo — por forças conservadoras, que contra Lula se aproximaram de sua candidatura, Collor viu-se afastado de setores de centro e de centro-esquerda, com quem poderia estabelecer acordos políticos menos suscetíveis a pressão fisiológica e oligárquica. Mas o presidente não admitia negociar e nem fazer concessões. Ficava no meio do caminho: sem acordos políticos e sem o "é dando que se recebe", de Sarney. Muito bem: de concreto, fica o fato de que Collor errou ao desprezar o Congresso Nacional. No mínimo, pode-se se dizer que faltou uma análise clara a respeito da importância do Congresso na democracia em geral e no *presidencialismo de coalizão* nacional, em particular. A falta de articulação nesta área, passada a fase da popularidade, causou-lhe enormes contratempos.

> Eu acho que o Collor não introduziu essas análises a sua estratégia. Eu acho que ao lado dele não houve uma pessoa sequer, nem mesmo o Bernardo Cabral, para dar ao Collor uma estratégia de lidar com o Congresso. O fato de o Collor ter pertencido ao Congresso, ter sido deputado, talvez tenha dado a essas pessoas a idéia de que ele conhecesse o funcionamento do parlamento.[103]

Não conhecia; sabemos o tipo de deputado que foi: ausente, distante, onze projetos, nenhum aprovado. No mais, durante o processo de formação do governo, em busca de símbolos *modernos*, flertou com a social-democracia do PSDB. Mas nunca foi levado a sério, pois ao decla-

[103] Entrevista com Maílson da Nóbrega em 25 de maio de 2001.

rar que seu ministro da Economia seria ele mesmo, afugentou os tucanos que perceberam na frase mais uma manifestação do estilo personalista do candidato. Foi rechaçado pelos caciques do partido, como Mário Covas e Franco Montoro. A impossibilidade de ampliação de sua base política agravava-se também pelo fato de ter declarado não admitir em seu governo nenhum político que, no passado, tivesse servido aos governos militares ou ao governo Sarney.

Do ponto de vista técnico e administrativo, seu governo não despertava confiança; não possuía nenhum baluarte de credibilidade inconteste. Collor chegou a visitar pessoalmente o economista Mário Henrique Simonsen, que gozava de enorme respeito no meio empresarial e acadêmico. Fez a imprensa e o ex-ministro crerem que o convidaria para a Economia. Nomeou, no entanto, Zélia Cardoso de Mello, professora universitária, sua assessora na campanha e, àquela altura, um enigma técnico e político. Simonsen, inclusive, teria se animado com a possibilidade de voltar ao governo e conduzir um processo de modernização. Chegou mesmo a sondar nomes para compor sua equipe, mas viu decepcionado o anúncio do nome de Zélia. Foi preterido possivelmente por ser considerado uma ameaça à expressão e ao brilho do presidente da República.

> Nós discutíamos que não aparecia o nome do futuro ministro da Fazenda, de Collor. Um dia, Collor foi conversar com Simonsen e a imprensa deu a entender que ele seria ministro. Eu à noite liguei para o Simonsen, que estava em Teresópolis, para dizer que se fosse ele mesmo eu daria saltos de alegria. Ele não precisaria me consultar de nada. Estaria a sua total disposição. Fiquei com a sensação de que o Simonsen acreditava que seria o ministro, por que começou a discutir nomes: "O que você acha de fulano para isso, sicrano para aquilo, beltrano para o Banco Central...?" No dia seguinte, tivemos uma reunião para avaliar isto e o meu chefe de gabinete, uma pessoa extremamente sagaz, apostou que seria a Zélia. Não achei possível. Ele reafirmou a opinião: "Vai ser a Zélia". Eu quis entender qual era seu raciocínio. "Primeiro", disse, "ele vai tentar uma coisa nova: vai botar uma mulher no Ministério da Fazenda. Um símbolo. Segundo: ele não quer no Ministério da Fazenda alguém que brilhe como ele". O Simonsen seria o principal nome do governo, porque o Simonsen era intelectualmente superior a Collor. O Collor

> não teve no governo ninguém intelectualmente superior a ele, o que significa uma alta mediocridade. Ainda que, na minha opinião, surpreendentemente, porém, a Zélia montou uma boa equipe.[104]

A composição inicial de seu governo foi marcada pela "centralização de funções e responsabilidades, expressa pela redução do número de ministérios" (Meneguello, 1998:112). O estilo personalista do presidente o afastava dos partidos e da possibilidade de formação de coalizões políticas. A equipe inicial de governo obedecia a uma estrutura com nove pastas ministeriais, oito secretarias e cinco pastas ligadas à área militar.[105] Fernando Collor não quis compartilhar seu governo com figuras que pudessem ofuscá-lo, este raciocínio parece indesmentível. Acabou por formar um ministério a sua imagem e semelhança: grandiloqüente, porém, vazio; inadequado diante da dimensão da tarefa histórica.

Cercou-se, no governo e no Parlamento, de pessoas que faziam parte de seu ciclo político mais próximo, como Marcos Coimbra (seu cunhado e embaixador), Cláudio Humberto (seu assessor de imprensa desde Alagoas), Zélia Cardoso de Mello (sua assessora econômica durante a campanha), Margarida Procópio (sua secretária de Estado, em Alagoas), Pedro Paulo Leoni Ramos (amigo de juventude), Renan Calheiros e Cleto Falcão (aliados desde a campanha ao governo).

---

[104] Maílson da Nóbrega, em entrevista concedida ao autor em 25 de maio de 2001. Faziam parte da equipe da ministra Zélia Cardoso de Mello economistas como Ibrahim Eris, Antônio Kandir e Eduardo Modiano.

[105] **Ministérios**: Justiça, José Bernardo Cabral; Relações Exteriores, José Francisco Rezek; Educação, Carlos Alberto Chiarelli; Saúde, Alceni Guerra; Economia, Fazenda e Planejamento, Zélia Cardoso de Mello; Agricultura e Reforma Agrária, Antônio Cabrera Filho; do Trabalho e da Previdência Social, Antônio Rogério Magri; Infra-Estrutura, Ozires Silva; Ação Social, Margarida Maria Maia Procópio.
Secretarias: Secretaria-Geral, Marcos Antônio Coimbra; Cultura, Ipojuca Pontes; Ciência e Tecnologia, José Goldemberg; Meio Ambiente, José Antônio Lutzenberger; Desenvolvimento Regional, Egberto Baptista; Desportos, Artur Antunes Coimbra (Zico); Administração Federal, João Santana; Assuntos Estratégicos, Pedro Paulo Bergamaschi Leoni Ramos.
Área Militar: Marinha, Mário César Flores; Exército, Carlos Tinoco Ribeiro Gomes; Aeronáutica, Sócrates da Costa Monteiro; Gabinete Militar, Agenor Francisco Homem de Carvalho; Estado-Maior das Forças Armadas, Jonas de Morais Correia.

> O projeto dele [Collor] era, na verdade, construído por amadores. Eram pessoas, na grande parte, movidas pelo *status*. Deslumbrados. De uma hora para outra, viram celebridades nacionais. Pessoas que não tinham qualificação para isso. São pessoas que não tinham tido chance nem no Estado de Alagoas. A chance deles surgiu com o próprio Collor e de uma hora para outra essas pessoas estavam numa situação poderosíssima. E resolveram fazer um projeto de poder sem ter estrategistas de verdade, sem ter capacidade de avaliação dos riscos. No fundo, foi um projeto louco. E que poderia ter levado o Brasil para um desastre muito maior. Eu te confesso que quando surgiu a CPI eu fiquei com receio do que pudesse acontecer. Especialmente porque era uma ruptura com a primeira experiência de eleição de um presidente, pós-regime militar e eu achava que o vice-presidente era um despreparado. O Collor é um acidente incrível.[106]

Como estratégia de *marketing*, convidou figuras de elevada visibilidade midiática, mas de expressão política menor ou nula, como são os casos de Antônio Rogério Magri ("um trabalhador no ministério do Trabalho"), José Lutzenberger (um ecologista reconhecido internacionalmente na Secretaria do Meio Ambiente), Artur Antunes Coimbra (o Zico, um craque do futebol, na Secretaria do Desporto); Antônio Cabrera (um jovem líder ruralista na Agricultura).

Havia também os aliados de primeira hora, que o apoiaram no primeiro turno, mas não representavam partidos, tais como José Bernardo Cabral, Ozires Silva, Carlos Chiarelli e Alceni Guerra. Outros influentes membros do governo vieram por indicação de pessoas próximas do presidente: seu irmão, Leopoldo Collor, indicou Egberto Batista; Zélia Cardoso de Mello indicou João Santana.

Dois nomes de forma especial causaram absoluta estranheza: foram os casos da Secretaria de Cultura e do Ministério das Relações Exteriores. Na Cultura, a primeira opção de Collor era o diplomata José Guilherme Merquior, que declinou do convite, pois teria uma redução substancial de salário. Collor acabou por nomear Ipojuca Pontes, que sequer o conhecia. Cineasta, Pontes foi nomeado porque o presidente encantou-se com dois

[106] Entrevista com Maílson da Nóbrega em 25 de maio de 2001.

artigos que publicara em *O Estado de S. Paulo* em que defendia a extinção da Embrafilme e a aplicação da economia de mercado à cultura.[107] A nomeação foi encarada pela área artística como uma retaliação à comunidade artística que, em peso, apoiara Lula e até gravara um clipe de muito sucesso na campanha. Sobre as razões da nomeação de Francisco Rezek, para o Itamaraty, a estranheza é ainda maior. Rezek fora o presidente do Tribunal Superior Eleitoral (TSE), condição em que coordenou como magistrado o pleito que elegeu Fernando Collor. As insinuações e acusações diretas[108] de um acordo prévio entre Rezek e Collor são recorrentes.

Como se vê, os critérios de composição do governo não atenderam à dinâmica política e parlamentar, mas à lógica personalista com que governou Alagoas e venceu a eleição presidencial. Sem correspondência e interação com a classe política, o governo se viu absolutamente minoritário no Congresso Nacional.

> Quanto à relação com o Congresso, a baixa representatividade da equipe de governo demonstrou que a ampla coalizão de forças que deu base à vitória de Collor no segundo turno da eleição de 1989 não teve tradução correspondente na distribuição de ministérios e levou o governo a contar, ao longo dos primeiros dois anos de mandato, com apenas aproximadamente 28% das cadeiras (Meneguello, 1998:113).

Ainda que pudesse governar pelo instituto das Medidas Provisórias e pela força da popularidade, reformas de maior fôlego careceriam de base política mais ampla e consistente. No auge da popularidade decorrente da eleição recente e do Plano Collor, editado no primeiro dia de governo,

---

[107] *Folha de S. Paulo*, 2 de abril de 1990.

[108] Em entrevista a *O Pasquim*, Ricardo Kotsho, assessor de comunicação de Lula naquela e em outras eleições, narra o seguinte fato: "...A gente nem viu o *Jornal Nacional* inteiro. Várias coisas estavam acontecendo. Eu me lembro, inclusive, que, naquela noite, o Lula estava atrás do Rezek (Francisco Rezek, ex-ministro da Justiça), e tinha deixado o telefone: 'Olha, se houver algum fato grave, me liga', disse para o Lula no recado. E nós ficamos atrás do Rezek, porque uma das televisões tinha dado o PT como um dos responsáveis pelo seqüestro (do Abílio Diniz), tinha insinuado isso, e o Lula queria o direito de resposta. Mas o Rezek sumira e só uma semana depois ficamos sabendo porquê. Ele reapareceu como ministro da Justiça do Collor". O jornalista comete um engano: Rezek foi ministro das Relações Exteriores e não da Justiça. Fica registrada sua versão. Ricardo Kotsho: entrevista a *O Pasquim*, número 43, 10 de novembro de 2002.

o presidente conseguiu pressionar o Congresso, enfraquecido e desgastado. Era um Congresso velho. Como se viu, as eleições parlamentares só se realizariam no final de 1990. A posse dos novos deputados e senadores (um terço destes) apenas em fevereiro de 1991. Naquele primeiro ano de mandato, o Congresso estava em franca desvantagem. O Executivo jogava com a possibilidade de, nas eleições que se aproximavam, formar uma forte bancada a partir do prestígio pessoal do presidente, o que reforçaria ainda mais seu personalismo. Investiu pesadamente nisso, tendo como esteio financeiro o cofre de Paulo César Farias. A estratégia, no entanto, não se mostrou eficaz. As eleições vieram, um novo Congresso se formou e, com o tempo, a popularidade de Collor e de seu ministério se dissipou. A maior prova disso veio com a rejeição do "Emendão", que sequer chegou a ser discutido.[109]

Mas no auge da popularidade, Collor parece não ter dado muita importância ao fato de que *o tempo é o senhor da razão.*[110] Na composição de seu governo, optou por uma formação distanciada dos partidos políticos e dos setores modernos das elites. Os setores de que se cercou para compor seu governo, além de não ampliarem sua relação com os partidos, pouco contribuíram para aprofundar sua interlocução com a sociedade *moderna.* Ao contrário, baseado, sobretudo, nos companheiros de Alagoas, o governo adquiriu os hábitos e costumes da província. O ministério teve vida relativamente curta. Em menos de dois anos de mandato, a equipe se decompôs em escândalos de ordem moral e na inabilidade administrativa.

Sem articulação política, sem gabarito técnico-administrativo, Collor tentou se equilibrar a partir daquilo que lhe restava e que era sua

[109] Em 4 de outubro de 1991, Collor enviou ao Congresso (mensagem n° 523/91) uma série de propostas que constituíam um todo integrado voltado para a reforma do Estado (privatizações, reforma tributária, reforma da previdência, entre outras medidas). No bojo das análises que se fizeram sobre o conteúdo, constataram-se inúmeras manifestações de inconstitucionalidade. Acabou por provocar resistências dentro e fora do Congresso. Diante disso, postergou-se a discussão do "Emendão" para o processo de Revisão Constitucional, que se daria em 1993. É claro que foi esquecido.

[110] Ironicamente, esta é uma frase cara ao ex-presidente. Ele a usou estampada em uma camiseta durante os exercícios físicos que fazia aos domingos. Nessas ocasiões, Collor aproveitava para transmitir mensagens políticas que achasse conveniente para o momento. Usou-a no contexto em que estava sendo acusado por seu irmão Pedro de estar associado a Paulo César Farias. Originalmente, a frase é de Santo Agostinho.

mais requintada qualidade: a exploração eficaz do *marketing* político e, no contexto deste, a enorme capacidade que tinha em falsear a realidade a partir da criação de símbolos. O falseamento da realidade não se constitui em novidade na política; é mesmo uma das suas artes. Partidos e governos lançam mão deste recurso de acordo com as conveniências. Como observou Hannah Arendt, no ensaio em que analisa a existência de documentos do Departamento de Estado norte-americano a respeito da guerra do Vietnã, "o embuste é até certo ponto fácil e tentador" (Arendt, 1999:16).

À arte de mentir, Arendt adiciona duas interessantes figuras que, notamos, estão presentes no contexto do governo Collor: os "relações públicas" e "os resolvedores de problemas". Os dois tipos, com Collor, ganharam evidência e expressão que até então não haviam gozado no Brasil. Rapidamente, foram assimilados pela mídia e, por um bom período, se configuraram como uma espécie de viga mestra que sustentou a credibilidade do governo.

Para a filósofa alemã, o trabalho dos *relações públicas* "não é mais do que uma espécie de propaganda" (Arendt, 1999:17), o que foi levado a cabo com extrema competência pelo próprio presidente da República, e aprimorado por toda sua equipe de *marketing* e opinião, aqui representado pelo exemplo da jornalista Belisa Ribeiro, que o assessorou.

Os segundos — os *resolvedores de problemas* — "são caracterizados como homens (e mulheres) de grande autoconfiança, que 'raramente parecem duvidar de suas capacidades de prevalecer'". Ora, esse foi mais ou menos o perfil dos executivos *yupies* que desembarcaram no governo Collor, assim como o presidente, trajando roupas de grife, gravatas Hermés, portando relógios Rolex e canetas Montblanc. Seguros de si e do mundo à volta deles, qualificados academicamente, PhDs em profusão, muitos, assim como a ministra Zélia, deslumbrados com o poder e o sucesso repentino. "A despeito de serem inegavelmente inteligentes — o que é manifesto em muitos memorandos de seus próprios punhos — eles também acreditavam que política não passa de uma espécie de relações públicas, e foram levados por todas as bizarras premissas psicológicas subjacentes nessa crença." Não acreditavam na política como potência organizadora da sociedade. Tinham, antes de qualquer coisa, uma fé inabalável na ciência exata que dominavam e a política, por não ser exata, não poderia ser ciência e muito menos servir para ordenar o mundo. Como diz Arendt, orgulhavam-se por serem racionais. "Ansiosos por descobrir *leis* pelas quais explicar e predizer fatos políticos e históricos, como se fossem tão precisos, e, portanto, tão seguros como os físicos acreditavam que fossem os fenômenos naturais antigamente" (Arendt, 1999:20). Mas "a falha de tal raciocínio começa em querer reduzir as escolhas a dilemas mutuamente exclusivos; a realidade nunca se apresenta como algo tão simples como premissas para conclusões lógicas" (Arendt, 1999:21).

Por fim, diz Hannah Arendt, "o que os resolvedores de problemas têm em comum com os verdadeiros mentirosos é o empenho em se livrarem dos fatos, e a confiança em que isto seja possível por causa da contingência dos fatos" (Arendt, 1999:21). Se o dado não está de acordo com a análise, ora, descarta-se o dado. As seguidas entrevistas que a ministra Zélia e sua equipe deram após o anúncio do plano Collor denotaram, na época, contraditoriamente, autoconfiança e confusão simultâneas. Ao leigo restava acreditar que o que estava sendo dito era a expressão de uma "verdade econômica", que apenas a história poderá comprovar a justeza. Afinal de contas, quem estava dizendo aquilo era a "ministra da Economia". Qualificadíssima, acreditava-se, posto que ministra. Não é bem assim. Memorável, nesse sentido, foi o bate-boca em que a ministra se envolveu com a jornalista Liliam Witte Fibe. É antológico desse tipo de situação.[111] Hoje, sabe-se que a ministra não sabia ao certo o que se estava fazendo. Nem por isso era facilmente desmentida, pois a função lhe dá uma espécie de prerrogativa.[112]

[111] Naqueles dias que se seguiram ao anúncio do pacote econômico, a ministra compareceu aos estúdios da Globo com o objetivo de esclarecer aos telespectadores da emissora a respeito dos detalhes do plano. A apresentadora quis saber, afinal de contas, como ficaria a correção da poupança. Sem saber o que dizer, Zélia olhava com um sorriso constrangedor e respondia que aquela questão já lhe fora feita e devidamente esclarecida. A apresentadora, portanto, que pulasse para a próxima. Não satisfeita, Witte Fibe insistiu. Zélia continuou sem responder, argumentando que aquela era uma questão já superada. As cenas foram repetidas pelo apresentador Jô Soares em seu programa diário ("Programa do Jô", 15 de janeiro de 2003). Em 20 de dezembro de 2002, a apresentadora confessou à revista *IstoÉ* (edição 1.630) que por conta daquela entrevista, sintomaticamente, deixou de ser escalada para o *Jornal Nacional*. Nas suas palavras, "foi para a geladeira".

[112] Comentando um artigo de José Arthur Giannotti, em que o filósofo, analisando aspectos do governo Fernando Henrique Cardoso, admite existir certo grau de "amoralidade na política", Marilena Chauí lança mão dos argumentos de Hannah Arendt para estocar seu colega de USP e de filosofia. Seus argumentos daquela ocasião reforçam os meus: "Se nos recordarmos do clássico estudo de Hannah Arendt sobre a mentira política, haveremos de lembrar que ela aponta os dois instrumentos empregados pelo governante para realizar o embuste. Um deles são os 'relações públicas', que operam com os recursos da publicidade e têm como

O governo Collor acabou por desmoronar política, técnica e moralmente. Um dos motivos da decomposição moral do governo de Collor está ligado à presença de dois outros personagens que rondavam o governo, ambos oriundos de Alagoas, sua província política: Cláudio Vieira e Paulo César Cavalcante Farias. Cláudio Vieira ainda respondia por uma função formal no governo, pois era secretário particular de Collor e responsável pela verba de publicidade do governo. Era amigo pessoal do ex-presidente desde *A Gazeta de Alagoas* e um dos poucos a freqüentar a intimidade de Collor. Já Paulo César Farias não respondia por nenhuma função formal. Ex-tesoureiro da campanha de Collor, no governo apenas indicara seu irmão, Luiz Romero Farias, como secretário-executivo do ministério da Saúde. À sombra do governo, no entanto, PC intermediaria achaques e propinas. Sua relação com Cláudio Vieira remonta à juventude de ambos, quando os dois foram colegas de seminário (Pinto, 1992:44-48). As relações entre Fernando Collor, Cláudio Vieira e Paulo César fechavam-se num ciclo em que cheques de correntistas fantasmas foram utilizados aos milhões para arcar com as despesas de Collor e de sua esposa, Rosane.

Somada à pouca importância que Collor deu à formação de uma base parlamentar sólida, na raiz dos problemas responsáveis por sua queda, estão as *relações perigosas* que manteve com o grupo de Alagoas. A mentalidade da *província* das Alagoas acabaria por demarcar a índole do governo.

> Sempre se comentou em Brasília que o PC Farias tinha como objetivo montar o projeto de poder de Collor. Comentava-se que eles haviam comemorado o primeiro bilhão de dólares de arrecadação e que estavam partindo para o segundo bilhão. Mas esse projeto teria ido ao fracasso porque foi construído com uma visão provinciana de Collor e de seus asseclas. Não se trata de uma análise, mas de impressão pessoal minha de

princípio a idéia de que os cidadãos são inteiramente manipuláveis pelas opiniões vendidas no mercado político; são os agentes da propaganda do governo. O outro instrumento são os 'resolvedores de problemas', caracterizados pela autoconfiança extrema e pela certeza de sempre prevalecerem porque sabem se livrar dos fatos, tanto destruindo documentos, memórias e testemunhos, como produzindo uma irrealidade que vem à existência, por meio de discursos, chantagens, coações, distribuição de benesses, ameaças veladas ou diretas e sobretudo pela desqualificação sumária dos opositores; são os assessores do governo. Juntos, 'relações públicas' e 'resolvedores de problemas' criam as condições para que o governo nunca possa ser desmentido, pois toda contraprova é invalidada por princípio, graças ao ocultamento da realidade sob a imagem irreal e graças à desqualificação prévia dos oponentes" (Marilena Chauí, "Acerca da moralidade pública", *Folha de S. Paulo*, 25 de janeiro de 2001).

> que eles inauguraram um tipo de corrupção no Brasil, que é a corrupção miúda em que o sujeito organiza uma central com ramificações em todos os órgãos onde pudesse haver arrecadação. Mas arrecadação — sei lá... — de tostão. Ele não percebeu que iria montar uma grande organização que tinha tentáculos na Petrobrás, na Sudene... ele não tinha algo bem organizado, com lealdades e tudo o mais.[113]

Alagoas é um pequeno Estado do Nordeste que, de acordo com o senso de 1991, possuía 2.514.100 habitantes, enquanto o Brasil estava na casa dos 150 milhões de habitantes. A economia de Alagoas era simples e a atividade produtiva era rudimentar, baseada, sobretudo, na plantação de cana-de-açúcar. Isoladamente, a produção do Estado correspondia a 50% da safra do Nordeste. Ainda assim, dos dez municípios mais pobres do Brasil, sete estavam em Alagoas. A mortalidade infantil estava no patamar de 71,94 casos para cada mil crianças nascidas no Estado. O analfabetismo era de 36,28%. Essas taxas eram as mais altas do país.[114]

Politicamente, o Estado era controlado por oligarquias que se apropriavam do aparelho estatal e que resolviam seus conflitos a partir do uso da violência física e da truculência (Pinto, 1992). Esse tipo de apropriação patrimonialista (Faoro, 1979), que se deu de forma mais agressiva e menos sutil em Alagoas, na comparação com o resto do país, repercutirá na ação de importantes membros da República, nos anos Collor.

A dimensão econômica de Alagoas e a complexidade política de sua sociedade não dão nenhuma margem de comparação com o Brasil. Ainda assim, o grupo que assumiu o poder em 1990 parece ter-se deixado seduzir por este equívoco. Além de PC Farias, Cláudio Vieira, também Cleto Falcão, Renan Calheiros, Cláudio Humberto, Rosane Collor, Pedro Collor, Tereza Collor, Leopoldo Collor, dona Leda Collor, João Lira, Joãozinho Malta, Geraldo e Denilma Bulhões, toda a família Cavalcante Farias, Jorge Bandeira (piloto do "Morcego Negro", o famoso jatinho de PC Farias) e Rosinete Melanias (secretária de Cláudio Vieira) passaram a freqüentar os noticiários policiais e políticos nacionais. Os problemas, as disputas, a lógica e a cultura da província assaltaram o Brasil. À palavra assaltar cabe dupla interpretação, mas o sentido que se pretende dar é o

---

[113] Entrevista com Maílson da Nóbrega em 25 de maio de 2001.

[114] Fonte: Instituto Brasileiro de Geografia e Estatística (IBGE).

de que o país foi assediado, acometido de súbito por práticas políticas provincianas, incapazes de dar conta dos desafios a que o próprio presidente assumira como compromisso inescapável: a moralização política.

De acordo com o noticiário da época, acostumados com a província, seus auxiliares teriam se lançado com voracidade ímpar ao butim. Mesmo aqueles que não eram do Estado teriam sentido o caminho livre para a pilhagem. Paralelamente, às denúncias de corrupção ativa, descobria-se a megalomania do projeto pessoal. Isso é bastante comum àqueles a quem tudo deu certo na vida e nunca conheceram reveses.

Mas o erro estrategicamente mais grave não parece ter sido esse. Conforme a leitura de diversas publicações e análises jornalísticas, pode-se afirmar que tudo indica que Fernando Collor e PC Farias pretendiam formar um império midiático particular,[115] apoiando-se para isso nos recursos que angariavam. Com isso, sustentariam e dariam novo impulso ao projeto de poder do grupo, que tivera início modesto em 1986, mas que a sorte trataria de dar novas perspectivas em 1989. Retomemos esse processo.

Os escândalos que se sucederam no interior do governo são inúmeros: contratação ilegal de agências de publicidade de modo a favorecer as agências que haviam trabalhado em sua campanha; beneficiamento à VASP (privatizada pelo governo paulista e adquirida por Vagner Canhedo) no financiamento de dívidas junto ao Banco do Brasil,[116] compras superfaturadas de cestas básicas pela LBA envolveram Rosane Collor em mais um escândalo; fraudes na Previdência Social e a confissão do ministro Antônio Rogério Magri de que aceitara receber propina; Alceni Guerra, ministro da Saúde, acusado de beneficiar uma empresa do Paraná ao comprar bicicletas e guarda-chuvas; Pedro Paulo Leoni Ramos, secretário da SAE e amigo próximo do presidente, denunciado de ter montado um esquema ("esquema PP") para intermediar negócios da Petrobrás; favorecimento aos usineiros de Alagoas por parte do Banco do Brasil que saldou uma dívida de 85,9 milhões de dólares contraída junto ao Midland Bank, de Londres; Pedro Collor, irmão do presidente, levanta suspeitas a respeito da origem dos recursos com que PC Farias vinha adquirindo empresas de comuni-

[115] Ver Capítulo 3.

[116] Luís Otávio da Mota Veiga, então presidente da Petrobrás, se demitira denunciando Paulo César Farias e Marcos Coimbra de o pressionarem a conceder financiamento à VASP com isenção de juros.

cação (mais propriamente a *Tribuna de Alagoas*).[117] Aberta a CPI, uma série de novas denúncias veio à cena: os cheques fantasmas que arcavam com as despesas do presidente e de sua família; a reforma milionária da *Casa da Dinda*; a Operação Uruguai e outras mais.

No final de 1991, Collor tentou fazer uma reforma ministerial e se recompor com o Congresso, mas era tarde. Trouxe para seu convívio alguns nomes de expressão no PSDB, no PFL, no meio acadêmico e empresarial: Hélio Jaguaribe, Celso Lafer, Ricardo Fiúza, Jorge Bornhausen, Sérgio Paulo Rouanet, Marcílio Marques Moreira. Embora tenha despertado algum otimismo em relação a sua capacidade de recuperação, seu governo já estava corroído pelos escândalos e pelos rancores políticos daqueles que atingiu.

> Quando ele percebeu que o seu plano tinha fracassado e que a Zélia havia se desgastado, ele deu uma ampla guinada. Trouxe estrelas que eram mais estrelas do que ele. Só não levou Fernando Henrique por um triz, mas ele levou o [Jorge] Bornhausen, o Marcílio [Marques Moreira], o [Jarbas] Passarinho, o Hélio Jaguaribe. Eu estava com um cliente no dia em que se anunciou o segundo ministério. Foi uma surpresa, me lembro que foi um otimismo geral nos mercados. Era uma virada do Collor: ele, afinal, iria colocar um ministério à altura do desafio que ele tinha pela frente. E, a meu ver, ele não se destruiu mais rapidamente por causa desse ministério. Eu não tenho dúvida que pessoas que viviam mais perto dele, como Bornhausen e Passarinho, foram pessoas que tiveram influência positiva sobre o presidente. O Bornhausen, que é uma pessoa que tem toda uma cultura de alemão, virou defensor do Collor em todos os quadrantes. Tentou barrar a publicação da entrevista (do Pedro Collor) para *Veja*. É uma coisa extraordinária, né?, como o Brasil sobreviveu ao Collor.[118]

As denúncias de Pedro Collor serviram como a faísca de um rastilho de pólvora que passava por vários setores dispostos a explodir com o governo e o grupo do presidente: políticos que foram destratados; empresários que perderam espaço e privilégios na máquina do Estado; funcionários pú-

[117] Para Pedro Collor, PC Farias era um mero "testa-de-ferro" de Fernando Collor.

[118] Entrevista com Maílson da Nóbrega em 25 de maio de 2001.

blicos; sindicatos; parte da indústria nacional; até militares da Reserva que, por sua vez, arquitetaram um plano caso o *impeachment* não passasse[119] e até mesmo os meios de comunicação agiram politicamente no apoio à queda de Fernando Collor.

Uma hipótese a ser desenvolvida noutro próximo trabalho é a de que os meios de comunicação atuaram, ainda que não articuladamente, mas de forma deliberada na disposição de contribuir com o *impeachment* de Fernando Collor de Mello. Os exemplos são abundantes assim como as matérias publicadas que incriminavam Collor. O discurso difuso pela mídia indica que os meios de comunicação agiram na defesa da democracia e no papel de suas atribuições, que é divulgar os fatos. Muito bem, pode ser.

Mas o fizeram de forma raramente tão zelosa, comparável talvez apenas às crises que culminaram na morte de Getúlio Vargas e no golpe militar de 1964. Em 1992, a Rede Bandeirantes, por exemplo, que não assimilara e nem perdoara as jogadas de PC Farias e José Carlos Martinez, resolveu transmitir ao vivo as sessões da Comissão Parlamentar de Inquérito que investigava o "Esquema PC". A Rede Globo colocou no ar a minissérie "Anos Rebeldes",[120] incentivando a mobilização pró-*impeachment*. *O Globo*, a *Folha de S. Paulo* e *O Estado de S. Paulo* mobilizaram verdadeiras equipes de investigação. Aliás, a *Folha de S. Paulo*, que teve sua redação invadida pela polícia federal nos primeiros dias de governo, designou repórteres especiais para Alagoas até mesmo antes da crise do *impeachment*.

Em depoimento lacônico a Mário Sérgio Conti, Paulo César Farias foi revelador ao admitir a aventura e a alucinação em que aquele grupo se metera: "O poder é a droga mais pesada que existe, o poder enlouquece", disse. E explicou: "Essa foi a loucura: querer uma rede de televisão para enfrentar a Globo, uma companhia de aviação para enfrentar a Varig, um partido maior que o PMDB, o PFL e o PT" (CONTI, 1999:678).

---

[119] A bem da verdade, havia setores da Ativa que pretendiam justamente o contrário: mantê-lo a qualquer custo. A ordem da caserna só foi mantida porque os ministros militares recusaram-se a romper com a normalidade constitucional. Ver revista *IstoÉ*, número 1.730, de 27 de novembro de 2002.

[120] A minissérie tratava dos anos da ditadura, da resistência armada e da mobilização dos estudantes. De um modo romântico, não deixou de sugerir analogias com o contexto que se vivia e nem de animar a moçada a ir às ruas, com as caras pintadas. Esses jovens do começo dos anos 1990 passaram à história justamente com esse título: "os caras-pintadas".

Ainda que nada tenha sido formalmente provado,[121] de farto material da época e mesmo de diversos depoimentos posteriores, infere-se que Fernando Collor e PC Farias tivessem um projeto de poder associado, construído por meio dos esquemas de arrecadação executados pelo ex-tesoureiro, o chamado "Esquema PC". A associação entre ambos ficou clara, tanto no noticiário da imprensa, quanto nas investigações da CPI, do Ministério Público e da Polícia Federal (Figueiredo, 2000:373). Ainda assim, apenas recursos financeiros em espécie não bastam para colocar de pé um projeto político daquela magnitude. Era preciso alicerçá-lo também em outros "instrumentos" de poder. O interesse de Paulo César Farias e do grupo de Collor (Paulo Octávio e José Carlos Martinez) em adquirir empresas de comunicação (da *Tribuna de Alagoas* à *Rede Manchete*, passando pelo *Jornal do Brasil* e pela *Rede OM*, de Martinez) permite supor que, talvez, fosse esse o instrumento de poder o perseguido para a devida efetivação do projeto: um império de comunicações.

A história do Brasil está repleta de casos e personagens envolvendo os meios de comunicação e que permitem seu uso como exemplos da importância e do poder desses meios. Vamos a alguns deles: no período do Estado Novo, Getúlio Vargas se beneficiara politicamente com a criação do DIP (Departamento de Imprensa e Propaganda), mas nos tempos de democracia necessitou de mecanismos mais sutis. Procurando autonomia em relação a Assis Chateaubriand e aos demais órgãos de imprensa que lhe faziam oposição, incentivou Samuel Wainer a criar o jornal *Última Hora*. O jornal fez enorme sucesso e tanto quanto possível defendeu o nome e as bandeiras de Getúlio e do getulismo. Ainda assim, isso atiçou a ira dos donos dos demais jornais e, num processo crescente, Getúlio foi levado ao suicídio e Wainer foi à falência (Wainer, 1993). Jornais como a *Tribuna da Imprensa* (de Carlos Lacerda), *O Globo, O Estado de S. Paulo* e os *Diários Associados* foram implacáveis.

Como demonstrou Fernando Morais, outro caso notório de poder pelos meios é o de Assis Chateaubriand. O "doutor Assis", uma espécie de "rei do Brasil", desestabilizava governos, assim como ajudava a erguê-los e a derrubá-los; leis foram feitas em seu interesse, a *Lei Teresoca* (Morais, 1994:410); pelas mãos de Juscelino Kubitschek e de Tancredo Neves, conseguiu mudar o calendário eleitoral para que disputasse e vencesse eleições para o Senado (Morais, 1994:565-575). Para o bem (MASP) ou para o mal, seu poder de coação era enorme.

---

[121] E, a bem da verdade, Collor tenha sido absolvido pela Justiça.

Chateaubriand caiu doente e morreu quase que simultaneamente à chegada dos militares ao poder. Estes perceberam a vulnerabilidade que teriam diante dos meios de comunicação e de algum modo se estabeleceu uma regra de convivência em que um novo império foi erguido dentro de um espírito de colaboração com o regime. A Rede Globo de Televisão se constituiu num imenso poder de comunicação organizado de modo a integrar o país e a repercutir positivamente as realizações do governo militar.[122] Proprietário da Globo, a influência de Roberto Marinho foi de tal ordem que praticamente nomeava ministros. Foi o caso de Maílson da Nóbrega, ministro da Fazenda já no final do governo Sarney, efetivado somente após ser sabatinado pelo "doutor Roberto".[123]

De algum modo, parcela significativa dos meios de comunicação contribuiu para a eleição de Collor. Quer seja pela difusão da "idéia" de modernidade, quer seja pela cruzada moralista forjada no discurso da anticorrupção e da ineficiência do setor público; quer seja de modo mais direto por meio das grandes "reportagens" ou da edição do último debate no segundo turno da eleição.[124] O fato é que, assim como Getúlio, Collor parece

[122] Os mais velhos devem se lembrar de "Amaral Neto, o Repórter", programa na forma de documentários feito para retratar as riquezas nacionais e as glórias do regime; foi a primeira atração em cores realizada pela TV Globo.

[123] "...O presidente (Sarney) me convidou a ir ao Curupu, uma ilha no Maranhão, onde ele tem uma residência de praia. (...) Conversei seis horas com o presidente. Ele me convidou, mas disse que nada poderia ser anunciado ainda porque precisava aparar algumas arestas. (...) A aresta era o Roberto Marinho, que tinha outro candidato para o cargo (...) Naquele dia, de volta a Brasília, fui ver o noticiário e não tinha saído nada no *Jornal Nacional*. Nada. E eu tinha visto uma equipe da Globo em São Luís. Falei com o repórter. Aí fiquei com a pulga atrás da orelha. Conversei com algumas pessoas e todas me disseram que só podia ser porque Roberto Marinho estava trabalhando por outro nome. (...) Continuei tocando. (...) O presidente me ligou perguntando: 'O senhor teria algum problema em trocar umas idéias com o Roberto Marinho?' Respondi: 'De jeito nenhum, sou admirador dele, até gostaria de ter essa oportunidade'. (...) Fui lá e fiquei duas horas com o doutor Roberto Marinho. Ele perguntou sobre tudo, parecia que eu estava sendo sabatinado. Terminada a conversa, falou: 'Gostei muito, estou impressionado'. De volta ao ministério, entro no gabinete, aparece a secretária: 'Parabéns, o senhor é o ministro da Fazenda. Deu no plantão da Globo'." Entrevista de Maílson da Nóbrega à revista *Playboy*, março de 1999.

[124] Nesse debate, Lula estava visivelmente nervoso, pois dias antes fora vítima de ataque pessoal envolvendo sua filha Lurian. Collor venceu o debate, ainda assim alternou — do mesmo modo que Lula — momentos bons e ruins. "Venceu por pontos, não por goleada", admitiu Armando Nogueira, então diretor de jornalismo da emissora. Mas, no dia seguinte, véspera

ter buscado se cercar de controles mais efetivos e diretos da informação e da difusão de sua imagem por meio da ação de PC e da compra de veículos. Não deu certo. Instalada a CPI, ainda que supostamente os meios de comunicação não tenham militado diretamente a favor do *impeachment*, agiram de modo a estimular a mobilização anticollor e a queda do ex-presidente.

Como foi destacado, sessões da CPI, pela primeira vez, foram transmitidas ao vivo. E ainda que Mário Sérgio Conti tenha assinalado que a exibição da minissérie *Anos Rebeldes* fosse uma irônica coincidência — àquela altura Marinho ainda apoiava Collor (1999:650) —, é plausível imaginar que, fosse de fato um apoio sem reservas, a minissérie seria abrandada, exibida de madrugada ou, no limite, tirada do ar. Recursos não faltariam, houvesse disposição em proteger o presidente. Ao contrário, o jornal *O Globo* vinha numa postura ácida em relação ao governo e mesmo o *Jornal Nacional* já exibira matérias a respeito do caso Alceni Guerra[125] com duração extraordinária para os padrões da emissora. Segundo Mário Sérgio Conti, era uma forma de retaliação às relações que Collor acabou por estabelecer com o governador do Rio de Janeiro, Leonel Brizola, arquiinimigo de Roberto Marinho (1999:493-500).

É verdade que tudo isso seria absolutamente normal em uma sociedade democrática, onde os meios de comunicação buscam a credibilidade diante de seu público. No Brasil de 1992, no entanto, mesmo com toda efervescência política, aquilo era inédito. Pode-se até considerar o fato como um reflexo do amadurecimento das instituições, e da ampliação da liberdade de expressão; parece menos provável. O certo é que foi um marco que ainda hoje causa estranhamento, pois no Brasil, sobretudo no que tange às redes de TV, esse embate ou *falta de colaboração* com os governos ainda é relativamente incomum.

---

da eleição, por ordem que teria partido do próprio Roberto Marinho, a Rede Globo exibiu em seus telejornais uma edição do debate em que a vitória de Collor parecia avassaladora, o que realmente não ocorreu. À essa edição, sobretudo a exibida durante o Jornal Nacional, tem sido atribuída a vitória de Collor e a derrota de Lula. Um exagero: foi um dos elementos que contribuíram de forma incisiva, mas não determinante. Seria necessário somar outros eventos a isso. Ainda assim, a edição do debate repercutiu de modo tão negativo que, contrariado, Armando Nogueira pediu demissão, aposentando-se do jornalismo político (Conti, 1999).

[125] Pesaram sobre o ministro da Saúde, Alceni Guerra, denúncias de superfaturamento na compra de bicicletas, mochilas e guarda-chuvas, que seriam utilizados pelos agentes de saúde. O caso foi explorado diariamente com estardalhaço pelos telejornais, o que levou Alceni a pedir demissão e a afastar-se da vida pública durante um longo período; sendo por fim julgado e absolvido pela Justiça.

Portanto, é possível imaginar que Collor procurasse autonomia diante dos meios de comunicação, até porque a história acabou por mostrar que o presidente viu-se realmente só diante da crise. Uma rede com penetração nacional que o defendesse, com efeito, fez falta. Mas note-se aí também mais um flanco de conflito aberto por Collor, dentre tantos outros que o ex-presidente abriu simultaneamente. Somente quem possui um exército realmente forte pode lutar em tantas frentes. Não era o caso de Fernando Collor; foi deposto antes que pudesse reagir.

Sem apoio popular, sem bases políticas, perdido no mar de denúncias e escândalos, enfrentando crises de todos os tipos — inclusive familiares —, tendo a sociedade e a mídia mobilizada toda contra si, em 29 de setembro de 1992, 441 deputados federais votaram a favor de abertura do processo de *impeachment*. Apenas 38 deputados ficaram ao seu lado até o fim e disseram não. Collor renunciou na esperança de frear o processo. Era tarde, politicamente, o *impeachment* tornara-se irreversível. Perdeu o mandato e os direitos políticos por oito anos. Tentou voltar em 2002. Perdeu a eleição para o governo alagoano já no primeiro turno. Os membros da chamada "República de Alagoas", que ao seu lado e com seu apoio disputaram vagas para o Legislativo, também não se elegeram.[126] Em 2006, foi eleito Senador de uma forma igualmente meteórica e igualmente baseada nos meios (seu canal de TV, em Alagoas) e em sua capacidade de comunicação. Estaria realmente de volta? Difícil saber; pouco provável. Só *o tempo, senhor da razão*, poderá dizer.

---

[126] Exceção feita a Renan Calheiros: eleito senador por Alagoas, tornou-se presidente do Senado e do Congresso Nacional. Ainda assim, Calheiros rompeu com o ex-presidente já em 1990, muito antes dos escândalos que atingiram Collor. Saiu ileso.

Considerações Finais

A fortuna sem *virtù* e a teoria do medalhão

— Se for ao parlamento, posso ocupar a tribuna?

— Podes e deves; é um modo de convocar a atenção pública. Quanto à matéria dos discursos, tens à escolha: — ou os negócios miúdos, ou a metafísica política, mas prefere a metafísica. Os negócios miúdos, força é confessá-lo, não desdizem daquela chateza de bom-tom, própria de um medalhão acabado; mas, se puderes, adota a metafísica; — é mais fácil e mais atraente. Supõe que desejas saber por que motivo a 7ª companhia de infantaria foi transferida de Uruguaiana para Canguçu; serás ouvido tão-somente pelo ministro da guerra, que te explicará em dez minutos as razões desse ato. Não assim a metafísica. Um discurso de metafísica política apaixona naturalmente os partidos e o público, chama os apartes e as respostas. E depois não obriga a pensar e descobrir. Nesse ramo dos conhecimentos humanos tudo está achado, formulado, rotulado, encaixotado; é só prover os alforjes da memória. Em todo caso, não transcendas nunca os limites de uma invejável vulgaridade.

— Farei o que puder. Nenhuma imaginação?

— Nenhuma; antes faze correr o boato de que um tal dom é ínfimo.

— Nenhuma filosofia?

— Entendamo-nos: no papel e na língua alguma, na realidade nada. "Filosofia da história", por exemplo, é uma locução que deves empregar com freqüência, mas proíbo-te que chegues a outras conclusões que não sejam as já achadas por outros. Foge a tudo que possa cheirar a reflexão, originalidade, etc., etc.

(Machado de Assis, *Teoria do Medalhão*)

O jogo de habilidade em duas frentes — da moralidade à modernidade — garantiu a Fernando Collor a viabilidade eleitoral que sua história política de até então talvez sequer imaginasse. Em 1987, governador, Collor foi em viagem oficial à China. Numa noite em que o governo chinês recebeu a comitiva para um jantar, alguns convivas, entre eles Cleto Falcão, adiantaram-se na bebida. Meio à euforia, de modo inconseqüente, Collor foi anunciado por Falcão como o futuro presidente do Brasil. Poucos levaram aquilo a sério. Collor foi um deles. Começou na manhã seguinte um processo de consulta a colaboradores e aliados mais próximos. Aquilo era-lhe estimulante; jogador, gostava do jogo difícil. Ademais, para quem na juventude traumatizado pela *desgraça* do pai não admitia a hipótese de vir a ser político, nada havia a perder: já que entrara no *negócio* sem pedir, a simples disputa já era lucro. Aliás, era mesmo possível que tivesse a ganhar: projeção nacional e influência política para além das divisas de Alagoas, opções para o futuro... No mínimo, poderia acabar como vice na chapa de Ulysses Guimarães ou de Mário Covas. De qualquer forma, apareceria para o país. Valeria como *experiência*, diziam, incrédulos, os mais próximos. Afinal, se "Paris vale uma missa e Lisboa uma afronta" (JUNQUEIRO, 19--), a aventura poderia valer o Brasil. Collor começou a perceber que se tratava de algo mais que uma aposta. Sondou o terreno; viu o vazio; ouviu o grito e o clamor da torcida: as condições em que aquele *jogo* se configurava poderiam lhe ser vantajosas e, quem sabe, favorecer sua vitória.

Voltando da China, ato contínuo consultou Marcos Coimbra, do Vox Populi, como a um oráculo para lhe mostrar o que diriam as pesquisas. A primeira constatação reveladora era a de que os brasileiros, ainda traumatizados pela morte de Tancredo, preferiam um jovem a um velho. O ideal é que fosse audacioso e determinado, plenamente dissociado do esquema de poder da "Nova República". Esse era ele, Collor. As chances de Ulysses Guimarães estavam automaticamente reduzidas. De posse dessas informações, aprofundou a estratégia e radicalizou o discurso. O presidente da República, José Sarney, virou o *sparing* predileto. Aos amigos, disse: "*Alea jacta est*". Traduziu: "A sorte foi lançada na minha direção". Agarrou-a.

Desde Maquiavel, sabe-se que, pelo menos em política, não há predestinação. Parafraseando Albert Einstein, dir-se-ia que também o político não joga dados. A sorte é construída no compasso e descompasso das relações sociais. Cabe ao político a refinada percepção e antever a direção dos ventos. Jon Elster, citando Adam Ferguson, afirmou que "a História é o resultado da ação humana, não do desígnio humano" (Elster, 199:113). Se se deixasse apenas levar, Fernando Collor seria hoje, no máximo, um senador provinciano, como foi seu pai. Acreditasse no desígnio humano e na idéia de *fortuna* como a "roda do tempo, que gira indefinidamente sem que se possa descobrir o seu movimento (...) O destino (como) uma força da providência divina e o homem sua vítima impotente" (Sadek, 1991:22), seria, hoje, um obscuro político de Alagoas.

Inegavelmente, *fez* a roda da *fortuna* girar a seu favor — ainda que se possa argumentar que, como todo homem, nem mesmo ele soubesse a história que efetivamente fazia. Não poderia supor que fosse tão longe. Ninguém poderia; alguns, no entanto, ousam lançar ao mar, por aventura, ignorância ou valentia.

A cada oportunidade dada pela conjuntura, Collor progredia alguns pontos até tornar sua trajetória um caminho sem volta. Paul Lazarsfeld afirma que as campanhas presidenciais modernas acabam antes de começarem, pois são decididas pelos acontecimentos que marcaram o período entre as duas eleições.[127] Entre a campanha das Diretas-Já, a eleição indireta de Tancredo, o trauma de sua morte e a Nova República de Sarney, estabeleceu-se no Brasil um clima de profunda esperança. Indomável, a inflação, porém, corroeu esse clima de otimismo. Os "fiscais do Sarney", por fim, sentiram-se traídos. A credibilidade dos políticos tornou-se decrescente até se reduzir a pó. A crise econômica, que já se desenrolava desde final dos anos 1970, estabeleceu-se mais forte e mais perversa.

A campanha de Fernando Collor à Presidência foi construída nas brechas dos desacertos do governo Sarney e na deterioração do modelo de

---

[127] "De certo modo, as campanhas presidenciais modernas acabam antes de começar. (...) As eleições decidem-se pelos acontecimentos que têm lugar em todo o período compreendido entre as duas eleições presidenciais e não pela campanha." Paul F. Lazarsfeld, "The Election Is Over", *Public Opinion Quarterly*, nº 53, 1953. Citado por Venício A. de Lima. (2001:175).

desenvolvimento econômico nacional desenvolvimentista. Collor não foi apenas o maior e mais ácido crítico de Sarney, foi também o mais arguto observador da deterioração do quadro político. Aproveitou-se de todas as mazelas da política nacional e de todos os reveses da Nova República e da decadência do modelo econômico. Simultaneamente, percebeu que o momento exigia a construção de um edifício moderno e luxuoso em substituição aos escombros. O projeto que trazia a promessa desse novo edifício estava pronto, na cabeça da tecnocracia, nos editoriais da mídia, na perspectiva de bons negócios da elite. Faltava o líder que o implementasse, fosse com a prudência dos sábios, fosse com a coragem dos *muito ignorantes*. Não importava como, o certo é que essa foi a *fortuna* a que soube se agarrar.

É pouco provável que Collor tenha refletido sobre isso, mas para ele a *fortuna* se configurou como "uma deusa boa, uma aliada potencial, cuja simpatia era importante atrair. Esta deusa possuía os bens que todos os homens desejavam: a honra, a riqueza, a glória, o poder". Para se favorecer dela "era imprescindível seduzi-la (...) como se tratava de uma deusa que era também mulher, para atrair suas graças era necessário mostrar-se *vir*, um homem de verdadeira virilidade, de inquestionável coragem" (Sadek, 1991:21). Aparentemente, essa virilidade e essa coragem não faltavam a Collor, assim como não lhe faltou a fantasia e o engenho. Mas faltou-lhe a arte. Era o engenho sem a arte.

Como se fosse um jogo, aventurou-se com ímpeto e disposição. Assumiu tão bem o papel de "caçador de marajá", estadista, modernizador, que se tornou *o líder encarnado* que se procurava havia tempos, de modo a agir sobre os entraves que paralisavam o país. Era um D. Sebastião, o Encoberto, que, finalmente, voltara de sua Alcácer Quibir particular. Fingiu a revolta tão completamente, que chegou a sentir que se revoltava e que fora, por fim, injustiçado.[128] Mas o que foi excesso de disposição tornou-se au-

[128] Em 29 de agosto de 1995, em Miami, Fernando Collor concedeu entrevista ao repórter Roberto Cabrini, do SBT. Na entrevista, o repórter adotou um tom inquisitorial que foi bastante criticado à época. Ver Luís Nassif, *Folha de S. Paulo*, 1° de novembro de 1995. Ainda assim, foram marcantes os gestos e o arrebatamento do ex-presidente: "Collor resistiu, firme, nos limites do que parece conceber como firmeza, empáfia, impropérios, vocabulário pedante, olhos esbugalhados. Um Jânio piorado e menos engraçado", comentou o *ombudsman* do jornal, Marcelo Leite, em 3 de setembro de 1995. Comentando o episódio, Maria Salete Souza Amorim conclui: "Hoje ele procura passar a imagem de um político injustiçado, vítima de um plano que o arrancou da Presidência da República, o único que teve sua vida devastada e investigada pelo Supremo Tribunal Federal, que, por sinal, não conseguiu provas substanciais para condená-lo" (ver *Collor, o retorno, in* Observatório da Imprensa, 20 de setembro de 1999).

sência de sabedoria e experiência para lidar com as peculiaridades do sistema político nacional. Como disse Cláudio Humberto, apenas "milhões de votos não bastam". Era necessário saber navegar, saber que, como alertou Maquiavel, o poder se funda na força, mas é necessário *virtù* para mantê-lo (Sadek, 1991: 23).

Entre 1986 e 1990, o sentimento do tempo era favorável ao governador de Alagoas. No Brasil, a Nova República decaía na longevidade de políticos pré-64. A doença de Tancredo e a decepção com Sarney despertavam o anseio pelo desprendimento e pela força da juventude. Afinal, havia vinte anos, o mundo proclamara o *poder jovem* (Poerner, 1979) e este sentimento ainda persistia. Embora em nada se confundisse com o movimento estudantil e com a geração de 1968, Collor dizia falar em nome de sua geração. Buliçoso e impulsivo, aos 40 anos de idade buscava representar esse poder jovem.[129] Sua virilidade juvenil era o elemento que parecia faltar para que se chutasse a porta dos interesses corporativos, do *status quo;* para que se destruísse o *dragão* da inflação, como eram representados pela mídia os índices inflacionários persistentes e elevados, que no último mês de Sarney atingiram a estrondosa marca de 82,4%. Isto, depois de ter derrotado nada menos do que quatro planos econômicos heterodoxos que alteraram contratos e sistemas de preços.

Mas parece um erro dizer que se tratava de "um homem cujo momento chegou", como Paul Johnson se refere a Napoleão Bonaparte (2003). Antes de tudo, Fernando Collor foi o homem que soube melhor se adaptar à "idéia cujo momento chegou". E nada parece ser mais forte do que esse tipo de idéia que se encontra com seu momento histórico, como ressaltou Victor Hugo (2003). Collor soube dar ânimo à idéia e ao momento, mas não soube dar consequência.

Eleito, cumpriria entregar o que prometera na campanha. A massa queria o justiçamento dos corruptos, a expropriação dos marajás, depois a

---

[129] O escritor Nelson Rodrigues foi, ao seu tempo, um contumaz crítico do tal do poder jovem. Sarcástico, ironizava o tempo que fazia, em suas palavras, o "culto da imaturidade". Suas crônicas nesse sentido têm, de alguma forma, um tom premonitório: "Diz-se 'jovem', e eis o que acontece: instala-se no Brasil um 'jovem' que está acima do bem e do mal, ser terrível, absurdo. É irreal, mas não importa: temos que acreditar no monstro. Note-se: não no monstro como tal. Não, não. O monstro há de ser o Guia, o Líder". Noutra oportunidade, o dramaturgo declarou que "o jovem tem todos os defeitos do adulto e mais um: o da inexperiência. Meu conselho aos jovens: envelheçam" (1993).

moralidade e não a locupletação. O Plano Collor fez enorme sucesso entre os mais pobres não por promover distribuição de renda, mas por aparentar expropriar "os que têm muito". Promovia-se a igualdade por baixo, mas, de qualquer modo, equalizar o jogo, para quem nada tem, já é um alento. A elite esperava que o presidente saneasse o Estado, acabasse com a inflação, abrisse a economia, promovesse a modernidade esperada. Tal qual a um Napoleão Bonaparte "as elites e o povo haviam apoiado o Cavaleiro Salvador para que impusesse a ordem após vários anos de revolução e tumulto, e agora esperavam dele a dispersão dos inimigos" (Johnson, 2003:59). Se a eleição custou *fortuna*, a manutenção do poder exigia *virtù*, a "chave do sucesso do *príncipe*", a manutenção da conquista:

> O poder que nasce da própria natureza humana e encontra seu fundamento na força é redefinido. Não se trata mais apenas da força bruta, da violência, mas da sabedoria no uso da força, da utilização virtuosa da força. O governante não é, pois, o mais forte — já que este tem condições de conquistar, mas não de se manter no poder —, mas, sobretudo, o que demonstra possuir *virtù*, sendo assim capaz de manter no domínio adquirido se não o amor, pelo menos o respeito dos governados (Sadek, 1991:22).

Os governantes buscam a realização da glória, o respeito e a manutenção do poder. Não podem permitir que sejam conduzidos pelo destino ou pelas "mãos de Deus"; não devem acreditar na invulnerabilidade pessoal e nem na onipotência que os outros — súditos ou áulicos — lhes atribuem. Tentando explicar o entendimento que dava à noção de destino, Maquiavel, em *O Príncipe,* buscou contemporizar com os valores de sua época, ressaltando não ignorar "que as coisas do mundo são governadas pelo destino e por Deus, que os homens, com sua prudência, não podem corrigi-lo, de modo que não possuem, assim, nenhum remédio" senão deixar-se governar pelo destino. Desterrado na Ilha de Elba, leitor atento de Maquiavel, Napoleão Bonaparte anotou que este "é o método dos preguiçosos ou dos fracos. Com imaginação e atividade podemos superar a sorte mais adversa" (Maquiavel, 1997:154). Maquiavel, evidentemente, haveria de concordar, antes, com Napoleão do que consigo mesmo; no mesmo *O Príncipe* se desdiz: "Não obstante, para que nosso livre-arbítrio não seja em vão, creio ser verdade que o destino seja árbitro de metade das nossas ações, mas que nos deixe governar a outra metade" (Maquiavel, 1997:154-155). De acordo com Isaiah Berlin, a moral pagã em que se baseia a ação do *prín-*

cipe de Maquiavel nada atribui à vontade de Deus ou ao destino a condução dos esforços de conquista e manutenção do poder (2002). O que Maquiavel procurou fazer foi, oportunamente, se compor com a Igreja, com o Papa e com os Médicis e, quem sabe, recuperar o cargo público que perdera. Mas, sabia, intimamente, que caberia ao homem e somente a ele a condução do seu destino. O homem de *virtù*, evidentemente.

No mais, a *metade que o homem não governa*, à qual se refere o velho *Nicolau*, pode ser entendida tão-somente como a interação social de que nos falam os sociólogos. A interação social dinâmica, ação simultânea de indivíduos que realizam trocas econômicas e trocas de sentidos e poder: os variados atores sociais; as massas populares descrentes no campo e nas cidades; o capitalismo cartorial; a economia moderna que se erguia; a chamada sociedade civil articulada; a mídia enquanto difusor de opinião e setor econômico relevante; a oligarquia nordestina; os setores anacrônicos e superados do Sul e Sudeste do país; o Estado brasileiro e o funcionalismo público em geral; a nova sociedade que emergia. Ações individuais ou de grupos interagindo umas com as outras, despertando conflitos e distanciamentos, estabelecendo alianças e aproximações; Collor ao centro de tudo, sem saber o que fazer.

As vicissitudes porque passava o país interagiram com o mundo que se modernizava e produziram uma crise de modelo econômico. A elite perdia representatividade; a crise de liderança e pensamento permitiu que Fernando Collor surgisse de Alagoas como uma espécie de ícone da modernização do país. O governador-fenômeno soube conquistar o poder: a *fortuna* facilita aos que a seduzem. O presidente-deslumbrado não soube mantê-lo: *o príncipe que se apóia completamente na sorte, arruína-se* (Maquiavel. 197:155).

A destemperança como estilo e o moderno como proposta seduziram diferentes platéias. Pode-se entender que, até o momento da vitória, Collor não se deixou governar exclusivamente pelo destino; ao contrário, percebeu seu movimento e dele se aproveitou. Não criou sua sorte, é verdade, mas, até tornar-se presidente, soube conquistar suas graças, fez com que a sorte lhe sorrisse. Pode-se dizer que a sorte agiu em primeiro plano e que, no segundo plano, sua percepção desta sorte teve tão elevado grau de importância que as circunstâncias aparentemente se moldaram às suas conveniências, pois até a ínfima diferença de votos entre Lula e Brizola (no primeiro turno) lhe foi favorável. À época, mais experiente e menos hostilizado política e socialmente, Brizola, talvez, tivesse outra sorte no segundo turno.

Mas não se conta a história por hipóteses. "Explicar um evento é fazer um relato de por que aconteceu e *como* aconteceu. O fato que poderia ter acontecido de alguma outra maneira se não tivesse acontecido como aconteceu não está aqui nem ali." (Elster, 1994:20.) É apenas um raciocínio tortuoso. Collor venceu a eleição, disputando com Lula. Ponto. No longo prazo, isto também trouxe vantagens a Lula, que, justificadamente, guardou daquela eleição a fantasia do injustiçado, da vítima da falta de escrúpulos.

O certo é que a seqüência de acontecimentos exigiria de Collor mais do que sorte e percepção do rumo dos ventos. Eleito, faltou governar a outra metade, a parte que cabe à ação humana e não à fortuna. A história que se destina aos grandes feitos e aos grandes homens, a que requer *virtù*. Faltou *imaginação e atividade* para que viesse a *superar a sorte mais adversa* que se fez presente mais tarde, quando, presidente, teve que dar as respostas que não soube por se acreditar predestinado; por sua natureza não lhe permitir a concessão, o recuo, a negociação — características pelas quais José Sarney, Fernando Henrique Cardoso e Luiz Inácio Lula da Silva foram tão fortemente criticados.[130] Precisava estar no ataque o tempo todo. Um exemplo disto ocorreu, como já se mencionou, quando o Congresso Nacional, em 1990, pressionado, aprovou sem reparos seu plano econômico, o Plano Collor. Presidentes mais experientes agradeceriam o apoio do Congresso Nacional.[131] Collor, na ocasião, apenas assinalou que o Congresso cumprira com seu *dever*.

---

[130] Nesse sentido, o fato de Sarney, FHC e Lula terminarem seus mandatos — tendo FHC e Lula conquistado segundos mandatos, inclusive — os fazem sobreviventes de um sistema que exige maiorias e concessões.

[131] Num de seus pronunciamentos no Palácio do Planalto, o ex-presidente Fernando Henrique Cardoso, ao anunciar mudança no comando do Banco Central (o economista Gustavo Franco estava sendo substituído por Francisco Lopes), ressaltou, antes de tudo, a colaboração que vinha recebendo do Congresso Nacional. O parlamento apareceria como uma espécie de parceiro do governo: "Começo, portanto, reafirmando essa decisão, agradecendo, uma vez mais, ao Congresso Nacional pelo apoio que tem sido dado e que foi expresso pelo senador Antônio Carlos no mesmo dia da minha posse, quando disse que o Congresso não faltaria no apoio às medidas necessárias para o equilíbrio das finanças públicas e para a retomada do nosso crescimento. O Congresso já aprovou cerca de 70% do que nós pedimos a ele, em matéria de ajuste fiscal. (...) Estamos quase, portanto, terminando, com o apoio do Congresso, a aprovação dessas medidas. (...) O Congresso já aprovou as urgências necessárias para as três leis complementares à reforma administrativa. Há, portanto, um nítido avanço na aprovação das medidas enviadas ao Congresso, e um apoio sustentado do Parlamento ao que o governo está fazendo". (Fernando Henrique Cardoso: Pronunciamento do Presidente da República, Fernando Henrique Cardoso, Palácio do Planalto, em 13 de janeiro de 1999)

Mas, além de desconsiderar o sistema político, o mais grave foi não olhar para o poder estabelecido na sociedade. Collor perdeu apoio do povo e da elite: não moralizou e tampouco modernizou na dimensão que dele se esperava simplesmente porque anunciara que faria, porque a hora chegara. Isto foi mais grave, para sua sustentação, que os atos de corrupção de que foi acusado. A *fortuna* requer a persistente vigilância da *virtù*. No popular: não se deve dar sopa para o azar.

O homem de *virtù* deveria conduzir o destino por meio da lei, quando possível, ou por meio da força, fosse o caso. Fosse o caso, o homem de *virtù* deveria tornar-se um misto de raposa e leão:

> Para empregar bem a natureza dos animais, um príncipe deve escolher a raposa e o leão. O leão não sabe se livrar das armadilhas e a raposa não sabe livrar-se dos lobos; é preciso, portanto, o príncipe ser raposa para conhecer as armadilhas, e leão, para aterrorizar os lobos. Os que têm somente a qualidade dos leões não são bem-sucedidos... (Maquiavel, 2000: 214).

Fernando Collor de Mello, no entanto, perdeu-se no jogo de aparências. Foi leão quando deveria ser raposa; foi raposa onde só poderia ter sido leão. Com o Congresso Nacional e com o sistema político agiu como leão. Aproveitando-se da popularidade e dos 35 milhões de votos de 1989, desconsiderou os partidos, os artistas, a sociedade organizada; invadiu redações.[132] Não deu importância por constituir maioria no Parlamento. Ignorou os reclamos de deputados e senadores; perseguiu desafetos. Como não poderia deixar de ser, as raposas protegeram-se do leão e preparam as armadilhas. Quando tentou se compor, já era tarde.

Aonde mais o bom senso diria que o presidente agisse como leão, portou-se como raposa. Não só não desmontou o esquema de corrupção do Estado, como se omitiu quando a sua sombra se estabeleceu um novo e poderoso aparelho de corrupção chefiado por seu ex-tesoureiro de campanha. Também com os meios de comunicação, ousou ser raposa: aproveitando-se

[132] Em 24 de março de 1990, a Polícia Federal invadiu a redação do jornal *Folha de S. Paulo* com o pretexto formal de o jornal possuir problemas com o Fisco. Sabia-se, no entanto, que a intenção do governo era de intimidar a *Folha*, jornal que durante a campanha eleitoral mais rispidamente tratou o candidato, denunciando diversos dos problemas que suas administrações na Prefeitura de Maceió e no Estado de Alagoas tinham causado ao erário.

do poder do governo federal, manobrou operações de compra e venda de veículos, dirigiu verbas oficiais discriminadamente; ousou sonhar com seu próprio império. A força dos leões se mostrou na investigação, na denúncia e na difusão da rapacidade de seu governo. Foram implacáveis.

Faltou-lhe a *virtù* indispensável ao governante, ao príncipe. Os trinta e cinco milhões de votos, realmente, não bastaram; a *fortuna apenas* não basta. Sua natureza auto-suficiente e seu desprezo pela política o traíram:

> Não foi Pultava que perdeu Carlos [XII]; se não tivesse sido destruído naquele lugar, teria sido em outro. Os acidentes da fortuna consertam-se facilmente; não se pode remediar [no entanto os] acontecimentos que nascem da natureza das coisas. Nem a natureza nem a forma nunca foram tão fortes contra ele quanto ele mesmo. Ele não se pautava sobre a disposição atual das coisas, e sim sobre certo modelo que havia adotado; ainda assim, o seguiu muito mal. Ele não era Alexandre, mas teria sido o melhor soldado de Alexandre. O projeto de Alexandre só vingou porque era sensato (Montesquieu, 1993:162-163).

Ainda que se possa considerar a importância de Fernando Collor de Mello para a implantação do processo de transformação que se implantou no país na última década, parece impossível negar que o ator não estava preparado para tamanho desafio; *não era o homem cuja hora chegou*. Não se pautando sobre a disposição das coisas, acreditou que seu modelo voluntarioso bastaria. Acreditou que a *fortuna*, sua companheira de campanha, não lhe faltaria. O modelo, que tinha dado certo na primeira parte da história, entrou em colapso depois. Este parece ser o destino de estilos tão audaciosos: se não são destruídos aqui e agora, serão mais adiante, alhures. Se Collor acelerou o processo da modernização, não o fez com sabedoria e sensatez, como reclamou Montesquieu de Carlos XII, mas com impulsividade, com imprudência política.

> O Collor, além disso, reunia um terceiro aspecto importante para a aceleração do processo, que era a sua impulsividade. Ele tinha uma coragem típica dos ignorantes. "Se é isso mesmo, então vamos pra frente". Um Indiana Jones. Se você analisar a ação de Collor, do ponto de vista político, do Congresso, foi altamente imprudente. Ele não tinha maioria parlamentar, ele não tinha uma coalizão de governo... ele foi

> no grito. No momento em que aquilo era também o que a sociedade esperava, ele foi em frente. Uma sociedade que aceita o confisco que a nossa aceitou, pacificamente, é porque ela estava querendo alguma coisa que não importava os seus sacrifícios para vencer a inflação.[133]

Diz Anthony Giddens que "a ação envolve, intrinsecamente, a aplicação de 'meios' para conseguir resultados, realizados através da intervenção direta de um ator no decorrer dos acontecimentos, sendo a 'ação pretendida' uma subclasse dos feitos do ator, ou seu impedimento para fazê-los; o poder representa a capacidade que tem o agente em mobilizar recursos para constituir estes meios" (1978:117). Ora, Fernando Collor demonstrou notável capacidade de mobilização de meios. Conquistou a Presidência da República, mas teria conquistado o poder?

> O poder, no sentido da capacidade transformadora da atuação humana, é a habilidade do ator de intervir numa série de acontecimentos, de maneira a alterar seu curso; como tal, ela é o "poder" que media as intenções ou desejos e a realização verdadeira dos resultados buscados. "Poder", no sentido mais estreito, relativo, é a propriedade de interação, e pode ser definido como a capacidade de garantir os resultados quando a realização destes resultados depende da atuação dos *outros*. É nesse sentido que os homens têm poder "sobre" os outros: este é o poder como *dominação* (Giddens, 1978:118).

Definitivamente, Collor não demonstrou "habilidade em intervir nos acontecimentos de maneira a alterar o seu curso"; apenas deu vazão aos acontecimentos. Não interagiu com a sociedade que parecia buscar mudanças reais e não apenas discursivas e demagógicas; apenas pegou carona numa boa e incontível idéia. Quando os acontecimentos lhe eram favoráveis, foi adiante; quando passaram a ser pouco auspiciosos, não soube controlá-los. A isto careceria de sabedoria e experiência. Obteve sucesso até o ponto em que lhe era possível reproduzir o que lhe diziam as pesquisas. *Pregou* idéias-força que já existiam na sociedade e que as pesquisas realizadas por Marcos Coimbra lhe decifraram. Mas, eleito presidente, passou da condição de demandante de reivindicações e denunciante de carências

[133] Entrevista com Maílson da Nóbrega em 25 de maio de 2001.

sociais à de responsável pela satisfação dessas carências e direitos. Para atendê-las, teria que contrariar sua própria origem oligárquica.

Carisma e votos não bastam. Governar numa sociedade democrática exige pelo menos algum nível de resposta e satisfação dos cidadãos. As respostas não dependem da manifestação da vontade, mas da capacidade de formar maiorias, encontrar consensos e conduzir um projeto numa sociedade complexa, em tudo diferente da província de Alagoas.

Ao contrário do que se pensa, a democracia brasileira tem demonstrado que a força do leão não tem bastado. No final da década de 1960, Octávio Ianni considerou o populismo brasileiro como uma *forma política assumida pela sociedade de massas do país*. Seria mesmo? Como se viu, ainda que sejam tantos os casos e tão diversos os estudos do populismo no Brasil, esta pesquisa mostrou que de 1945 para cá os presidentes populistas não lograram sucesso. As reformas, em tempos democráticos, não se fizeram na *marra*; o tempo e o caminho da lei são mesmo lentos e tortuosos.

Carisma puro e simples não tem bastado. A fúria do leão tem, na maioria das vezes, se voltado contra a sagacidade da raposa: o suicídio de Vargas, a renúncia desastrada de Jânio, o golpe e a crueldade do regime que se instalou depois de Jango mostram isto. Os efeitos do *impeachment* de Collor têm, por enquanto, se mostrado, relativamente, menos perversos. É mesmo possível que seu sacrifício tenha servido para purgar a sociedade brasileira do vício e da atração por governos fortes e carismáticos. Na democracia é diferente: mesmo Lula, com seu estilo popular, tem percebido a necessidade de compor e até de desdizer bravatas do passado. A ética da responsabilidade acaba por calar a ética da convicção (WEBER, 2004).

O termo *colapso do populismo* requer nova reflexão. A emergência de um líder como Collor, surgido nas circunstâncias clássicas do populismo, mostra que o fenômeno não pode, de todo, ser descartado. Sempre será possível que líderes populistas surjam, pois as circunstâncias que lhes dão sentido não estão afastadas do horizonte da sociedade brasileira: as crises econômicas e a perda da representatividade por parte da classe dirigente parecem ser fenômenos que não nos abandonam, infelizmente. Ainda assim, não se pode negar que o populismo não é solução — não porque queremos que não, mas porque empiricamente está comprovada a sua ineficácia. Mais uma vez, é necessário afirmar que há substanciais diferenças entre o primeiro e o segundo períodos de Getúlio Vargas. De 1930 a 1945 não se pode falar apenas de populismo, mas, sobretudo, de uma ditadura populista. É verdade que essa ditadura e esse populismo incluíram enormes contingentes de trabalhadores à sociedade industrial e à cidadania; também é correto que tenha retirado o Brasil do atraso rural. Mas cabe perguntar: a que custo? Não teria sido igualmente possível de outro modo? Admitir que não, compreenderá entregar os pontos na luta pela democracia.

Percebe-se em Fernando Collor uma fragilidade ainda maior se comparado com seus antecessores populistas (Getúlio, Jango e Jânio). Com efeito, é característica do populismo que o movimento social não sobreviva ao seu líder. Ainda assim, janistas existiram enquanto Jânio foi vivo e, ainda nos dias de hoje, se pode encontrar getulistas e até janguistas autoproclamados. Quanto a Collor, do ponto de vista nacional, não há *colloristas;* não há um movimento real dirigido pelo líder. Na verdade, ao entrar na vida pública para defender o espaço político da família, Collor parece não ter rompido os limites da província.

Em que pese sua importância para a história política e econômica do Brasil — por tudo o que iniciou e pelo que expiou no tocante aos costumes políticos —, nada parece ter ficado em termos ideológicos. Não sedimentou um corpo doutrinário; programaticamente, o legado que proclama não lhe pertence. A originalidade daquele corpo de idéias reside, antes, em Mário Henrique Simonsen do final dos anos 1960, e até mesmo em Eugênio Gudin, nas décadas de 1940 e 1950. Até seu estilo *yupie* vai sendo aos poucos superado, felizmente.

Evitando enveredar pelos caminhos da ironia e da desqualificação fácil do ator que se estudou, com respeito, durante meses, constata-se que há indisfarçável semelhança entre Fernando Collor e o jovem personagem de Machado de Assis, Janjão, em sua *Teoria do Medalhão.* No famoso conto de Machado, Janjão, ao completar vinte e um anos de idade, é chamado pelo pai para *uma conversa de homens.*

> ...Senta-te e conversemos. Vinte e um anos, algumas apólices, um diploma, podes entrar no parlamento, na magistratura, na imprensa, na lavoura, na indústria, no comércio, nas letras ou nas artes. Há infinitas carreiras diante de ti. Vinte e um anos, meu rapaz, formam apenas a primeira sílaba do nosso destino. Os mesmos Pitt e Napoleão, apesar de precoces, não foram tudo aos vinte e um anos. Mas qualquer que seja a profissão da tua escolha, o meu desejo é que te faças grande e ilustre, ou pelo menos notável, que te levantes acima da obscuridade comum. A vida, Janjão, é uma enorme loteria; os prêmios são poucos, os malogrados

> inúmeros, e com os suspiros de uma geração é que se amassam as esperanças de outra. Isto é a vida; não há planger, nem imprecar, mas aceitar as coisas integralmente, com seus ônus e percalços, glórias e desdouros, e ir por diante. (...) Uma vez entrado na carreira, deves pôr todo o cuidado nas idéias que houveres de nutrir para uso alheio e próprio. O melhor será não as ter absolutamente; (...) Tu, meu filho, se não me engano, pareces dotado da perfeita inópia mental, conveniente ao uso deste nobre ofício. (...) No entanto, podendo acontecer que, com a idade, venhas a ser afligido de algumas idéias próprias, urge aparelhar fortemente o espírito (1994: 85-87).

Fernando Collor poderia, com efeito, ser o que quisesse. O bacharelismo da oligarquia brasileira fez-lhe "economista"; a prática de um emprego conseguido por indicação do pai, fez-se "jornalista" ("a advocacia das advocacias", como dizia Rui Barbosa); a condição de classe o fez "empresário"; a necessidade da família o colocou na política e no "parlamento". Como para Janjão, a vida pareceu-lhe uma loteria. Ainda assim, Fernando soube jogar tão bem, que descobriu rapidamente a lógica do jogo, dos dados viciados. Sem *planger* e nem *imprecar*, como disse Machado, foi adiante. Vociferando colérico foi ainda mais além.

Não foi um deserto de idéias até porque soube cultivar as idéias alheias. Mas absteve-se de idéias originais. As que deram força política a Collor não eram pessoais, próprias, mas fruto do processo social: sua *expertise* foi apropriar-se delas como se fossem suas. Há, talvez, aí um mérito, ao invés de um vício: perceber a força das idéias e ao adotá-las já é melhor que a crítica vazia e a surdez política dos muito convictos ideologicamente. Collor praticamente não as criou, mas deu-lhes a força de um movimento político; deu-lhes ânimo e valor simbólico. Ninguém como ele soube tão bem trabalhar com símbolos, ainda que às vezes exagerasse.

Um dia, no auge de sua popularidade e no esplendor de seu governo, o ex-presidente Fernando Collor de Mello cruzou os jardins do Palácio do Planalto, em direção ao helicóptero que o levaria à *Casa da Dinda*, ainda mais altivo do que de costume. Carregava o volumoso exemplar do Dicionário de Política, de Norberto Bobbio, Gianfranco Pasquino e Nicola Matteucci. Buscava algum tipo de legitimidade intelectual, além da legitimidade política que as urnas de 1989 lhe deram. O processo de transformações políticas, econômicas e sociais por que passava o país exigia do presidente da República algo mais do que o estilo "Indiana Jones", anotado por George Bush (pai). Parecia natural que, diante de tal desafio, o presidente expressasse conhecimento, consciência histórica, sabedoria. Mas a sabedoria, ali, não era nada mais do que verbetes que carecem de sistematização, articulação e sensibilidade para absorvê-los. Ali, estão apenas em *estado de dicionário*, como um dia indicou Drummond.

> ...As livrarias, ou por causa da atmosfera do lugar, ou por qualquer outra razão que me escapa, não são propícias ao nosso fim; e, não obstante, há grande conveniência em entrar por elas, de quando em quando, não digo às ocultas, mas às escâncaras. (...) Podes empregar umas quantas figuras expressivas, a hidra de Lerna, por exemplo, a cabeça de Medusa, o tonel das Danaides, as asas de Ícaro, e outras, que românticos, clássicos e realistas empregam sem desar (...) Melhor do que tudo isso, porém, que afinal não passa de mero adorno, são as frases feitas, as locuções convencionais, as fórmulas consagradas pelos anos, incrustadas na memória individual e pública. Essas fórmulas têm a vantagem de não obrigar os outros a um esforço inútil. (...) De resto, o mesmo ofício te irá ensinando os elementos dessa arte difícil de pensar o pensado. (...) Tu poupas aos teus semelhantes todo esse imenso aranzel, tu dizes simplesmente: Antes das leis, reformemos os costumes! — E esta frase sintética, transparente, límpida, tirada ao pecúlio comum, resolve mais depressa o problema, entra pelos espíritos como um jorro súbito de sol (Assis, 1994, 88-89).

Em *Raízes do Brasil*, Sérgio Buarque explicou esse fascínio pela *conveniência das livrarias* (ou o carregar livros de Bobbio) como uma espécie de enaltecimento pessoal bem característico de nossa formação cultural.

> O móvel dos conhecimentos não é, no caso, tanto intelectual quanto social, e visa primeiramente ao enaltecimento e à dignificação daqueles que os cultivam. De onde, por vezes, certo tipo de erudição sobretudo formal e exterior, onde os apelidos raros, os epítetos supostamente científicos, as citações em língua estranha se destinam a deslumbrar o leitor como se fossem uma coleção de pedras brilhantes preciosas (1984: 123).

O enaltecimento pessoal e a erudição formal tornam o sujeito mais presunçoso de si. O *barãozinho* — filho do Barão do Café, do Coronel da cana-de-açúcar e do Cacau, do Estancieiro dos Pampas, do Capitão de Indústria ou do Bambambã do Mercado —, tende a se acreditar acima da malta incapaz de se conduzir e resolver seus problemas. É neste momento que o populismo quando se encontra com a figura do medalhão e passa a ser conservador e autoritário, posto que o líder acredita ter todas as respostas para solução dos problemas sociais, crê estar acima das forças sociais, dos partidos e das instituições; acredita-se um "Resolvedor de Problemas", de que nos fala Hannah Arendt.

Esse tipo "líder" deixa de representar um papel social no processo de avanço de uma tarefa histórica socialmente construída para colocar-se na condição arrogante de superioridade política que lhe permite ficar alheio às regras, malícias e armadilhas do sistema político e do sistema de poder nacional. Acredita poder *ditar* o caminho das massas. O *condottiere* de Maquiavel perde seu papel histórico para ser a expressão de um poder unipessoal.

A política vazia de conteúdo e o poder vazio de objetivo passam a ser o caminho natural do futuro medalhão. Machado, pela voz do pai de Janjão, indica que os partidos merecem pouco respeito; pode-se pertencer a qualquer um deles com a "cláusula única de não ligar quaisquer idéias aos nomes das agremiações (liberais, conservadores, republicanos, ultramontanos)". Pode-se e deve-se ir ao parlamento; ocupar-se da tribuna, adotando, porém, a metafísica. Mais fácil e mais atraente, a metafísica apaixona, sempre. É mister, no entanto, que não se tenha imaginação, que não se cultive a filosofia, apenas a esperteza, o gênio e o estilo. Reproduz-se

> ...Uma concepção de mundo que procura simplificar todas as coisas para colocá-las mais facilmente ao alcance de raciocínios preguiçosos. Um mundo complicado requereria processos mentais laboriosos e minudentes, excluindo, por conseguinte a sedução das palavras ou fórmulas de virtude quase sobrenatural e que tudo resolvem de um gesto, como as varas mágicas. Não têm conta entre nós os pedagogos da prosperidade que apegando-se a certas soluções onde, na melhor hipótese, se abrigam verdades parciais, transformam-na em requisito obrigatório de todo progresso (Holanda, 1984: 123).

Simplificam-se os problemas e os caminhos dos labirintos sociais que, no entanto, continuam sem saídas. *A Teoria do Medalhão*, de Machado, data de 1881; Sérgio Buarque de Holanda escreveu *Raízes do Brasil*, pela primeira vez, em 1936. Acreditava que estávamos próximos de realizar a *nossa revolução*. Em 1948, reescreveu e atualizou o livro acreditando que teríamos novo impulso nesse sentido. Collor, medalhão sem *virtù*, não compreendeu o tamanho do desafio histórico que tinha pela frente. Reproduziu uma espécie de ética do medalhão que faz muito sucesso nos salões de um tipo de elite e nos programas de rádio e televisão do Horário Gratuito Eleitoral — e que fascina o jornalismo nacional.

Nessa ótica específica de enxergar a realidade, tudo passa a ser tão fácil, que até espanta nossa dificuldade atávica para sairmos do buraco. Esquerda e direita, não importa, tendem a reproduzir tal modelo: mas, quando chegam ao governo ou percebem que não bastam o voluntarismo das ações e nem o simplismo das reflexões, ou, meu Deus, não duraram muito tempo. Ser governo no Brasil requer que se conheça a dinâmica interna da política no geral, e do sistema político em particular; suas contradições e as brechas que se apresentam como espaço de mudança.

Não se pode dizer que Sérgio Buarque tenha errado em acreditar que estávamos a caminho da *nossa revolução*. Desde *Raízes do Brasil,* indiscutivelmente, o país avançou. Mesmo experiências como as de Fernando Collor provam que o país caminha para o amadurecimento institucional e democrático, ainda que aos trancos e barrancos. O medalhão faz sucesso inicial, mas não se sustenta ao longo do tempo. Ainda assim, tipos como o Janjão de Machado sobrevivem e se reproduzem na economia, na política, no jornalismo, nas Ciências Sociais. Herança escravocrata, legado rural, formação cultural, trazemos em nosso espírito uma enorme valorização do fascínio do que acreditamos ser *a modernidade.* Esta palavra, ainda hoje, exerce fascínio. Talvez isto ocorra porque ainda estejamos presos ao velho, do qual fugimos, mas que exerce extremo poder de sedução sobre todos nós, como a escrava que se dava espontaneamente ao senhor.

A Janjão, o pai recomendou que abraçasse o ofício de medalhão, sonho irrealizado de sua mocidade, agora transferido para o filho.

> Ser medalhão foi o sonho da minha mocidade; faltaram-me, porém, as instruções de um pai, e acabo como vês, sem outra consolação e relevo moral, além das esperanças que deposito em ti. Ouve-me bem, meu querido filho, ouve-me

> e entende. És moço, tens naturalmente o ardor, a exuberância, os improvisos da idade; não os rejeites, mas modera-os de modo que aos quarenta e cinco anos possas entrar francamente no regime do aprumo e do compasso. O sábio que disse: "a gravidade é um mistério do corpo", definiu a compostura do medalhão. Não confundas essa gravidade com aquela outra que, embora resida no aspecto, é um puro reflexo ou emanação do espírito; essa é do corpo, tão-somente do corpo, um sinal da natureza ou um jeito da vida (ASSIS, 1994: 86).

A gravidade do corpo está presente em vários desses medalhões que ainda andam por aí. *Primam por se apresentar bem*. Pompa e circunstância; corpo retilíneo e pulsante, sempre dispostos ao ardor e à exuberância, postura daqueles que nasceram na Casa-Grande. Quanto ao medalhão, pensemos em sentido literal: numa recepção, oferecida pelo rei da Espanha, Collor exibia sobre o fraque mais e maiores condecorações que o rei Juan Carlos. Estava no auge do poder e supunha-se mais rei que o rei.

Collor fez de seu mandato em Alagoas o palanque eleitoral para a Presidência da República. Teria tido esta intenção desde sempre? Pouco provável. Ao aceitar concorrer ao governo do Estado, o fez por contingências locais e para atender a família: "o candidato da TV", defensor da "representação política da família". Deputado apático, não imaginaria como a realidade se desenvolveria. Apenas aceitou o que acreditava seu desígnio: tornar-se medalhão,[134] como imaginou o pai. Uma trama de interações, no entanto, abriu novos horizontes. Demonstrou enorme percepção política; criou fatos e os fez parecerem extraordinários. Transformou a si em notícia, adquiriu visibilidade. A *fortuna* lhe sorriu. Ao fim do processo, o povo brasileiro o fez presidente da República. Personalista ao extremo, acreditou que ímpeto e arrebatamento bastavam para manter o poder. "Teimoso e brigão", como disse *Veja*, ficou vulnerável, abriu flancos e foi alvejado política e pessoalmente. Isolou-se. Ao contrário da campanha, ficou só.

---

[134] O dicionário Aurélio dá vários sentidos à palavra "medalhão". Cabe ao leitor fazer sua escolha, entre três significados possíveis e distintos: 1) Homem importante; figurão; 2) Indivíduo nulo, sem valor real, porém guindado a posições relevantes pelo dinheiro ou pela influência de boas amizades, jeitosamente conseguidas; 3) Bife ou qualquer peça de peixe, lagosta, patê, presunto, etc., alto e redondo, lembrando um medalhão.

Sem a *virtù* necessária, padeceu a dor da humilhação política, perdeu o mandato, os direitos e a credibilidade. Volta agora; quem sabe, possa se recuperar. O presidente Lula declarou que Collor poderia fazer um grande mandato; amarguras e experiências não lhe faltam; terá aprendido a lição? Marco de um momento de transformação, não apagará, porém, sua indesmentível história: representou simultaneamente a ascensão e a queda de um medalhão.[135]

[135] Além de efeitos políticos e econômicos, o fenômeno Collor deixou um rastro de tragédias pessoais. Em setembro de 1992, ainda na efervescência do processo de *impeachment*, dona Leda Collor, mãe do ex-presidente, sofreu quatro paradas cardíacas que a deixaram em estado de coma por cerca de 900 dias, vindo a falecer em fevereiro de 1995. Pedro Collor, o irmão que denunciou o presidente, morreu de câncer no cérebro em dezembro de 1994. Em junho de 1996, Paulo César Farias, o ex-tesoureiro de campanha denunciado como o responsável pelo esquema de corrupção que se armou naquele governo, morreu com um tiro no peito.

Bibliografia

ABRANCHES, Sérgio Henrique Hudson de. "Presidencialismo de Coalizão: o Dilema Institucional Brasileiro". Revista *Dados*, Rio de Janeiro, v.31, n. 1,1988.

ABRUCIO, F.L.; COSTA, V.M.F. *Reforma do Estado e o Contexto Federativo Brasileiro*. Fundação Konrad-Adenauer, São Paulo, n.12, 1998.

ALMEIDA, M.H.T.de; MOYA, M. A Reforma Negociada: o Congresso e a Política de Privatização. *Revista Brasileira de Ciências Sociais*, São Paulo, v.12, n.34, junho 1997.

AMORIM, Maria Salete Souza de. "Collor: uma *Case* de *Marketing* Político: Análise da Relação Mídia e Democracia no Processo Eleitoral de 1989". Dissertação (Mestrado). Programa de Estudos Pós-Graduados da Pontifícia Universidade Católica de São Paulo, PUC, São Paulo, 1998.

__________. "Collor, o Retorno". In: *Observatório da Imprensa*, 20 de setembro de 1999. Disponível em: http://www.observatoriodaimprensa.com.br/arquivo/inde200999.htm. Acesso em 16 de março de 2007.

ANDREWS, C.; KOUZMIN, A. "Dando Nome à Rosa: o Discurso da Nova Administração Pública no Contexto Brasileiro". In: *Seminário Internacional sobre "Reestruturação e Reforma do Estado: Brasil e América Latina no Processo de Globalização"*. São Paulo: USP, maio1998.

ARENDT, Hannah. "A Mentira na Política: Considerações sobre os Documentos do Pentágono". In: __________. 2.ed. *Crises da República*. São Paulo: Perspectiva, 1999, p. 9–48.

ASSIS, Machado de. "Teoria do Medalhão: Diálogo". In:__________. *Machado de Assis: seus Trinta Melhores Contos*. 4.ed. Rio de Janeiro: Nova Fronteira, 1994. p. 85–93.

BARROS, Edgar Luiz de; FARIA, Antônio A. da Costa. *Getúlio Vargas e sua Época*. São Paulo: Global, 1988.

BERLIN, Isaiah. "A Originalidade de Maquiavel". In: MAQUIAVEL, Nicolau. *O Príncipe*. Prefácio Isaiah Berlin. Tradução Bárbara Heliodora. São Paulo: Ediouro, 2000, p.5–98

BIONDI, Aloysio. *O Brasil Privatizado: um Balanço do Desmonte do Estado*. São Paulo: Fundação Perseu Abramo, 1999.

BOJUNGA, Cláudio. *JK, o Artista do Impossível*. Rio de Janeiro: Ed. Objetiva, 2001.

BORÓN, Atílio. *Estado, Capitalismo e Democracia na América Latina*. São Paulo: Paz e Terra, 1994.

CARVALHO, André Luiz Piva de. "Quadros Maquiados: Gênese e Produção de Sentido da Imagem Impressa em Revistas Tendo como Modelo a Narrativa das Capas da Revista *Veja* Enfocando Fernando Collor de Melo". Dissertação (Mestrado). Curso de Pós-Graduação da Faculdade de Jornalismo. ECA – Escola de comunicações e Artes, São Paulo,1998.

CARVALHO, José Murilo de. "Lembrança de outro Carnaval". *Folha de S. Paulo*, São Paulo, 5 de janeiro de 2003. Caderno *Mais!*, p. 4–6.

CASTELLS, Manuel. *A Sociedade em Rede*. São Paulo: Paz e Terra, 1999. (*A Era da Informação: Economia, Sociedade e Cultura*, v.1)

__________. *O Poder da Identidade*. São Paulo: Paz e Terra, 1999. (*A Era da Informação: Economia, Sociedade e Cultura*, v.2)

__________. *Fim de Milênio*. São Paulo: Paz e Terra, 1999. (*A Era da Informação: Economia, Sociedade e Cultura*, v.3)

__________. *A Era da Informação*. São Paulo: TV Cultura, 5 de julho de 1999. Entrevista concedida ao programa *Roda Viva*.

CHAIA, Vera Lúcia Michalany. *A Liderança Política de Jânio Quadros (1947–1990)*. Ibitinga, SP: Humanidades, 1991.

__________. "Agenda Política Brasileira: Seqüências e Tendências". Revista *Margem*, São Paulo, n.6, 1997.

__________; TEIXEIRA, Marco Antonio. "Democracia e Escândalos Políticos". Revista *São Paulo em Perspectiva*, São Paulo, v.15, n.4, out./dez. 2001.

__________. "Eleições no Brasil: o 'Medo' como Estratégia Política". In: III *Encontro Internacional de Estudos de Comunicação e Política*. Facom, Bahia: UFBA, 14-16 dez. 2002.

CHAUÍ, Marilena. "Raízes Teológicas do Populismo no Brasil: Teocracia dos Dominantes, Messianismo dos Dominados". In: DAGNINO, Evelina (org.). *Anos 90: Política e Sociedade no Brasil*. São Paulo: Brasiliense, 1994. p.19–30.

CONTI, Mário Sérgio. *Notícias do Planalto: a Imprensa e Fernando Collor*. São Paulo: Companhia das Letras, 1999.

COSTA, Valeriano Mendes Ferreira. "O Novo Enfoque do Banco Mundial sobre o Estado". Revista *Lua Nova*, São Paulo, n.44, 1998.

COSTA, Alexandre. *Heráclito: Fragmentos Contextualizados*. Rio de Janeiro: Difel, 2002.

COVAS, Mário. "O Choque de Capitalismo". Brasília: Anais do Senado, 28 de junho de 1989. Discurso pronunciado no Senado.

DAMATTA, Roberto. "O Entulho do Personalismo". *O Estado de S. Paulo*. São Paulo, 7 de março de 2002. *Caderno 2*. Disponível em: http://www.estado.com.br/editorias/2002/03/07/cad025.html.

DINIZ, Eli. *Crise, Reforma do Estado e Governabilidade*. Rio de Janeiro: Fundação Getúlio Vargas, 1997.

__________. "Globalização, Reforma do Estado e Teoria Democrática Contemporânea". Revista *São Paulo em Perspectiva*, São Paulo, v.15, n.4, out./dez. 2001.

__________. "Empresariado Industrial e Estratégias de Desenvolvimento: Dilemas do Capitalismo Brasileiro". Disponível em: http://www.bu.edu/sthacker/lasa/artigo%20EliDiniz.doc. Acesso em: 13 de janeiro de 2003.

ELSTER, Jon. *Peças e Engrenagens das Ciências Sociais*. Rio de Janeiro: Relume-Dumará, 1994.

FAORO, Raymundo. *Os Donos do Poder: Formação do Patronato Político Brasileiro*. 9.ed. São Paulo: Globo, 1991.

FERNANDES, Florestan. *Nova República?* 3.ed. Rio de Janeiro: Jorge Zahar, 1986.

FERREIRA, Jorge (org.). *O Populismo e sua História: Debate e Crítica*. Rio de Janeiro: Civilização Brasileira, 2001.

FIGUEIREDO, A.C.; LIMONGI, F.; VALENTE, A.L. "Governabilidade e Concentração de Poder Institucional: o Governo FHC". Revista *Tempo Social*, São Paulo, v.11, n.2, out. 1999.

FIGUEIREDO, Lucas. *Morcegos Negros: PC Farias, Collor, Máfias e a História que o Brasil Não Conheceu*. Rio de Janeiro: Record, 2000.

FILGUEIRA, Carlos H. "Bienestar y Ciudadanía: Viejas y Nuevas Vulnerabilidades". In: TOKMAN, V.; O'DONNELL, G. *Pobreza y desigualdad en América Latina*. Buenos Aires: Paidós, 1999.

FIORI, José Luís. *Conjuntura e Ciclo na Dinâmica de um Estado Periférico*. Rio de Janeiro: IEI/UFRJ, 1984.

__________. "Ajuste, Transição e Governabilidade: o Enigma Brasileiro". In: TAVARES, Maria da Conceição; FIORI, José Luís. *(Des)Ajuste Global e Modernização Conservadora*. Rio de Janeiro: Paz e Terra, 1993.

__________. *Em Busca do Dissenso Perdido*. Rio de Janeiro: Insight Editorial, 1995.

__________. "O Novo Papel do Estado Frente à Globalização". In: FIORI, José Luís. *Os Moedeiros Falsos*. Rio de Janeiro: Petrópolis, Vozes, 1997.

FONSECA, Eduardo Giannetti da. *Auto-Engano*. São Paulo: Companhia das Letras, 1997.

FONSECA, Francisco César Pinto da. *Divulgadores e Vulgarizadores: a Grande Imprensa e a Constituição da Hegemonia Ultraliberal no Brasil*. Dissertação (Doutorado). Departamento de História FFLCH-USP, São Paulo, 2001.

FUKUYAMA, Francis. *O Fim da História*. Lisboa, Portugal: Gradiva, 1992.

FUNDAÇÃO PERSEU ABRAMO. *Trajetórias: Partido dos Trabalhadores (2003)*. São Paulo, Fundação Perseu Abramo, 2003.

FURTADO, Celso. "Confrontações Ideológicas no Brasil". *Folha de S. Paulo*, São Paulo, 31 dezembro de 2002. *Opinião*, p.A3.

GIANOTTI, José Arthur. *Certa Herança Marxista*. São Paulo: Companhia das Letras, 2000.

G IDDENS, Anthony. *Novas Regras do Método Sociológico*. Rio de Janeiro: Zahar, 1978.

GOMES, Ângela de Castro. "O Populismo e as Ciências Sociais no Brasil: Notas sobre a Trajetória de um Conceito". In: FERREIRA, Jorge (org.). *O Populismo e sua História: Debate e Crítica*. Rio de Janeiro: Civilização Brasileira, 2001.

HAGGARD, Stephan. "A Reforma do Estado na América Latina". In: LANGO-

NI, C.G. (coord.). *A Nova América Latina.* Rio de Janeiro: Fundação Getúlio Vargas, 1996.

HOBSBAWM, Eric J. *O Novo Século.* São Paulo: Companhia das Letras, 2000.

HOLANDA, Sérgio Buarque de. *Raízes do Brasil.* 17.ed. Rio de Janeiro: J. Olympio, 1984.

IANNI, Octávio. *O Colapso do Populismo no Brasil.* 2.ed. Rio de Janeiro: Civilização Brasileira, 1971.

__________. *A Idéia de Brasil Moderno.* São Paulo: Brasiliense, 1992.

JOHNSON, Paul. *Napoleão.* Rio de Janeiro: Objetiva, 2003.

JORGE, Thaís de Mendonça. "Collor: Ascensão e Queda do Salvador da Pátria: Análise da Construção de um Mito Político". Dissertação (Mestrado). UNB – Universidade de Brasília, Brasília. 1994.

JOSÉ, Emiliano et al. *Imprensa e Poder: Ligações Perigosas.* Depoimentos de Antônio Fausto Neto. Salvador: Ed. da Universidade Federal da Bahia; São Paulo: Hucitec, 1996.

JUNQUEIRO, Abílio Manuel Guerra. *Pátria.* Porto, Portugal: Chardron, [19--].

KECK, Margaret E. *PT Lógica da Diferença: o Partido dos Trabalhadores na Construção da Democracia Brasileira.* São Paulo: Ática, 1991.

KINZO, Maria D'Alva Gil. *Oposição e Autoritarismo: Gênese e Trajetória do MDB (1966/1979).* São Paulo: IDESP/Vértice/Revista dos Tribunais, 1988.

LAFER, Celso. *JK e o Plano de Metas (1956-1961): Processo de Planejamento e Sistema Político no Brasil.* Rio de Janeiro: FGV, 2002.

LAMOUNIER, Bolívar. *Partidos e Utopias no Brasil no Limiar dos Anos 90.* São Paulo: Ed. Loyola, 1989.

__________. "Antecedentes, Riscos e Possibilidades do Governo Collor". In: __________. *De Geisel a Collor: o Balanço da Transição.* São Paulo: Idesp/Ed. Sumaré, 1990.

LAMPEDUSA, Giuseppe Tomasi di. *O Gattopardo.* Rio de Janeiro: Editora Record, 2000.

LATTMAN-WELTMAN, Fernando et al. *A Imprensa Faz e Desfaz um Presidente.* Rio de Janeiro: Nova Fronteira, 1994.

LEITE, Marcelo. "O Zumbi". *Folha de S. Paulo*, São Paulo, 3 de outubro de 1995. Brasil. p. 6.

LEMOS, Renato. Verbete "Fernando Collor". In: *Dicionário Histórico-Biográfico Brasileiro.* Rio de Janeiro: CPDOC/FGV. Disponível em: http://www.cpdoc.fgv.br/dhbb/verbetes_htm/1418_1.asp. Acesso em março de 2007.

LIMA, Venício A. de Lima. "Televisão e Política: Hipóteses sobre o 1º Turno da Eleição Presidencial de 1989". In: __________. *Mídia: Teoria e Política.* São Paulo: Fundação Perseu Abramo, 2001. Cap.8, p. 213–249.

MAQUIAVEL, Nicolau. *O Príncipe.* Com as notas de Napoleão Bonaparte. São Paulo: *Revista dos Tribunais*, 1997.

__________. *O Príncipe*. Prefácio Isaiah Berlin. Tradução Bárbara Heliodora. São Paulo: Ediouro, 2000.

MARTINS, José de Souza. "Lula Reaviva Sebastianismo, Diz Sociólogo". *Folha de S. Paulo*, São Paulo, 3 de novembro de 2002. Brasil, p. A13. Entrevista concedida a Caio Caramico Soares.

MARX, Karl. *O Dezoito Brumário e Cartas a Kugelmann*. Rio de Janeiro: Paz e Terra, 1997.

__________; ENGELS, Friedrich. *Manifesto do Partido Comunista*. São Paulo: Ed. Alfa-Omega, [19--].(Obras escolhidas, v.1).

MELO, Carlos Alberto Furtado de. "Atores Políticos Reais e seus Reais Interesses". In: CHAIA, Vera; CHAIA, Miguel (orgs.). *Mídia e Política*. São Paulo: Educ, 2000.

MELLO, Fernando A. Collor de. "Projeto de Reconstrução Nacional". Brasília: Congresso Nacional, 15 de março de 1990. Discurso pronunciado por Fernando Collor na cerimônia de posse no Congresso Nacional.

__________. "Crônica de um Golpe: a Versão de quem Viveu o Fato". Disponível em: http://www.collor.com/livro.asp. Acesso em 16 de março de 2007.

MELLO, Pedro Collor de. *Passando a Limpo: a Trajetória de um Farsante*. KRAMER, Dora (Coord. e ed.). Rio de Janeiro: Record, 1993.

MELO, José Marques de. "Eleições e Meios de Comunicações no Brasil: Análise do Fenômeno Collor de Melo". *Working Paper*, Barcelona, Espanha, n.56, 1992. Disponível em: http://www.diba.es/icps/working_papers/docs/Wp_i_56.pdf.

MENEGUELLO, Rachel. *PT: a Formação de um Partido (1979–1982)*. Rio de Janeiro: Paz e Terra, 1989.

__________. *Partidos e Governos no Brasil Contemporâneo (1985–1997)*. São Paulo: Paz e Terra, 1998.

MILLS, Charles Wrigth. *A Elite do Poder*. Rio de Janeiro: Zahar, 1975.

__________. *A Imaginação Sociológica*. 2.ed. Rio de Janeiro: Zahar, 1969.

MODIANO, Eduardo. "A Ópera dos Três Cruzados: 1985–1990". In: ABREU, Marcelo Paiva de (org.). *A Ordem do Progresso: 100 Anos de Política Econômica Republicana (1889–1989)*. Rio de Janeiro: Campus, 1992. Cap.13.

MONTESQUIEU, Charles de Secondat Baron de. *O Espírito das Leis*. São Paulo: Martins Fontes, 1993.

MORAES, Fernando. *Chatô: o Rei do Brasil, a Vida de Assis Chateaubriand*. São Paulo: Companhia das Letras, 1994.

MOURA, Alkimar R. "Rumo à Entropia: a Política Econômica, de Geisel a Collor". In: LAMOUNIER, Bolívar (org). *De Geisel a Collor: o Balanço da Transição*. São Paulo: Idesp/Ed. Sumaré, 1990.

MOURÃO, Júlio Olímpio Fusaro. *A Integração Competitiva e o Planejamento Estratégico no Sistema BNDES*. *Revista do BNDES*, Rio de Janeiro, v.1 n.2, dezembro de 1994.

NASSIF, Luís. "Collor e o Exorcismo da Imprensa". *Folha de S. Paulo*, São Paulo, 1° de setembro de 1995. *Dinheiro*, p. 2–3.

__________. "O Novo Modo do Estado". *Folha de S. Paulo*, São Paulo, 26 de setembro de 1996. *Dinheiro*, p. 2–3.

NÓBREGA, Maílson. *O Brasil em Transformação*. São Paulo: Gente, 2000.

__________. Entrevista concedida ao autor em 25 de maio de 2001.

NOGUEIRA, Marco Aurélio. "A Síntese como Problema". Revista *Lua Nova*, São Paulo, n. 54, 2001.

NOVARO, Marcos. "Crisis y Renovación de los Partidos. Una Perspectiva Comparada sobre los Años del Menemismo". In: __________ et al. *Entre el Abismo y la Ilusión*. Buenos Aires: Grupo Editorial Norma, 1999.

OLIVEIRA, Francisco. *Collor, a Falsificação da Ira*. Rio de Janeiro: Imago, 1992.

__________. "Pensar com Radicalidade e com Especificidade". Revista *Lua Nova*, São Paulo, n. 54, 2001.

PALERMO, Vicente. "Os Caminhos da Reforma na Argentina e no Brasil". Revista *Lua Nova*, São Paulo, n. 45, 1998.

PEREIRA, Luiz Carlos Bresser. "A Reforma do Estado dos Anos 90: Lógica e Mecanismos de Controle". *Cadernos Maré da Reforma do Estado*, Brasília, 1997.

PERES, Liege Socorro Albuquerque. "O Período Collor: Análise da Cobertura das Revistas *Veja* e *Isto É* de antes da Eleição Presidencial até o Impeachment". Dissertação (Mestrado). Curso de Pós-Graduação em Ciência Política. FFLCH – Faculdade de Filosofia, Letras e Ciências Humanas, USP, São Paulo, 1998.

PINTO, José Nêumanne. *A República na Lama: uma Tragédia Brasileira*. 2. ed. São Paulo: Geração Editorial, 1992.

__________. *Atrás do Palanque: os Bastidores da Eleição de 1989*. São Paulo: Siciliano, 1989.

POERNER, Artur José. *O Poder Jovem*. Rio de Janeiro: Civilização Brasileira, 1979.

POPPER, Karl. *A Lógica das Ciências Sociais*. Rio de Janeiro: Tempo Brasileiro, 1978.

PRADO JÚNIOR, Caio. *Formação do Brasil Contemporâneo*. São Paulo: Brasiliense/Publifolha, 2000.

REIS FILHO, Daniel Aarão. "O Colapso do Colapso do Populismo ou a Propósito de uma Herança Maldita". In: FERREIRA, Jorge (org.). *O Populismo e sua História: Debate e Crítica*. Rio de Janeiro: Civilização Brasileira, 2001.

REIS, Fábio Wanderley. "Presidente Lula da Silva". *Folha de S. Paulo*, São Paulo, 2 de janeiro de 2003. *Opinião*, p. A3.

ROBERTS, Bryan R. "A Dimensão Social da Cidadania". *Revista Brasileira de Ciências Sociais*, São Paulo, n. 33, ano 12, fevereiro de 1997.

RODRIGUES, Nelson. *O Óbvio Ululante: Primeiras Confissões*. São Paulo: Companhia das Letras, 1993.

ROSA E SILVA, Cláudio Humberto. *Mil Dias de Solidão: Collor Bateu e Levou: Memórias*. 2.ed. São Paulo: Geração Editorial, 1993.

RUBIM, Antônio Albino Canelas. "Política em Tempos de Mídia: Impressões de Crise". In: FAUSTO NETO, Antonio; PEREIRA, Carlos Alberto Masseder (org). *Comunicação e Cultura Contemporâneas* Rio de Janeiro: Notria, 1993.

_________. *Mídia e Política no Brasil*. João Pessoa, Paraíba: Universitária/UFPB, 1999.

SADEK, Maria Tereza. "Nicolau Maquiavel: o Cidadão sem *Fortuna*, o Intelectual de *Virtù*". In: WEFFORT, Francisco C. (org.). *Os Clássicos da Política*. 3. ed. São Paulo: Ática, 1991. (Série Fundamentos, 62)

SADER, Eder. *Quando Novos Personagens Entraram em Cena*. Rio de Janeiro: Paz e Terra, 1988.

SAES, Décio de Azevedo Marques de. "A Reemergência do Populismo no Brasil e na América Latina". In: DAGNINO, Evelina (org). *Anos 90: Política e Sociedade no Brasil*. São Paulo: Brasiliense, 1994, p. 41–48.

SALLUM JR, Brasílio. "Transição Política e Crise do Estado". Revista *Lua Nova*, São Paulo, n. 32, 1994.

_________. "O Brasil sob Cardoso: Neoliberalismo e Desenvolvimentismo". Revista *Tempo Social*, São Paulo, v. 11, n. 2, outubro de 1999.

SARTRE, Jean-Paul. "O Existencialismo é um Humanismo". In: _________. *Os Pensadores*. 3. ed. São Paulo: Nova Cultural, 1987.

SAYAD, João. *Planos Cruzado e Real: Acertos e Desacertos*. Brasília: Ipea, 2000.

SHAKESPEARE, William. *Macbeth*. Rio de Janeiro: J. Olympio, 1961.

SIMONSEN, Mário Henrique. *Brasil 2001*. 5. ed. Rio de Janeiro: APEC S.A, 1974.

SINGER, André Vitor. "Collor na Periferia: a Volta por Cima do Populismo?". In: LAMOUNIER, Bolívar (org). *De Geisel a Collor: o Balanço da Transição*. São Paulo: Idesp/Ed.Sumaré, 1990.

_________. *Esquerda e Direita no Eleitorado Brasileiro: a Identificação Ideológica nas Disputas Presidenciais de 1989 e 1994*. São Paulo: Universidade de São Paulo, 2000.

SKIDMORE, Thomas E. *Brasil: de Getúlio a Castelo*. São Paulo: Paz e Terra, 1982.

_________. *Brasil: de Castelo a Tancredo*. São Paulo: Paz e Terra, 1994.

_________. *Uma História do Brasil*. 3. ed. São Paulo: Paz e Terra, 2000.

SOUZA, Amaury de; LAMOUNIER, Bolívar. "A Feitura da Nova Constituição: um Reexame da Cultura Política Brasileira". In: LAMOUNIER, Bolívar (org). *De Geisel a Collor: o Balanço da Transição*. São Paulo: Idesp, 1990.

SOUZA, Amaury. "O Sistema Político-Partidário". In: JAGUARIBE, Hélio. *Sociedade, Estado e Partidos na Atualidade Brasileira*. São Paulo: Paz e Terra, 1992.

SOUZA, Celina. "Intermediação de Interesses Regionais no Brasil: o Impacto do Federalismo e da Descentralização". *Dados Revista de Ciências Sociais*, v.41, n.3, 1998.

TAVARES, Olga Maria. "Fernando Collor: o Discurso Visual, Ascensão e Queda". Dissertação (Doutorado). Curso de Pós-Graduação em Comunicação e Semiótica, PUC, São Paulo, 1999.

TOFLER, Alvin. *A Terceira Onda*. Rio de Janeiro: Record, 1980.

TOLEDO, Roberto Pompeu de. "Sobre Líderes e Tipos de Liderança". Revista *Veja*, São Paulo, n. 1610, p. 146, 11 de agosto de 1999.

WAINER, Samuel. *Minha Razão de Viver: Memórias de um Repórter*. 15ª ed. Rio de Janeiro: Record, 1993.

WEBER, Max. *Economia y Sociedad*. México: Fondo de Cultura Económica, 1997.

__________. *Ciência e Política: Duas Vocações*. São Paulo: Cultrix, 2004.

WEFFORT, Francisco C. 'Raízes Sociais do Populismo em São Paulo'. Revista *Civilização Brasileira*, Rio de Janeiro, v. 2, 1965.

__________. *O Populismo na Política Brasileira*. Rio de Janeiro: Paz e Terra, 1978.

__________ (org). *Os Clássicos da Política*. 3ª ed. São Paulo: Ática, 1991. (Série *Fundamentos*, 62)

__________. "Democracia e Conservadorismo". *Folha de S. Paulo*, São Paulo, 1º de janeiro de 2003. Brasil, p. A13.

WOLFE, Tom. *A Fogueira das Vaidades*. Rio de Janeiro: Rocco, 1995.

YAMAUT, Nilson Nobuaki. "Governo Collor: Capitalismo e Democracia no Brasil (1990–1992)". Dissertação (Doutorado). Curso de Pós-Graduação em Ciência Política. FFLCH – Faculdade de Filosofia, Letras e Ciências Humanas, USP, São Paulo, 1998.

Outras Fontes

HORÁRIO Gratuito de Propaganda Eleitoral 1989. 12 fitas de videocassete, 240min./cada.

PROGRAMA do Partido da Reconstrução Nacional–PRN. 30 de março de 1989. 1 fita de vídeo-cassete, 60min.

REVISTA *VEJA*. São Paulo: Editora Abril, 1988–1992.

Agradecimentos

Este trabalho é fruto do apoio e presença de várias pessoas. Em primeiro lugar, agradeço a Vera Chaia, orientadora, amiga presente e serena. Agradeço sua paciência e confiança; carinho, respeito e encorajamento. Sem você, Vera, não seria possível.

A Armando Barros de Castro e a Miguel Chaia, as observações fundamentais no exame de qualificação. Miguel, eterno professor, agradeço a participação na banca, mas principalmente, agradeço a amizade que nos une desde sempre.

Agradeço ao ex-ministro Maílson da Nóbrega a entrevista e gentileza com que me atendeu e a Cláudio Couto pelo empréstimo das fitas do Horário Gratuito da Propaganda Eleitoral de 1989.

A Eduardo Giannetti agradeço a amizade, o incentivo e a disposição sempre presentes. Agradeço também a generosidade do prefácio.

Aos amigos do Neamp (Núcleo de Estudos em Arte, Mídia e Política) da PUC-SP agradeço as diversas parcerias e agradeço a divisão de angústias.

Agradeço, enfim, a todos os meus amigos, meu maior patrimônio; seria difícil e injusto listá-los. Cada um deles sabe que está aqui.

Agradeço ao Ibmec São Paulo e à sua diretoria pela confiança, tempo e espaço para pesquisa e revisão. Recebi todo apoio da instituição e de seus membros — colegas, funcionários e alunos. Agradeço imensamente a todos.

Agradeço ao CNPq, cuja bolsa de estudos possibilitou a tese de doutoramento realizada na PUC São Paulo.

E, finalmente, agradeço à PUC São Paulo o "sentimento do mundo". Grande é o orgulho de ser filho da PUC!

NOTA: Originalmente, este trabalho foi escrito em 2003, como tese de doutoramento em Ciências Sociais (Política) pelo Programa de Estudos Pós-graduados da PUC-SP, sob o título *Collor: Fortuna Sem Virtù – Ascensão e Queda de um Medalhão*. Agradeço aos membros da banca, Silvana Tótora, Fernando Azevedo e Antônio Albino Rubim.

Foto de Lula Marques/Folha Imagem.

Síndico da catástrofe?

Foto de Chico Ferreira/Folha Imagem.

O lutador de karatê em campanha.

Foto de Luciana Whitaker/Folha Imagem.

"Minha gente", seu bordão.

Foto de Jorge Araújo/Folha Imagem.

Arrebatamento para as ruas e câmeras.

Foto de Jorge Araújo/Folha Imagem.

Nos palanques: jovem e simpático.

Foto de Sérgio Tomisaki/Folha Imagem.

"Casal moderno".

Foto de Jorge Araújo/Folha Imagem.

Jovens, ricos e felizes: a estética "Ken e Barbie".

Foto de Luciana Whitaker/Folha Imagem.

Um Brasil novo?

Foto de Vidal Cavalcante/Folha Imagem.

No último debate com um Lula cansado e cabisbaixo.

Foto de Lula Marques/Folha Imagem.

Com Sarney após receber a faixa, mordendo os lábios.

Foto de Lula Marques/Folha Imagem.

Embevecido de si.

Foto de Roberto Jayme/Folha Imagem.

Gestos largos: Minha gente! O melhor dia daquele governo.

Foto de Lula Marques/Folha Imagem.

Com Zélia numa reveladora situação.

Foto de Yougi Mi/Folha Imagem.

Altivo, com a mineirice de Itamar ao seu encalço.

Foto de Roberto Jayme/Folha Imagem.

Indiana Jones.

Foto de Lula Marques/Folha Imagem.

A subida e a decida da rampa: apoteoses semanais.

Foto de Lula Marques/Folha Imagem.

PC Farias (na CPI): tentando ajustar os "nós".

Foto de Paulo Giandália/Folha Imagem.

Pedro Collor: demolidor.

Foto de Lula Marques/Folha Imagem.

A Sociedade Civil (OAB e ABI) encaminha o *impeachment*; processo sem volta.

Foto de Jorge Araújo/Folha Imagem.

Um "passeio" pelas ruas do país. O presidente está só!

Foto de Eder Chiodetto/Folha Imagem.

"Caras pintadas": a linha de frente do batalhão dos descontentes.

Foto de José Nascimento/Folha Imagem.

A esquerda acreditava que chegara sua hora. Continua acreditando?

Foto de Roberto Jayme/Folha Imagem.

O afastamento: Chega a hora!

Foto de Lula Marques/Folha Imagem.

Tempo que não volta mais!

Impressão e acabamento
Imprensa da Fé